LANGENSCHEIDTS
PRAKTISCHE LEHRBÜCHER

LANGENSCHEIDTS
PRAKTISCHES LEHRBUCH
SCHWEDISCH

Ein Standardwerk für Anfänger

Neubearbeitung 1997

von

Kerstin Jaktén und Dirk Huth

LANGENSCHEIDT

BERLIN · MÜNCHEN · WIEN · ZÜRICH · NEW YORK

Langenscheidts Praktisches Lehrbuch Schwedisch
Ein Standardwerk für Anfänger
Neubearbeitung 1997
von Kerstin Jaktén und Dirk Huth

Zeichnungen: Heribert Schulmeyer
Fotos: Dirk Huth (S. 207), Klaus-Peter Ludewig (S. 175),
Marschel/NORDIS (S. 101), W. Meier/Bavaria (S. 204), Steinhart/NORDIS (S. 196)

Ein Schlüssel zu den Übungen ist gesondert lieferbar.
Wir empfehlen Ihnen, zu diesem Lehrbuch die beiden Begleit-CDs zu verwenden.
Sie enthalten alle Beispielwörter aus der Einführung in die Aussprache
sowie die Lektionstexte.
Schlüssel (Best.-Nr. 26306) und Begleit-CDs (Best.-Nr. 80263)
sind im Buchhandel erhältlich.
Für die Wörterbucharbeit empfehlen wir Ihnen unser Universalwörterbuch Schwedisch
(Best.-Nr. 18301) oder das umfangreichere Taschenwörterbuch Schwedisch
(Best.-Nr. 11303)

Für ergänzende Hinweise sind wir jederzeit dankbar,
Unsere Anschrift: Langenscheidt Verlag, Postfach 40 11 20, 80711 München

www.langenscheidt.de

Umschlagfoto: Mittsommerfest
Steinhart/NORDIS

Printed in Germany
ISBN 978-3-468-26301-9

Vorwort

Die Neubearbeitung des Praktischen Lehrbuchs bietet eine umfassende Einführung in das moderne Schwedisch. Lebendige Texte, abwechslungsreiche Übungen und klare, ausführliche Erläuterungen zu Grammatik und Sprachgebrauch machen es sowohl für das Selbststudium als auch für den Gruppenunterricht geeignet.

In der Zusammenstellung der *Lektionstexte* zeigt sich die praktische Ausrichtung des Lehrwerks. Sie bestehen zu einem großen Teil aus Dialogen und vermitteln dem Lernenden die Fähigkeit, Alltagssituationen sprachlich zu bewältigen. Die Grundlagen für eine selbständige Weiterarbeit an und mit Texten außerhalb des Lehrbuchs werden vor allem in den abschließenden Lektionen gelegt.

Die Abschnitte *Sprachgebrauch und Landeskunde* enthalten wichtige und interessante Informationen über Schweden und stellen zusätzlich zu den Lektionstexten weitere nützliche Redewendungen zur Verfügung. Für den Gruppenunterricht ermöglicht der thematisch-situative Aufbau des Lehrwerks dem Lehrer, aktuelle Materialien ergänzend einzubeziehen.

Gründliche, ausführliche und verständliche Erläuterungen der *Grammatik* spielen im vorliegenden Lehrwerk eine tragende Rolle. Mit ihnen erhält der Selbstlerner einen zuverlässigen Begleiter auf seiner Entdeckungsreise durch die Regeln und Ausnahmen des Schwedischen.

Die *Übungen* sind im Interesse des Selbstlerners ganz überwiegend so angelegt, daß sie jeweils eine eindeutige Lösung haben. Hierzu ist ein *Schlüssel* erhältlich (Best.-Nr. 26306). Zusätzlich gibt es eine Reihe von freien Übungen für das Lernen in der Gruppe.

Für das Erlernen und Üben der *Aussprache* empfehlen wir Ihnen die beiden *Begleit-CDs* (Best.-Nr. 80263). Sie enthalten die Beispielwörter aus der Einführung und die Lektionstexte.

Wir wünschen Ihnen viel Spaß und Erfolg beim Lernen!

VERFASSER UND VERLAG

Inhaltsverzeichnis

L	Lesetext	Sprachgebrauch und Landeskunde	Grammatikschwerpunkte
4	En vanlig lördag förmiddag 1 Frukost hos Bergmans 2 På torget	1. Danke und Bitte 2. Sich entschuldigen 3. Die Modalpartikel **väl, nog, ju**	1. Kardinalzahlen 2. Die Objektformen der Personalpronomen 3. **någon – ingen** 4. Imperativ
5	1 En efterlysning 2 Gissa vem!	1. Kurzantworten 2. **ja, nej, jo** 3. Färger – Farben 4. Mönster – Muster	1. Adjektivflexion 2. Besonderheiten der Adjektivflexion 3. Unregelmäßige Adjektive: **gammal** und **liten**
6	1 En vanlig dag 2 Dialog	1. Die Wochentage 2. Telefonieren in Schweden 3. **ligga kvar, sitta kvar** etc. 4. Vad är klockan?	1. Die rückbezüglichen Possessivpronomen **sin-sitt-sina** 2. reflexive Verben 3. Übersicht über die Personalpronomen 4. Frequenz: **hur ofta?** 5. Zeitausdrücke mit Tageszeiten und Wochentagen
7	1 Katarina ringer 2 Inbjudan till pingstmiddag	1. Nach dem Befinden fragen 2. Schwedische Datumsformate	1. Zeitausdrücke bei Jahreszeiten und Kirchenfesten 2. Ordnungszahlen 3. Modalverben
8	Förr och nu – ett besök på Gotland	1. Gotland 2. Der Konjunktiv	1. Vergangenheit schwacher Verben 2. **ha** und **vara** 3. Das Perfekt 4. **för ... sedan**
9	1 Hos Astrid och Paul i Hemse 2 Brandskattningen av Visby år 1361	1. Jahrhundertangabe 2. **leka** und **spela**	1. Vergangenheit starker Verben 2. unregelmäßige Verben 3. Perfekt starker Verben 4. Relativsatz und Relativpronomen

L	Lesetext	Sprachgebrauch und Landeskunde	Grammatikschwerpunkte
10	1 Tillbaka i Lund efter Gotlandsbesöket 2 Ett vykort från Claudia och Volker	1. Das grammatische Geschlecht von „Bier" 2. Die männliche Form der schwachen Adjektive	1. Gebrauch von Präteritum und Perfekt 2. Plusquamperfekt 3. Ort und Richtung: **var? – vart?**
11	Framtiden – Erik och Stina berättar	1. Präpositionen bei Ortsangaben 2. **bland – under** 3. Haben oder sein?	1. Futur 2. Zeitausdrücke bei Präsens und Futur
12	1 Före middagen hos Katarina och Patrick 2 Under middagen hos Katarina och Patrick	1. „auch" und „auch nicht" 2. **känna, känna till, känna igen** 3. Sport in Schweden	1. **tänka – tycka – tro** 2. Nebensätze mit **att** 3. Adverbien 4. Demonstrativpronomen
13	1 På järnvägsstationen 2 Varför reser man till Stockholm?	Stockholm	1. bewegliche Adverbien, BIFF-Regel 2. Die begründenden Konjunktionen **därför att** und **eftersom** 3. **inte någon: ingen** 4. Bestimmte und unbestimmte Form der Adjektive und Substantive: Sonderfälle
14	Vad är störst, bäst och vackrast i Sverige?	Schwedens Landschaften	1. Steigerung der Adjektive 2. Vergleich: **än/som** 3. Steigerung der Adverbien
15	1 Fråga efter vägen 2 På bilverkstaden	Rund ums Auto	1. Indirekte Rede 2. Tempuskongruenz
16	Hos doktorn	1. Körperteile und ihre Benennung 2. Krankheiten und Beschwerden	1. Nebensatzeinleitende Konjunktionen 2. Konjunktionen, die Sätze der selben Art verbinden

Einleitung

1. Aus der schwedischen Sprachgeschichte

Das Schwedische gehört zusammen mit den übrigen skandinavischen Sprachen (Dänisch, Norwegisch, Isländisch und Färöisch) zum nordgermanischen Zweig der germanischen Sprachfamilie. Die Verwandtschaft dieser Sprachen untereinander ist so eng, daß sich Schweden, Norweger und Dänen in ihren jeweiligen Muttersprachen ohne größere Probleme miteinander unterhalten können. Die geographisch abgelegeneren Sprachen Isländisch und Färöisch haben eine eigene Entwicklung durchlaufen und werden von den anderen Skandinaviern nicht mehr verstanden. Die Ähnlichkeiten sind jedoch immer noch so groß, daß man auch bei unterschiedlicher Aussprache und Schreibweise eines Wortes ohne Mühe die Verwandtschaft erkennen kann:

Schwedisch	Dänisch	Norwegisch	Isländisch	Färöisch	Deutsch
kött	kød	kjøtt	kjöt	kjöt	*Fleisch*
kväll	kvæld	kveld	kvöld	kvøld	*Abend*
stor	stor	stor	stór	stórur	*groß*
gammal	gammel	gammel	gamall	gamal	*alt*

Weitere Wortgleichungen illustrieren die Verwandtschaft mit anderen germanischen Sprachen:

Schwedisch	Dänisch	Norwegisch	Englisch	Niederländ.	Deutsch
hus	hus	hus	house	huis	*Haus*
kyrka	kirke	kirke	church	kerk	*Kirche*
hand	hånd	hånd	hand	hand	*Hand*
sten	sten	stein	stone	steen	*Stein*

Neben anderen Sprachen hat auch das Deutsche zu bestimmten Zeiten einen großen Einfluß auf den schwedischen Wortschatz ausgeübt.
Als Schweden im 13. und 14. Jahrhundert zunehmend in die Interessensphäre deutscher Handelsorganisationen (v.a. natürlich der Hanse) geriet, erhielt es einen Zustrom deutscher Einwanderer vor allem aus kaufmännischen und handwerklichen Berufen. Sie stammten hauptsächlich aus Norddeutschland, also aus dem niederdeutschen Sprachraum, und brachten Wörter wie **ansikte, fönster, kök, billig, skön, egentlig, dela, mena, dock, nämligen** *(Gesicht, Fenster, Küche, billig, schön, eigentlich, teilen, meinen, doch, nämlich)* ins Schwedische. Aber auch einzelne Wortbildungselemente wurden in dieser Zeit entlehnt. Hier wären vor allem die Vorsilben *an-*, *be-* und *ver-*, sowie die Nachsilben *-in*, *-heit* und *-bar* zu nennen, in Wörtern wie: **anlägga,**

begripa, fördärva, furstinna, värdinna, falskhet, uppenbar *(anlegen, begreifen, verderben, Fürstin, Wirtin, Falschheit, offenbar)*. Aufgrund sprachgeschichtlicher Entwicklungen hatte das Niederdeutsche in bestimmten Wortformen von vorneherein in Aussprache und Schreibweise eine gewisse Ähnlichkeit mit dem Schwedischen, was umfangreiche Entlehnungen ermöglichte. Man vergleiche etwa:

Niederdt.	*Schwedisch*	*Hochdt.*
tunge	tunga	Zunge
hûs	hus	Haus
stên	sten	Stein

Hochdeutscher Einfluß machte sich vor allem im Gefolge der Reformation und der ersten schwedischen Bibelübersetzungen von 1526 (Neues Testament) und 1541 (Gustav Vasa Bibel) geltend. Diese Arbeiten orientierten sich sehr stark an den deutschen Bibelübersetzungen Martin Luthers, deren Wirkung sich jedoch in größerem Maße auf andere Gebiete der schwedischen Sprache (z. B. Syntax und Orthographie) erstreckte. Natürlich hat das Schwedische auch aus anderen Sprachen Wörter entlehnt, wie z. B. aus dem Lateinischen, Französischen, Englischen, aber auch aus den nordischen Nachbarsprachen.
Neben ca. 9 Millionen Einwohnern mit Schwedisch als Muttersprache gibt es im Lande auch zwei einheimische Minderheiten mit eigener Muttersprache. Dies sind die Finnen im Tornedalen und die Sami (Lappen) in Lappland. Zwar hat das Schwedische auch aus diesen Sprachen einige Wörter entlehnt, vor allem aus dem Finnischen, jedoch besteht keine natürliche Verwandtschaft zwischen Schwedisch und Finnisch bzw. Samisch.

2. Erläuterungen zu Aussprache und Schreibweise des Schwedischen

1. Das schwedische Alphabet unterscheidet sich nur geringfügig vom deutschen. Es gibt einen zusätzlichen Buchstaben **å, Å**, der einen langen oder kurzen o-Laut bezeichnet: **våg** [vo:g] – *Woge, Welle*, bzw. **våffla** [ˈvɔffla] – *Waffel*.
Anmerkung: Der *Buchstabe* å bezeichnet immer einen o-Laut! Der *Laut* [o:] oder [ɔ] kann jedoch auch durch den Buchstaben o wiedergegeben sein, wie z. B. in **konung** [ko:nuŋ] – *König* oder **komma** [ˈkɔma] – *kommen*.

2. Der Buchstabe **o** ist die gewöhnliche Wiedergabe eines u-Lautes, und zwar lang, wie in **ko** [ku:] – *Kuh* – und kurz, wie in **orm** [urm] – *Schlange*. Gelegentlich hat aber der Buchstabe o auch den Lautwert ɔ – siehe die Anmerkung zu 1. Die jeweilige Aussprache muß zusammen mit dem Wort gelernt werden, da sie in einigen Fällen bedeutungsunterscheidend ist: **kort** [kuʈ] – *Karte*, aber **kort** [kɔʈ] – *kurz*.

3. Der Buchstabe **w** taucht nur in Eigennamen und Fremdwörtern auf. Er ist in Wörterbüchern und alphabetischen Listen unter v eingeordnet.

4. Die Buchstaben **å, ä, ö** sind im schwedischen Alphabet am Ende aufgeführt, und zwar in dieser Reihenfolge. Diese für den deutschen Leser ungewohnte Anordnung ist beim Nachschlagen in schwedisch-deutschen Wortlisten besonders zu beachten.

Das schwedische Alphabet

A a	B b	C c	D d	E e	F f	G g	H h	I i	J j
[ɑː]	[beː]	[seː]	[deː]	[eː]	[ɛf]	[geː]	[hoː]	[iː]	[jiː]
K k	L l	M m	N n	O o	P p	Q q	R r	S s	T t
[koː]	[ɛl]	[ɛm]	[ɛn]	[uː]	[peː]	[kʉː]	[ær]	[ɛs]	[teː]
U u	V v	W w		X x	Y y	Z z	Å å	Ä ä	Ö ö
[ʉː]	[veː]	[ˇdəbəl veː]		[ɛks]	[yː]	[ˇsɛːta]	[oː]	[æː]	[øː]

2.1. Das schwedische Vokalsystem: Schreibung, Aussprache und deutsche Entsprechung der jeweiligen Laute

Die Umschrift der Laute folgt dem internationalen phonetischen Alphabet (IPA), jedoch in einer vereinfachten Version, um dem Benutzer den Zugang zu erleichtern. Ein langer Vokal wird durch einen Doppelpunkt [ː] gekennzeichnet, nicht gekennzeichnete Vokale sind kurz. Die Aussprache des kurzen e-Lautes (z. B. in vecka [ˇveka] – *Woche*) ist in der Standardlautung sowie in vielen schwedischen Dialekten mit der Aussprache des kurzen ɛ-Lautes (väcka [ˇvɛka] – *wecken*) zusammengefallen. Ältere Wörterbücher unterscheiden diese Laute noch, aber davon sollte sich der Lernende nicht irritieren lassen, zumal diese Unterscheidung im Deutschen nicht gemacht wird. Beide Laute werden im folgenden nur durch [ɛ] bezeichnet.
Im Dialekt von Stockholm (Stockholmska) sind auch die langen Entsprechungen /ɛː/ und /eː/ in /eː/ zusammengefallen, so daß Wörter wie trä – *Holz* und tre – *drei* dort gleich lauten: [treː]. Dies ist jedoch ein regional begrenzter Zug, den der oder die Lernende nicht übernehmen sollte. Das bietet weiter keine Schwierigkeiten, da auch im Deutschen – zumindest in Zweifelsfällen – noch zwischen nähme [ɛː] und nehme [eː] oder Ähre und Ehre unterschieden wird.

Buchstabe	Lautzeichen	Aussprache	Beispiel
a	/ɑː/	hinteres, dunkles a, ein wenig zum o hin, mit leichter Lippenrundung	bra [brɑː] *gut*
a	/a/	vorderes, helles a, wie in **a**lle	kall [kal] *kalt*
e	/eː/	geschlossenes langes e wie in M**e**ter	heta [ˇheːta] *heißen*
e	/ɛ/	kurzes, offenes e wie in f**e**tt	vecka [ˇvɛka] *Woche*
e	/æ/	offener, kurzer ä-Laut; (immer vor -r)	herre [ˇhærə] *Herr*

Buchstabe	Lautzeichen	Aussprache	Beispiel
i	/iː/	geschlossenes i wie Mine, wir	vi [viː] *wir*
i	/i/	geschlossenes i wie in bin, jedoch etwas spitzer	flicka [ˈflika] *Mädchen*
o	/oː/	geschlossenes o wie in Ton	son [soːn] *Sohn*
o	/ɔ/	offenes o wie in Post	boll [bɔl] *Ball*
o	/uː/	stark gerundetes u, ähnlich wie in Ruhe	ko [kuː] *Kuh*
o	/u/	kurzes, offenes u, wie in Pult	ost [ust] *Käse*
u	/ʉː/	ein typisch schwedischer Laut, den es im Deutschen nicht gibt; er liegt etwa zwischen u und ü und wird mit starker Spannung in den Lippen artikuliert	hus [hʉːs] *Haus*
u	/ɵ/	die kurze Entsprechung zu /ʉː/, mit etwas wenigerLippenrundung, (d. h. weniger zu ü hin)	hund [hɵnd] *Hund*
y	/yː/	langes ü wie in Tüte, jedoch mehr zu i hin	ny [nyː] *neu*
y	/y/	die kurze Entsprechung, etwa wie in Stück	lycka [ˈlyka] *Glück*
å	/oː/	geschlossenes o wie in Sohn	kål [koːl] *Kohl*
å	/o/	der gleiche Laut kurz	sång [soŋ] *Lied*
ä	/ɛː/	langes ä wie in gähnen	äta [ɛːta] *essen*
ä	/ɛ/	der gleiche Laut kurz (s. a. unter e)	bäck [bɛk] *Bach*
ä	/æː/	sehr offenes ä, immer vor -r	här [hæːr] *hier*
ä	/æ/	der gleiche Laut kurz, ebenfalls vor -r	färg [færj] *Farbe*
ö	/øː/	langes, geschlossenes ö wie in Töne	söka [ˈsøːka] *suchen*
ö	/ø/	der gleiche Laut kurz	dröm [drøm] *Traum*
ö	/œː/	offenes ö in der Stellung vor -r	höra [ˈhœːra] *hören*
ö	/œ/	der gleiche Laut kurz, wie in könnt	dörr [dœr] *Tür*

2.2. Zur Aussprache bestimmter Konsonanten

1. Die Konsonanten **b, d, f, g, h, j, k, l, m, n, p, t** haben die gleiche Aussprache wie im Deutschen. Im Unterschied zum Deutschen sind **b, d** und **g** jedoch auch am Ende eines Wortes stimmhaft.

2. Der Buchstabe **j** bezeichnet den gleichen Laut wie im Deutschen. In den Verbindungen **dj, gj, hj, lj** bleibt der erste Konsonant stumm, und die ganze Gruppe wird ebenfalls wie j ausgesprochen.

jag [jɑː(g)] – *ich*
gjuta [jʉːta] – *gießen*
ljus [jʉːs] – *Licht*
djur [jʉːr] – *Tier*
hjul [jʉːl] – *Rad*

3. Vor hellem (palatalem) Vokal – e, i, y, ä, ö – sowie nach l oder r wird **g** ebenfalls wie j ausgesprochen.

ge [jeː] – *geben*
gycklare [ˈjyklarə] – *Gaukler*
göra [ˈjœːra] – *tun, machen*
berg [bærj] – *Berg*
gift [jift] – *Gift*
gäst [jɛst] – *Gast*
älg [ɛlj] – *Elch*

4. Vor einem hellen (palatalen) Vokal – e, i, y, ä, ö – wird **k** ausgesprochen wie ch in *ich*. Dieser Laut wird in der phonetischen Umschrift mit [ç] wiedergegeben. Auch die Buchstabenkombinationen **kj** und **tj** werden so ausgesprochen.

kedja [ˈçeːdja] – *Kette*
kyss [çys] – *Kuß*
kök [çœːk] – *Küche*
kjol [çuːl] – *Rock*
kind [çind] – *Wange*
käck [çɛk] – *keck*
tjuv [çʉːv] – *Dieb*

Die in Punkt 3 und 4 beschriebene sogenannte ‚Palatalisierung' von g und k zu [j] und [ç] tritt nur in betonten Silben ein. In unbetonten Neben- oder Endsilben behalten g und k ihre ursprüngliche Aussprache: rike [riːkə] – *Reich*, höger [høːgər] – *rechts*.

5. Die Kombination **ng** wird wie in Deutsch *singen* ausgesprochen. In der Umschrift wird dieser Laut mit [ŋ] bezeichnet.

6. Das normale schwedische **r** ist ein gerolltes Zungenspitzen-r, nur in den südschwedischen Dialekten wird es im hinteren Rachenraum gebildet (*uvulares* r).

7. In den Verbindungen **rd, rl, rn, rs, rt** verschmilzt das r mit dem nachfolgenden Konsonanten zu einem einzigen Laut. Man nennt diese Laute *Retroflexe*, da dabei die Zungenspitze ein wenig nach hinten gebogen wird. In der Umschrift werden sie durch das entsprechende Lautzeichen mit einem verlängerten Längsstrich wiedergegeben, also [ɖ, ɭ, ɳ, ʂ, ʈ]. Dies gilt auch über Wortgrenzen hinweg: var så god [vɑː ʂoː guː(d)] – *bitteschön*.

8. Das **s** ist im Schwedischen immer stimmlos zu sprechen, wie in *Wasser*, niemals stimmhaft (wie in lesen)! Es wird auch nie zu sch vor einem t oder p.

läsa [lɛːsa] – *lesen*
stor [stuːr] – *groß*
spik [spiːk] – *Nagel*

9. Die Buchstabenkombinationen **sch, ch, sj, skj, stj**, die Endungen **-sion** und **-tion** sowie **sk** vor e, i, y, ä und ö werden als stimmloser sch-Laut ausgesprochen. Die in

Schweden gebräuchlichste Aussprachevariante dieses Lautes, die Sie auch auf der Begleitcassette hören können, wird mit dem Zungenrücken und dem hinteren Teil des Gaumens gebildet, wobei die Lippen gerundet werden. In der phonetischen Umschrift wird dieser Laut mit dem Symbol [ɧ] bezeichnet.
Eine andere Aussprachevariante dieses Lautes gleicht dem deutschen stimmlosen sch in *Schnee*, phonetisch mit [ʃ] bezeichnet. Beide Aussprachemöglichkeiten sind in der schwedischen Standardlautung akzeptiert.

schack [ɧak] – *Schach*
sjuk [ɧʉːk] – *krank*
stjäla [ˇɧɛːla] – *stehlen*
mission [mi'ɧuːn] – *Mission*
sked [ɧeːd] – *Löffel*
skylt [ɧylt] – *Schild*
skön [ɧøːn] – *schön*

chef [ɧeːf] – *Chef*
skjuta [ɧʉːta] – *schießen*
station [sta'ɧuːn] – *Bahnhof*
skida [ˇɧiːda] – *Ski*
skägg [ɧɛg] – *Bart*

10. Das **v** ist immer stimmhaft, wie w in *Wasser*. In der Umschrift wird dieser Laut mit [v] bezeichnet.

2.3. Betonung und Akzent der schwedischen Wörter

Man unterscheidet im Schwedischen (wie übrigens auch im Norwegischen) zwischen einem dynamischen Akzent (Druck) und einem musikalischen Akzent.
Jedes Wort hat – zumindest in seiner lexikalischen Aussprache, d. h. wenn es alleine und nicht im Satzzusammenhang gesprochen wird, den Hauptdruck auf einer bestimmten Silbe. Bei Wörtern schwedischen Ursprungs ist dies meist die erste Silbe, sofern diese keine unbetonte Vorsilbe (Präfix) ist, wie z. B. **be-** und **för-**. Wie im Deutschen wird also folgendermaßen betont: **'tiga** – *'schweigen*, aber **för'tiga** – *ver'schweigen*. Ebenso **'tala** – *reden*, **'talet** – *die Rede*, **'talare** – *Redner*, aber **be'tala** – *be'zahlen*. Bei Wörtern fremden, v. a. französischen, Ursprungs wird oft die Betonung der Ausgangssprache beibehalten: **ka'fé**, **direk'tör**, **insti'tut**. Im Satzzusammenhang hängt die Druckverteilung oft davon ab, welche inhaltlichen Aspekte der Sprecher hervorheben will. Wenn ein Wort nicht auf der ersten Silbe betont wird, wird der Druckakzent in den Vokabellisten durch ' gekennzeichnet.
Der musikalische Akzent beschreibt, vereinfacht ausgedrückt, nicht die Druckstärke sondern die Tonhöhe oder Intonation, mit der die Wörter auszusprechen sind. Das Schwedische unterscheidet zwei Typen des musikalischen Akzents, im weiteren mit **Akzent 1** und **Akzent 2** bezeichnet. Akzent 1 ist fallend, ähnlich wie im Deutschen und hat nur einen Gipfel. Die Wortmelodie beim Akzent 2 ist dagegen aus fallend und steigend zusammengesetzt, hat also zwei Gipfel, die sich auf zwei Silben verteilen. Das Wort **flicka** – *Mädchen*, für sich alleine ausgesprochen, hat also in der ersten Silbe einen fallenden und in der zweiten Silbe einen steigenden Akzent. Für den deutschen Sprecher hört es sich fast wie eine Frage an. (Siehe auch die Graphik nächste Seite.)

Akzent 1 haben z. B. die einsilbigen Substantive, auch dann, wenn sie durch Anhängen des bestimmten Artikels Singular zweisilbig werden: 'and – *Ente*, 'anden – *die Ente*.

Akzent 2 haben die meisten einheimischen Wörter mit zwei oder mehr Silben (Bsp. ˇgammal – *alt*), ebenso wie die meisten zusammengesetzten Wörter (Bsp. ˇordbok – *Wörterbuch*).

In einigen seltenen Fällen kann der musikalische Akzent bedeutungsunterscheidend sein. Das obengenannte Beispielwort **anden** (bestimmte Form Singular zu **and** – *Ente*) sieht geschrieben genauso aus wie die bestimmte Form Singular zu **ande** – *Geist*: **anden**. Der Unterschied liegt in der Betonung des jeweiligen Wortes. Die Graphik stellt in vereinfachter Form die Intonationskurve des jeweiligen Wortes dar.

Akzent 1

'anden *(die Ente)*

Akzent 2

ˇanden *(der Geist)*

Für den Anfang ist der oder die Schwedischlernende gut beraten, in den Hörbeispielen genau auf die jeweilige Wortbetonung und die Satzintonation zu achten und sich zu bemühen, dies auch selbst nachzusprechen. Im Satzzusammenhang treten andere, inhaltlich bedingte Intonationsmuster in den Vordergrund, die die lexikalische Betonung bzw. Intonation überlagern.
In den Wörterlisten zu jeder Übung ist in der phonetischen Umschrift durch das Zeichen [ˇ] vermerkt, wenn das betreffende Wort einen Akzent 2 trägt. Das Beispielwort **flicka** würde also phonetisch [ˇflika] dargestellt. Kein besonderer Hinweis bedeutet, daß das betreffende Wort Akzent 1 hat.

3. Die Stellung der Satzglieder im Schwedischen

Das Flexionssystem des Schwedischen ist sehr vereinfacht. Viele Beugungsformen und -muster, die es auf älteren schwedischen Sprachstufen noch gab, und die wir z. B. auch vom Deutschen her kennen, sind im Laufe der Zeit weggefallen. So gibt es z. B. bei den Substantiven außer dem Genitiv -s keine Kasusbeugung mehr, und nur bei den persönlichen Pronomen (Fürwörtern) unterscheidet man zwischen einer Subjektform und einer Objektform. Verben haben – anders als im Deutschen – in allen Personen nur eine Form und werden nur noch nach Zeitformen gebeugt.

Die Vereinfachung des Flexionssystems auf der einen Seite führt zu einer Festlegung der Reihenfolge der Satzglieder auf der anderen Seite. Man kann so z. B. an der Stellung eines Substantivs im Satz erkennen, ob dieses Substantiv Subjekt oder Objekt des Satzes ist. Für Hauptsätze und Nebensätze gelten dabei unterschiedliche Schemata, die jeweils in den Übungen erläutert werden.

Das Muster für einen schwedischen Hauptsatz mit normaler Wortfolge sieht, etwas vereinfacht, folgendermaßen aus:

F	V1	S	SA	V2	O	A
Nu	vill	jag	bara	läsa	svenska	på kvällen.
Jetzt	*will*	*ich*	*nur*	*lesen*	*Schwedisch*	*abends.*

Erklärung der einzelnen Felder:

F **Fundament.** Im Fundament können prinzipiell alle Satzteile außer V1 stehen. In den meisten Fällen steht hier das Subjekt des Satzes. Aber auch andere Satzglieder können ins Fundament gestellt werden. Wenn ein Satzglied im Fundament steht, bleibt der Platz, den das Satzglied sonst eingenommen hätte, leer.

V1 **Verb 1.** Hier steht das finite, d. h. zeitgebeugte Verb des Satzes.

S **Subjekt.** Hier steht das Subjekt des Satzes, wenn es nicht schon im Fundament steht.

SA **Satzadverbial.** Hier stehen die sogenannten Satzadverbien oder beweglichen Adverbien. Dazu gehören Wörter wie *immer, nie, nicht, vielleicht* etc., die die Aussage des ganzen Satzes modifizieren. Sie werden auch bewegliche Adverbien genannt, weil sie im Nebensatz an anderer Stelle stehen. (Die Wortklasse heißt Adverb, der Satzteil heißt Adverbial.)

V2 **Verb 2.** Hier stehen das zweite und alle anderen eventuell noch folgenden Verben. Diese Formen sind infinite Verbformen, also Infinitive oder Partizipien.

O **Objekt.** Dieser Platz ist dem Objekt vorbehalten, und zwar dem direkten und dem indirekten Objekt. Auch eine eventuelle Ergänzung des Prädikats nach Verben wie *heißen, sein, scheinen* etc. steht hier.

A **Adverbiale Bestimmung(en)** der Art und Weise, des Ortes und der Zeit.

Zu diesem Schema sind drei Hauptregeln zu beachten:

1. Jedes Satzglied hat seinen festgelegten Platz. Auch wenn ein Satzglied ins Fundament gestellt wird, ändert sich die Reihenfolge der übrigen Satzglieder nicht.
2. Mehrere Satzglieder vom selben Typ stehen auf dem selben Platz. Wenn es z. B. zwei Objekte gibt, stehen beide auf dem Objektplatz. Wie im Deutschen steht auch

im Schwedischen ein indirektes Objekt ohne Präposition vor einem direkten Objekt (s. u. Beispiel 2). Gibt es mehrere adverbiale Bestimmungen, stehen sie gewöhnlich in der oben angegebenen Reihenfolge, wenn nicht eine davon schon ins Fundament gezogen wurde.

3. Es kommt selten vor, daß alle Plätze im Schema belegt sind. Meistens bleiben einige Plätze leer.

Beispielsätze:

1. *Ich werde heute nur Schwedisch sprechen.*

F	V1	S	SA	V2	O	A
Jag	ska	–	bara	prata	svenska	i dag.

2. *Sie will mir das Buch bestimmt morgen auf der Arbeit zeigen.*

F	V1	S	SA	V2	O	A
Hon	vill	–	säkert	visa	1) mig 2) boken	1) på jobbet 2) i morgon

3. *Er liest (immer) (seine Zeitung) (beim Frühstück).*

F	V1	S	SA	V2	O	A
Han	läser	–	alltid	–	sin tidning	vid frukosten.
Han	läser	–	–	–	sin tidning	vid frukosten.
Han	läser	–	–	–	–	vid frukosten.
Han	läser.	–	–	–	–	–

Bitte prägen Sie sich die Reihefolge der Satzglieder noch einmal genau ein, Sie können dadurch viele typische Anfängerfehler vermeiden:

F – V1 – S – SA – V2 – O – A

1A

1A Text

Hej!

Per: Hej! Jag heter Per Bergman. Vad heter du?

Pernilla: Hej, jag heter Pernilla. Jag kommer från Malmö, men nu bor jag i Lund. Jag arbetar här. Var bor du?

Per: Jag bor också i Lund. Vad heter du i efternamn, Pernilla?

Pernilla: Jag heter Karlsson i efternamn.

Pernilla: Vem är det? Wer ist das?

Per: Det är Eva Bergman. Det är min mamma.

Pernilla: Kommer hon också från Lund? Kommt sie auch von Lund?

Per: Nej, hon kommer från Eslöv, men nu bor hon i Lund.
aber jetzt wohnt sie in L.

Pernilla: Vilka är det där? Welche sind das da?

Per: Det är Claudia och Volker. De är från Tyskland.

Pernilla: Hej! Talar ni svenska?

Claudia och Volker: Ja, vi talar lite svenska.
Pernilla: Ni talar bra svenska! Bor ni i Berlin?
Claudia: Nej, vi kommer från Bremen. Men nu bor vi hos Per. Vi är på semester i Sverige.

Bei schwedischen Substantiven ist neben der Nennform die bestimmte Form Singular und die unbestimmte Form Plural angegeben. Der Eintrag **namn, -et, -** ist also folgendermaßen zu lesen: **namn** *(Name)*, **namnet** *(der Name)*, **namn** *(Namen)*.
Bis Lektion 8 werden alle Verben in der Präsensform angegeben, da diese für die Bildung anderer Formen (Infinitiv, Imperativ, Vergangenheitsformen) ausschlaggebend ist. Die schwedische Verbform ist für alle Personen die gleiche; im Deutschen wird zur Übersetzung behelfsmäßig der Infinitiv verwendet. Die Zahlen in Klammern bezeichnen die Konjugationsgruppe des Verbs. Die Stammformen von Verben der Klassen (4) und (5) und der Modalverben (M) können dem Verzeichnis der starken und unregelmäßigen Verben im Anhang entnommen werden.

hej [hɛj]	*hallo*
jag [jɑ:(g)]	*ich*
heter (2b) [he:tər]	*heißen*
vad [vɑ:(d)]	*was;* (hier: *wie*)
du [dʉ:]	*du*
från [fro:n]	*von, aus*
kommer [kɔmər] (4)	*kommen*
i [i:]	*in*
Sverige [sværjə] (n)	*Schweden*
men [mɛn]	*aber*
vem [vɛm]	*wer*
är [e:]	*bin, ist*
det [dɛ]	*das*
min [min]	*mein(e)*
mamm|a [ˇmama], -an, -or	*Mama, Mutter*
hon [hun]	*sie*
också [ˇɔkso:]	*auch*
nej [nɛj]	*nein*
vilka [ˇvilka]	*welche*
där [dæ:r]	*da, dort*
Tyskland (n) [ˇtyskland]	*Deutschland*
nu [nʉ:]	*jetzt*
arbetar [ˇarbe:tar] (1)	*arbeiten*
här [hæ:r]	*hier*
var [vɑ:r]	*wo*
bor [bu:r] (3)	*wohnen*
i efternamn [i: ˇɛftərnamn]	*mit Nachnamen*
i förnamn [ˇfœrnamn]	*mit Vornamen*
namn, -et, -	*Name*
talar [ˇtɑ:lar] (1)	*spreche*
ni [ni:]	*ihr; Sie*
svenska [ˇsvɛnska]	*schwedisch*
och [ɔ(k)]	*und*
ja [jɑ:]	*ja*
vi [vi:]	*wir*
lite [ˇli:tə]	*(ein) wenig*
bra [brɑ:]	*gut*
hos [hus]	*bei*
på [po:]	*auf, an, in*
semest|er [se'mestər] -ern, -rar	*Urlaub, Ferien*
på semester	*in Urlaub*

1B Sprachgebrauch und Landeskunde

1. Anrede und Begrüßung

In Schweden sagt man ganz allgemein du zueinander. In den sechziger Jahren, im Zuge der sogenannten Du-Reform **(du-reformen)**, hat das **du** das formellere **ni** *Sie* in allen Lebensbereichen verdrängt. Mehrere Personen redet man mit **ni** an, ungeachtet dessen, ob man sie duzt oder siezt. Es bedeutet *ihr* oder *Sie* (Pl.).

1B

Die gewöhnlichste Begrüßungsform ist **hej**. Man sagt es auf der Straße, im Geschäft, am Telefon, zu Fremden und Freunden. Zum Abschied heißt es gewöhnlich **hej då**.

2. Andere Begrüßungsformeln (Hälsningsfraser)

god morgon	*Guten Morgen;*
god dag	*Guten Tag;*
god middag	*Guten Tag* (zur Mittagszeit);
god kväll, god afton	*Guten Abend;*
god natt	*Gute Nacht;*
adjö	*Adieu;*
på återseende	*Auf Wiedersehen.*

3. Fragewörter

vad? fragt nach Sachen, Sachverhalten oder Handlungen:
vad är det ? – *was ist das?*
vad heter du? – *wie heißt du?*
vad gör Per i Bonn? – *was macht Per in Bonn?*

vem? fragt nach einer Person:
vem är det? – *wer ist das?*

vilka? fragt nach mehreren Personen:
vilka är det? – *wer ist das?* bzw. *welche sind das?*

var? *wo:*
var bor du? – *wo wohnst du?*

varifrån? *woher:*
varifrån kommer hon? – *woher kommt sie?*
Obs.: Wie im Deutschen kann man auch fragen:
var kommer hon **ifrån**? – *wo kommt sie her?*

4. Land, Klima und Bevölkerung

Die Bodenfläche Schwedens erstreckt sich über 450 000 km². Die Hälfte des Landes ist von Wald, vor allem Nadelwald, bedeckt. In Schweden gibt es etwa 100 000 Seen, die beiden größten sind der Vänern und der Vättern. Das Klima in ganz Skandinavien ist dank des Golfstroms im Verhältnis zu der nördlichen Lage mild: die Jahresdurchschnittstemperatur in Stockholm beträgt 6,6 °C.

Die drei größten Städte Schwedens sind die Hauptstadt Stockholm, Göteborg an der Westküste und Malmö im Südwesten.

1C Grammatik

1. Personalpronomen (Subjektformen)

Singular		*Plural*	
jag	*ich*	**vi**	*wir*
du	*du*	**ni**	*ihr, Sie*
han	*er*		
hon	*sie*	**de**	*sie* (gesprochen [dɔm]!)
den, det	*es*		

Die Pronomen **den** (Utrum), **det** (Neutrum) verwendet man bei Sachen und Tieren (d. h. Nicht-Personen). **Han** und **hon** beziehen sich nur auf Personen.

2. Infinitiv und Präsens von Verben

Der Infinitiv der schwedischen Verben endet entweder auf unbetontes -a oder auf einen betonten Vokal, die Infinitivmarkierung ist **att**:
att arbet**a** – *(zu) arbeiten*; **att** bo – *(zu) wohnen.*

Die zeitgebeugte Form des Verbs ist für alle Personen die gleiche. Die Präsensendung ist **-r**.

Singular	Plural
jag arbetar	**vi arbetar**
du arbetar	**ni arbetar**
han arbetar	
hon arbetar	**de arbetar**
den/det arbetar	

Schwache Verben der ersten Konjugation enden im Präsens auf **-ar** (arbet**ar**), schwache Verben der zweiten Konjugation und die meisten starken Verben enden auf **-er** (komm**er**), schwache Verben der dritten Konjugation sowie einige starke Verben hängen ein einfaches **-r** an den betonten, langen Schlußvokal (bo**r**).

3. Die Reihenfolge der Satzglieder im Hauptsatz

Im Aussagesatz mit einfachen Zeitformen ist die Reihenfolge der Satzglieder wie im Deutschen (siehe das Kapitel zur Wortstellung in der Einleitung). Der Platz F

(Fundament) kann von einem beliebigen Satzglied außer dem zeitgebeugten Verb eingenommen werden. Oft steht hier das Subjekt oder eine adverbiale Bestimmung. Die zeitgebeugte Form des Verbs steht immer an zweiter Stelle im Satz, und das Subjekt steht unmittelbar neben dem Verb, entweder davor oder dahinter.

Bitte beachten Sie: im dritten Beispielsatz (s. u.) ist **det** Subjekt und **Claudia** Prädikatsergänzung!

F	V1	S	SA	V2	O	A
Jag	arbetar	–	(inte)	–	–	i Malmö.
Nu	bor	jag	–	–	–	i Bonn.
Det	är		(inte)	–	Claudia.	

4. Fragesätze

4.1. Fragewortfragen

In Fragen, die mit einem Fragewort eingeleitet werden, steht das Fragewort auf dem Fundament-Platz (F), und die Reihenfolge der folgenden Satzglieder ist identisch mit der Hauptsatzwortfolge:

F	V1	S	SA	V2	O	A
Vilka	är	det där?				
Vem	är	det?				
Vad	heter	du	–	–	–	i förnamn?
Varifrån	kommer	du?				
Var	kommer	du	(inte)	–	–	ifrån?

4.2. Entscheidungsfragen

In Entscheidungsfragen, die immer mit ja oder nein beantwortet werden können, gibt es kein Fundament und die Frage fängt wie im Deutschen mit der zeitgebeugten Verbform an (Inversion). Im übrigen bleibt die Wortfolge der Satzglieder die gleiche wie im Hauptsatz:

V1	S	SA	V2	O	A
Kommer	hon	också	–	–	från Lund?
Talar	ni	(inte)	–	svenska?	

1D Übungen

1. *Beantworten Sie die Textfragen in ganzen Sätzen:*

   a) Vad heter Per i efternamn? b) Var bor han? c) Vad heter Karlsson i förnamn? d) Varifrån kommer hon? e) Var ligger *(liegt)* Malmö? f) Var bor Pernilla nu? g) Vad gör *(macht)* hon i Lund? h) Vem är Eva? i) Kommer hon också från Lund? j) Vilka kommer från Tyskland? k) Talar de svenska? l) Kommer de från Berlin? m) Var bor de nu? n) Vad gör de i Sverige?

2. *Schreiben Sie Fragen zu den Antworten.*

   a) Jag heter Pernilla. b) I efternamn heter jag Karlsson. c) Jag kommer från Malmö. d) Nej, jag bor i Lund. e) Lund ligger i Sverige. f) Det är Eva. g) Hon är Pers mamma. h) Nej, hon kommer från Eslöv. i) Vi kommer från Bremen. j) Bremen ligger i Tyskland. k) Nu bor vi hos Per. l) Ja, vi talar lite svenska.

3. *Machen Sie ein Interview mit Ihrer Nachbarin/Ihrem Nachbarn! Fragen sie nach Vornamen, Familiennamen, Wohnsitz und Herkunft. Stellen Sie danach die befragte Person nach dem Muster vor:*

   Det är ...
   Hon/Han kommer från ... usw.

4. *Stellen Sie sich selbst vor!*

5. *Bilden Sie sinnvolle Sätze:*

Pernilla	bor	på semester
Han	kommer	Karlsson
Vi	arbetar	i Lund
De	heter	i Tyskland
Det	är	från Bremen
Jag	ligger	från Sverige

6. *Verneinen Sie die folgende Entscheidungsfragen im ganzen Satz:*

   Beispiel: Bor du i Bonn? – Nej, jag bor inte i Bonn.

   a) Heter du Volker i förnamn? b) Heter du Persson i efternamn? c) Kommer du från Malmö? d) Ligger Malmö i Tyskland? e) Bor du i Bremen nu? f) Arbetar du i Stockholm? g) Är det din mamma? h) Talar du engelska *(Englisch)*? i) Är du på semester i Sverige nu?

7. *Übersetzen Sie und tragen Sie die Wörter ins Kreuzworträtsel ein! (In schwedischen Kreuzworträtseln nehmen die Umlaute ä und ö jeweils nur ein Kästchen ein, ebenso å.) Bei Senkrecht 1* (lodrätt) *entsteht der Name eines interessanten Landes:*

	[1] T	Y	[1] S	K	L	A	N	D
			[2] V	E	M			
[3] E	F	T	E	R	N	A	M	N
		[4] A	R	B	E	T	A	R
		[5] V	I	L	K	A		
	[6] J	A	G					
[7] S	E	M	E	S	T	E	R	

Waagerecht (vågrätt):
1. Deutschland
2. wer? (Singular)
3. Nachname
4. arbeite
5. wer? welche? (pl.)
6. ich
7. Urlaub

bor = wohnen
kommer (från) = kommen (aus)
arbetar = arbeiten
heter = heißen
gör = machen
är = sein
talar = sprechen
läser = lesen
vill = wollen

2A Text

Pers familj

Pernilla är hemma hos Per och dricker kaffe. De sitter i soffan och tittar i Pers fotoalbum, och Per berättar lite om sin familj.

Pernilla: Vem är det där?

Per: Det är min mamma. Hon heter Eva och är lärare.

Pernilla: Och vem är mannen bredvid din mamma?

Per: Det är min pappa. Jonas heter han. Han är kemist. Fotot är från Gotland. De är ofta där och besöker min farmor och farfar. Farmor och farfar är pensionärer.

Pernilla: Det är vackert på Gotland. Och det där är en fin bild! Är det du?

Per: Nej, nej, det är min bror Jens. Han är gift nu och bor i Göteborg. Hans fru heter Anna och är journalist. De har inga barn ännu.

Pernilla: Och vilka är det på det där kortet?

Per: Det där är min syster Mona, hennes man Mats och deras två barn Emma och Hanna. Mats är skogvaktare och kommer från Norrland, men nu bor de i en liten by i Värmland. Och du då, Pernilla, har du några syskon?

2A

Pernilla: Ja visst, jag har också en syster och en bror. Pia och Tomas heter de.

Per: Vad gör de, då?

Pernilla: Min syster bor hemma och går fortfarande i skolan. Min bror är bilmekaniker och bor i en egen lägenhet i Malmö.

Per: Är han bilmekaniker? Vad bra! Då kan han kanske hjälpa mig. Min bil är nämligen sönder.

Pernilla: Ja visst, jag kan fråga honom i morgon. Tack för kaffet. Jag måste gå nu. Hej då!

Per: Hej då! Vi ses!

familj, -en, -er [fa'milj]	*Familie*
hemma [ˇhema]	*zu Hause*
dricker [drikər] (4)	*trinken*
kaffe [kafə] -t	*Kaffee*
de [dɔm]	*sie (pl.)*
sitter [sitər] (4)	*sitzen*
soff|a [ˇsɔfa], -an, -or	*Sofa*
tittar [ˇtitar] (1)	*sehen, gucken*
fotoalbum [ˇfu:tu-album], -et, -	*Fotoalbum*
berättar [be'rɛttar] (1)	*erzählen, berichten*
om [ɔm]	*um, über, von*
något [ˇno:gɔt *od.* nɔt]	*etwas*
berättar om något	*von etwas erzählen*
sin [sin]	*sein/e*
lärare [ˇlærarə] -n, -	*Lehrer/in*
man [man], -nen, män	*Mann*
bredvid [bre'vi:d]	*neben*
din [din]	*dein/e*
papp|a [ˇpapa], -an, -or	*Papa, Vater*
kemist [çe'mist], -en, -er	*Chemiker*
foto [ˇfu:tu], -t, -n	*Bild, Foto*
från [fro:n]	*von*
Gotland ['gɔtland]	*Insel an der Ostküste Schwedens*
ofta [ˇɔfta]	*oft*
besöker [be'sø:ker] (2b)	*besuche*
far|mor [ˇfarmur], -modern, -mödrar	*Großmutter väterlicherseits*
far|far [ˇfa:rfar], -fadern, -fäder	*Großvater väterlicherseits*
pensionär [paŋɧu-'nær], -en, -er	*Rentner/in*
vacker ['vakər]	*schön*
fin [fi:n]	*schön; fein, zart*
bild [bild], -en, -er	*Bild, Foto*
bro(de)r [bru:r], brodern, bröder	*Bruder*
gift [jift]	*verheiratet*
hans [hans]	*sein/e*
fru [frʉ:], -n, -ar	*Frau*
journalist [ɧuɳa'list], -en, -er	*Journalist/in*
inga [ˇiŋa]	*keine*
barn [bɑ:ɳ], -et, -	*Kind*
ännu [ˇɛnu]	*noch*
kort [kuʈ], -et, -	*Foto, Bild, Karte*
syst|er [ˇsystər], -ern, -rar	*Schwester*
hennes [ˇhɛnəs]	*ihr/e (sgl.)*
deras [ˇde:ras]	*ihr/e (plur.)*
två [tvo:]	*zwei*
skogvaktare [ˇsku:gvaktarə], -n, -	*Förster*
Norrland ['nɔrland]	*Der nördlichste der drei Teile Schwedens (Götaland, Svealand und Norrland)*
liten [ˇli:tən]	*klein*
by [by:], -n, -ar	*Dorf*
Värmland ['værm-land]	*eine Landschaft in Schweden*
några [ˇno:(g)ra]	*einige*
syskon [ˇsyskɔn], -et, -	*Geschwister*
ja visst [jɑ:'vist]	*na klar*
gör [jœ:r] (5)	*tuen, machen*
då [do:]	*dann, denn*
går [go:r] (4)	*gehen*
fortfarande [ˇfuʈfɑ:randə]	*immer noch*
skol|a [ˇsku:la], -an, -or	*Schule*
bilmekaniker [ˇbi:l-mekɑ:nikər], -n, -	*Automechaniker*

egen [ˇe:gən]	*eigen/e*
lägenhet [ˇlɛ:gənhe:t], -en, -er	*Wohnung*
stan [stɑ:n] (eig. stad, -en, städer)	*Stadt*
vad bra [va 'brɑ:]	*wie schön, na prima*
kan [kan] (M)	*kann*
kanske [ˇkanɧə]	*vielleicht*
hjälpa [ˇjɛlpa] (hier Infin. wg. kan)	*helfen*
hjälper (2a)	*helfe*
mig [mɛj]	*mich, mir*
bil [bi:l], -en, -ar	*Auto*
nämligen [ˇnɛmligən]	*nämlich*
sönder ['søndər]	*kaputt*
fråga [ˇfro:ga] (1) (hier Inf. wg. kan)	*fragen*
frågar (1)	*fragen*
honom [ˇhɔnɔm]	*ihn, ihm*
i morgon [ˇimɔrɔn]	*morgen*
tack [tak]	*danke*
måste [ˇmɔstə] (M)	*muß*
gå [go:] (hier Inf. wg. måste) (4)	*gehen*
hej då! [hej'do:]	*Tschüß!*
vi ses! [vi: 'se:s]	*Wir sehen uns! Bis bald!*

2B Sprachgebrauch und Landeskunde

1. Familie und Verwandtschaft

Im Schwedischen werden bestimmte Verwandtschaftsbezeichnungen nach mütterlicher und väterlicher Linie unterschieden. So unterscheidet man bei Großeltern zwischen *Vatereltern* und *Muttereltern*, aber auch bei Onkel und Tanten zwischen *Vaterbruder* und *Mutterbruder* bzw. *-schwester*.

mamm|a, -an, -or	*Mutter*
papp|a, -an, -or	*Vater*
föräldrar	*Eltern*
föräld|er, -ern, -rar	*ein Elternteil*
mor|mor, -modern, -mödrar	*Großmutter mütterlicherseits*
far|mor, -modern, mödrar	*Großmutter väterlicherseits*
mor|far, -fadern, -fäder	*Großvater mütterlicherseits*
far|far, -fadern, -fäder	*Großvater väterlicherseits*
morföräldrar	*Großeltern mütterlicherseits*
farföräldrar	*Großeltern väterlicherseits*
syst|er, -ern, -rar	*Schwester*
bro(de)r, brodern, bröder	*Bruder*
syskon, -et, -	*Geschwister* (auch Sing.)
dotter, -n, döttrar	*Tochter*
son, -en, söner	*Sohn*
barn, -et, -	*Kind*
barnbarn, -et, -	*Enkelkind*
kusin, -en, -er	*Vetter, Kusine*

most|er, -ern, -rar *Tante mütterlicherseits*
fast|er, -ern, -rar *Tante väterlicherseits*
mor|bro(de)r, -brodern, -bröder *Onkel mütterlicherseits*
far|bro(de)r, -brodern, -bröder *Onkel väterlicherseits*

2. Berufsbezeichnungen

Berufsbezeichnungen stehen im Schwedischen wie im Deutschen in der unbestimmten Form ohne Artikel:

Han är lärare. *Er ist Lehrer.*

Das Schwedische verwendet meist für beide Geschlechter die gleiche Form: **läkare** *Arzt/Ärztin*; **student** *Student/Studentin.*

3. Das Königshaus in Schweden

Schweden hat eine konstitutionelle Monarchie, die Regierungsform ist eine parlamentarische Demokratie. Das bedeutet, daß der König von Schweden zwar das Oberhaupt des Reiches ist, seine Befugnisse jedoch weitgehend auf repräsentative und zeremonielle Aufgaben eingeschränkt sind. Seit 1818 entstammen die schwedischen Könige der Dynastie der Bernadotte, die von Jean Baptiste Bernadotte (König von 1818–1844), einem ehemaligen Marschall Napoleons, begründet wurde. Der jetzige König, Carl XVI. Gustaf (*1946), folgte 1973 seinem Großvater Gustaf VI. Adolf auf den Thron.

2C Grammatik

1. Substantive in unbestimmter und bestimmter Form Singular

Im Schwedischen gibt es zwei Geschlechter: **utrum** und **neutrum**. Das grammatische Geschlecht ist einem Wort nicht anzusehen, deshalb muß man es mitlernen. Der unbestimmte Artikel lautet **en** im Utrum, **ett** im Neutrum.

en bil *ein Auto* ett namn *ein Name*
en soffa *ein Sofa* ett foto *ein Foto*

Der bestimmte Artikel wird im Schwedischen an das Wort angehängt. Bei Substantiven, die auf Konsonant enden, wird je nach Geschlecht ein **-en** oder **-et** angehängt. Bei Substantiven, die auf Vokal enden, fällt das -e- fort und die Endung ist einfaches **-n** bzw. **-t**. Utrum-Wörter, die auf unbetontes **-el, -er, -or** enden, bekommen ebenfalls nur ein **-n**.

bil	**en** bil	bil**en**	namn	**ett** namn	namn**et**
soffa	**en** soffa	soffa**n**	foto	**ett** foto	foto**t**
dotter	**en** dotter	dotter**n**			
motor	**en** motor	motor**n**			

2. Indefinitpronomen

Bei Fragen, in denen man im Deutschen oft den unbestimmten Artikel *ein/e* oder eine artikellose Form verwendet, werden im Schwedischen meist die Indefinitpronomen **någon, något, några** gebraucht:

Har Per **någon** familj?	*Hat Per eine Familie?*
Har du **något** fotoalbum?	*Hast du ein Fotoalbum?*
Har Mona och Mats **några** barn?	*Haben Mona und Mats Kinder?*

3. Genitiv

Der Genitiv wird durch Anhängen der Endung **-s** gebildet: Per**s** familj, mamma**s** bil. Das Substantiv, auf das sich der Genitiv bezieht, steht immer in der unbestimmten Form.

4. Possessivpronomen

	jag	du	han	hon	den/det	vi	ni	de
Sg. utr.	min	din	hans	hennes	dess	vår	er	deras
Sg. neutr.	mitt	ditt	hans	hennes	dess	vårt	ert	deras
Plural	mina	dina	hans	hennes	dess	våra	era	deras

Anmerkung: Das Possessivpronomen richtet sich in der ersten und zweiten Person nach Geschlecht und Anzahl des abhängigen Wortes:

min bil, ditt namn, vårt hus, er soffa

In der dritten Person bleibt es in allen Fällen unverändert. (Vgl. auch die reflexiven Possessivpronomen sin – sitt – sina in 6C1.)

2D Übungen

1. *Beantworten Sie die Textfragen in ganzen Sätzen:*

   a) Var sitter Per och Pernilla? b) Vad gör de? c) Vad berättar Per? d) Vad heter Pers mamma och vad har hon för yrke *(Beruf)*? e) Vad är Pers pappa? f) Var bor Pers farmor och farfar? g) Arbetar Pers farfar numera *(heutzutage)*? h) Har Per några syskon? i) Var bor Pers bror? j) Har han någon familj? k) Vem är Mona? l) Varifrån kommer hennes man? m) Har Pernilla några syskon? n) Vad gör hennes syster? o) Vad gör hennes bror? p) Går Pers bil?

2. *Geben Sie folgende Substantive mit dem unbestimmten und bestimmten Artikel Singular an:*

   a) soffa b) foto c) kort d) bror e) barn f) namn g) syster h) skogsarbetare i) förälder j) skola k) bil

3. *Übung zum Possessivpronomen.*

   Beispiel: Du har en bil. Det är din bil.
   Du hast ein Auto. Es ist dein Auto.

   a) Jag har en soffa. Det är ...
   b) Du har ett efternamn. Det är ...
   c) Vi har ett fotoalbum. Det är ...
   d) Ni har en familj.
   e) Hon har barn (Pl.).
   f) De har semester.
   g) Jag har två bröder.
   h) Hon har en morfar.
   i) Han har kusiner.
   j) Vi har barnbarn (Pl.).
   k) Ni har syskon (Pl.).

4. *Eine Party. Wählen Sie aus der Liste einen Beruf und einen Namen und denken Sie sich einen Wohnort aus. Schreiben Sie diese Angaben auf einen Zettel. Gehen Sie damit herum und stellen Sie sich gegenseitig vor.*

   yrke *Beruf*

tennisspelare, -n, -	*Tennisspieler/in*
skådespelare, -n, -	*Schauspieler/in*
författare, -n, -	*Schriftsteller/in*
journalist, -en, -er [ɧurna'list]	*Journalist/in*
skidåkare, -n, - [ˇɧiːdoːkarə]	*Skiläufer/in*
fotograf, -en, -er	*Fotograf/in*
musiker, -n, -	*Musiker/in*

regissör, -en, -er [rɛɧi'sœːr]	*Regisseur/in*
botaniker, -n, -	*Botaniker/in*
uppfinnare, -en, -	*Erfinder/in*

namn

Barbro Alving	Evert Taube [toːb]
Max von Sydow	Björn Borg [bɔrj]
Carl von Linné	Astrid Lindgren
Alfred Nobel [nɔ'bel]	Ingmar Bergman [bærjman]
Lennart Nilsson	Ingemar Stenmark

5. *Kombinieren Sie je eine Berufsbezeichnung und einen Namen mit einer beliebigen Verwandtschaftsbezeichnung und berichten Sie von Ihrer „weltberühmten" Familie.*
Beispiel: Min son heter Lennart Nilsson och är fotograf.

6. *Beantworten Sie die untenstehenden Fragen anhand des Stammbaums:*

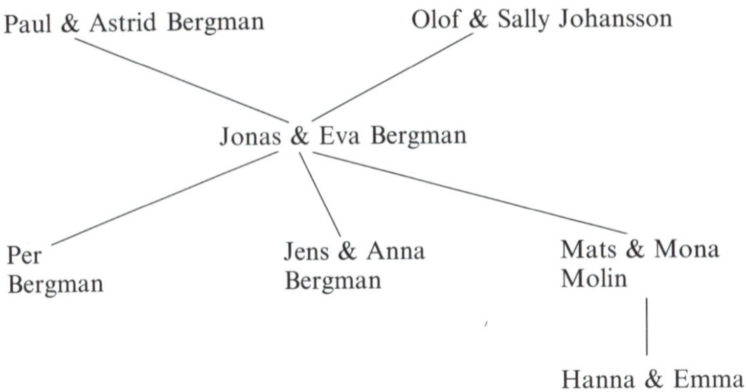

a) Paul Bergman är Jonas Bergmans ... pappa
b) Per och Jens Bergman är ... bröder
c) Eva Bergman är Jens' ... mamma
d) Hanna och Emma är Mats och Mona Molins ... döttrar / barn
e) Mona Molin är Jonas och Eva Bergmans ... dotter
f) Sally Johansson är Monas ... mormor
g) Eva Bergman är Hannas och Emmas ... mormor
h) Per, Jens och Mona är ... syskon
i) Paul Bergman är Pers, Jens' och Monas ... farfar
j) Hanna och Emma är Jonas och Eva Bergmans ... barnbarn
k) Jonas och Eva Bergman är Hannas och Emmas ... morföräldrar

3A

3A Text

Hemma hos familjen Bergman

Per studerar vid Lunds universitet och har ingen egen lägenhet. Han bor fortfarande hemma hos sina föräldrar. De har en liten villa på Örnvägen i Lund. Huset har två våningar. På bottenvåningen finns det en hall, ett vardagsrum i vinkel, ett kök, en tvättstuga och ett badrum. En trappa upp finns tre sovrum, en klädkammare, en toalett med dusch och en balkong. Runt omkring huset finns det en liten trädgård, och bredvid huset ligger ett garage. Claudia och Volker är på besök hos Bergmans. De är på semester i Sverige och stannar några dagar i Lund. Sedan åker de vidare norrut. Nu bor de i ett av sovrummen på ovanvåningen, i gästrummet.

studerar (1) [stɵ'de:rar]	*studieren*
vid [vi:d]	*an*
universitet, -et, - [ɵnivæʂi'te:t]	*Universität*
ingen [iŋən]	*kein/e*
sina [si:na]	*seine*
har [hɑ:r]	*haben*
vill|a, -an, -or [ˇvila]	*Einfamilienhaus*
väg, -en, -ar [vɛ:g]	*Weg*
hus, -et, - [hʉ:s]	*Haus*
våning, -en, -ar [ˇvo:niŋ]	*Etage*
bottenvåning [ˇbɔtən-]	*Erdgeschoß*
hall, -en, -ar [hall]	*Diele, Flur*
vardagsrum, -met, - [ˇvɑ:ɖagsrɵm]	*Wohnzimmer*
vink|el, -eln, -lar	*Winkel*
i vinkel [i: ˇviŋkəl]	*L-förmig*
kök, -et, - [ɕø:k]	*Küche*
tvättstug|a, -an, -or [ˇtvɛtstɵ:ga]	*Waschküche*
badrum, -met, - [ˇbɑ:drɵm]	*Badezimmer*
trapp|a, -an, -or [ˇtrapa]	*Treppe*
en trappa upp	*eine Treppe höher*
upp [ɵp]	*hinauf*
finns (4) [ˇfins]	*sich befinden*
det finns	*es gibt*
tre [tre:]	*drei*
sovrum, -met, - [ˇso:vrɵm]	*Schlafzimmer*
klädkammare, -n, kamrar [ˇklɛ:d-kamarə]	*Kleiderkammer*
toalett, -en, -er [tua'lɛt]	*Toilette*
dusch, -en, -ar [dɵʃ]	*Dusche*
balkong, -en, -er [bal'kɔŋ]	*Balkon*
runt omkring [rɵnt ɔm'kriŋ]	*ringsherum*
omkring	*um ... herum*
trädgård, -en, -ar [trɛgo:ɖ]	*Garten*
ligger (4) [ˇligər]	*liegen*
garage, -t, - [ga'rɑ:ʃ]	*Garage*
besök, -et, - [be'sø:k]	*Besuch*
på besök	*zu Besuch*
stannar (1) [ˇstanar]	*bleiben; stehenbleiben*
dag, -en, -ar [dɑ:g]	*Tag*
sedan [ˇse:dan]	*danach*
åker [ˇo:kər] (2b)	*fahren*
vidare [ˇvi:darə]	*weiter*
norrut [ˇnɔrɵt]	*nach Norden*
ett av sovrummen	*eins der Schlafzimmer*
av [ɑ:v]	*von*
ovanvåning, -en, -ar [ˇo:vanvåniŋ]	*obere Etage*
gästrum, -met, - [ˇjɛstrɵm]	*Gästezimmer*

Så här ser vardagsrummet ut:

Soffan står vid den ena väggen.
Soffbordet står mellan soffan och fåtöljerna.
Golvlampan står i hörnet bredvid soffan.
Bokhyllorna står bredvid varandra vid väggen.
Böckerna står i bokhyllan.
Tavlorna hänger på väggarna.
En tavla hänger över soffan.
På golvet under bordet ligger en matta.
Teven står i hörnet.

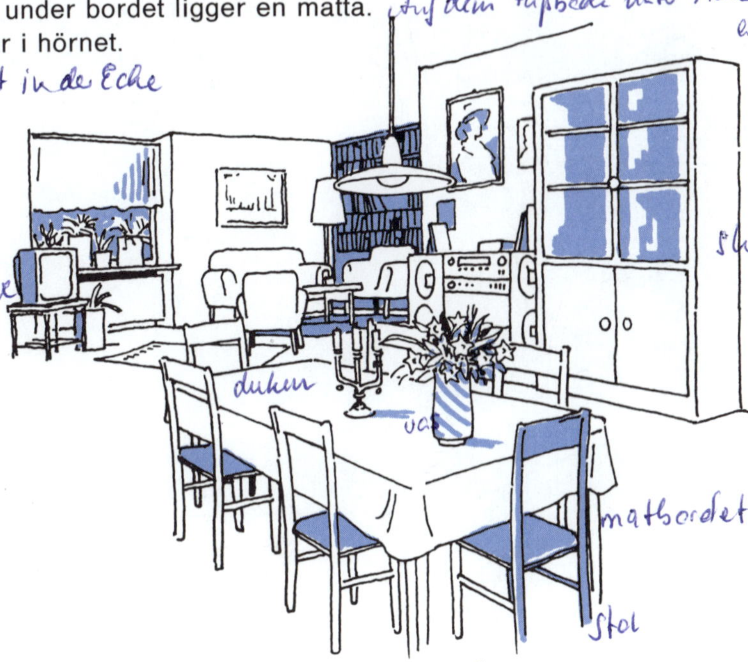

Matbordet står också i vardagsrummet.
Runt omkring bordet står sex stolar.
På bordet ligger en duk.
På duken står en ljusstake och en blombukett i en vas.
Över bordet hänger en taklampa.
Vid väggen står ett skåp med glas och porslin.
Stereon står mellan högtalarna.
Gardinerna hänger framför fönstren.
Krukväxterna står i fönstren.

3A

så här [so: ˈhæ:r]	*so*
ser (4) [se:r]	*sehen*
ser ut	*aussehen*
soff|a, -an, -or [ˇsɔfa]	*Sofa, Couch*
den ena ... den andra	*der eine ... der andere*
soffbord, -et, - [ˇsɔfbu:ɖ]	*Couchtisch*
mellan [ˈmɛlan]	*zwischen*
fåtölj, -en, -er [fo:ˈtølj]	*Sessel*
golv, -et, - [gɔlv]	*(Fuß-)boden*
golvlamp|a, -an, -or	*Stehlampe*
står (4) [sto:r]	*stehen*
hörn, -et, - [hœ:ɳ]	*Ecke*
i hörnet	*in der Ecke*
bokhyll|a, -an, -or [ˇbu:khyla]	*Bücherregal*
varandra [vaˈrandra]	*einander*
bok, -en, böcker [bu:k]	*Buch*
tavl|a, -an, -or [ˇta:vla]	*Bild*
hänger (2a)	*hängen*
över [ˈø:vər]	*über*
vägg, -en, -ar [vɛg]	*Wand*
under [ˈɵndər]	*unter*
matt|a, -an, -or [ˇmata]	*Teppich; Läufer*
teve, -n, - [te:ve:]	*Fernseher*
mat, -en [mɑ:t]	*Essen*
matbord, -et, - [mɑ:tbu:ɖ]	*Eßtisch*
stol, -en, -ar [stu:l]	*Stuhl*
sex [sɛks]	*sechs*
bord, -et, - [bu:ɖ]	*Tisch*
duk, -en, -ar [dʉ:k]	*(Tisch-)tuch*
ljusstak|e, -en, -ar [jʉ:sta:kə]	*Kerzenständer*
blombukett, -en, -er [blumbɵˈkɛt]	*Blumenstrauß*
vas, -en, -er [vɑ:s]	*Vase*
taklamp|a, -an, -or [ˇtɑ:klampa]	*Deckenlampe*
tak, et, - [tɑ:k]	*Decke; Dach*
skåp, -et, - [sko:p]	*Schrank*
glas, -et, - [glɑ:s]	*Glas*
porslin, -et, - [pɔʂli:n]	*Porzellan*
stereo, -n [ste:reo]	*Stereoanlage*
högtalare, -n, - [ˇhø:gtɑ:larə]	*Lautsprecher*
gardin, -en, er [gaˈɖi:n]	*Gardine*
framför [framfœr]	*vor*
fönst|er, -ret, - [fønstər]	*Fenster*
krukväxt, -en, -er [krʉ:kvɛkst]	*Topfpflanze*

Pers rum

Så här ser Pers rum ut:

Skrivbordet står vid väggen mellan bokhyllorna.
Datorn står på skrivbordet.
Skrivbordsstolen står vid skrivbordet.
Fönstret är mellan skrivbordet och sängen.
Sängen står i hörnet.
Sängbordet står bredvid sängen.
På väggen över sängen sitter en sänglampa.
Pers personliga papper ligger i en låda under sängen.
Vid väggen står en byrå och en garderob.
Pers kläder ligger i byrålådorna och hänger i garderoben.
På väggen över sängen hänger en affisch med John Wayne.

skrivbord, -et, - [skri:vbu:ɖ]	*Schreibtisch*
dator, -n, -er [dɑ:tur]	*Computer*
skrivbordsstol, -en, -ar	*Schreibtischstuhl*
säng, -en, -ar [sɛŋ]	*Bett*
sängbord, -et, -	*Nachttisch*
personlig [pæ'ʂu:nlig]	*persönlich*
papper, -et, - [ˇpapər]	*Papier*
låd|a, -an, -or [ˇlo:da]	*Kasten, Karton, Schublade*
byrå, -n, -ar [ˇby:ro:]	*Kommode, Schränkchen; Büro*
garderob, -en, -er [gaɖə'ro:b]	*Kleiderschrank; Garderobe*
kläder (pl.) [klɛ:dər]	*Kleider, Kleidung*
byrålåd|a, -an, -or	*Schrankschublade*
affisch, -en, -er [a'fiʃ]	*Plakat, Poster*

3B Sprachgebrauch und Landeskunde

1. Präpositionen bei Ortsangaben

på – *an, auf*; wobei aber eine Berührung von oben oder von der Seite mitgemeint ist:

han sitter på stolen – *er sitzt auf dem Stuhl*
tavlan hänger på väggen – *das Bild hängt an der Wand*

i – *in*; bezeichnet die Lage im Raum:

han sitter i fåtöljen – *er sitzt im Sessel*
stolen står i hörnet – *der Stuhl steht in der Ecke*
lampan hänger i taket – *die Lampe hängt an der Decke*

Bei Räumen verwendet man **i**:
i köket – *in der Küche;*
i vardagsrummet – *im Wohnzimmer*

Ausnahmen: på toaletten – *auf der Toilette*;
på balkongen – *auf dem Balkon*

vid – *an, bei*; bezeichnet eine seitliche Position, ohne daß eine Berührung notwendig wäre:

hyllan står vid väggen – *das Regal steht an der Wand*
Per sitter vid skrivbordet – *Per sitzt am Schreibtisch*

Die anderen Präpositionen werden wie im Deutschen verwendet:

bredvid	*neben*
framför	*vor*
bakom	*hinter*
mellan	*zwischen*
omkring	*um ... herum*
under	*unter*
över	*über*

Krukväxten står **på** skåpet.
Golvlampan står **bakom** skåpet.
Koppen står **i** skåpet.
Flaskan står **framför** skåpet.

Tavlan hänger **på** väggen.
Lampan hänger **i** taket.
Stolen står **vid** bordet.
Koppen står **på** bordet.
Katten är **under** bordet.

2. Fragen mit nachgestellten Präpositionen

Im Schwedischen kommt es in Fragen häufig vor, daß die Präposition nachgestellt wird. Fragen, die mit Präpositionen eingeleitet werden, gelten als formeller:

Vilket rum sover du **i**? — *In welchem Zimmer schläfst du?*
(**I** vilket rum sover du?)

Vem sitter du i soffan **med**? (**Med** vem sitter du i soffan?)	*Mit wem sitzt du auf dem Sofa?*

3. Doppelte und einfache Schreibung von m

Die Schreibung von Doppel-m kann im Schwedischen nur zwischen Vokalen auftreten, und auch nur dann, wenn der erste Vokal kurz ist. Am Wortende (auch innerhalb von zusammengesetzten Wörtern) und vor Konsonant wird nur ein m geschrieben.

Bsp.:	en dum fråga	två dumma frågor
	ett dumt svar *(Antwort)*	två dumma svar
	ett rum	rummet
	hem|åt *(nach Hause)*	hemma *(zu Hause)*
	hem|resa *(Heimreise)*	hemmet *(das Heim)*

Ist der erste Vokal hingegen lang, steht in allen Positionen nur ein m:

Bsp.:	en bekväm fåtölj	två bekväma fåtöljer
	ett problem	problemet

Ausnahmen: Doppel-m am Wortende gibt es nur in den drei Wörtern **lamm** *Lamm*; **damm** *Staub*; *Teich* und **ramm** *Rammsporn* (marin.).

In Zusammensetzungen und Ableitungen mit **-dom** *-tum/Gericht* und **rom** steht auch zwischen Vokalen nur ein m, obwohl der erste Vokal in diesen Fällen kurz (!) ist:

ungdomar *Jugendliche*	**domare** *Richter*
ålderdomen *das Alter(tum)*	**döma** *urteilen*
	bedöma *beurteilen*

romare *Römer*
romersk *römisch*

Wichtig: Innerhalb der Wortflexion können sich also Wechsel zwischen mm und m ergeben:

drömma – drömde – drömt	*träumen – träumte – geträumt*
komma – kom – kommit	*kommen – kam – gekommen*
sommar – somrar	*Sommer* (Sgl. u. Pl.)
rum – rummet	*Zimmer – das Zimmer*
hem – hemmet	*Heim – das Heim*
hem – hemma	*nach Hause – zu Hause*

3C Grammatik

1. Die Deklinationsgruppen der Substantive

Nach der Endung der unbestimmten Form Plural werden die Substantive in fünf Deklinationsklassen eingeteilt, die den Endungen **-or, -ar, -er, -n** und - (keine Endung) entsprechen. Die meisten en-Wörter (Utra) gehen nach der zweiten Deklination, die meisten ett-Wörter (Neutra) nach der fünften. (Siehe die Tabelle.)

In vielen Fällen ist es möglich, die Pluralendung eines unbekannten Wortes zu erschließen, wenn man dessen grammatisches Geschlecht weiß und die in der Tabelle (s. u.) aufgeführten Bedingungen berücksichtigt. Es gibt jedoch zahlreiche Ausnahmen, in denen der Plural auf unregelmäßige Weise gebildet wird.

Einige Substantive ändern z. B. den Stammvokal im Plural (Umlaut):

a > ä:	en man	män *(Mann – Männer)*
	en tand	tänder *(Zahn – Zähne)*
å > ä:	en tång	tänger *(Zange – Zangen)*
	en gås	gäss *(Gans – Gänse)*
o > ö:	en dotter	döttrar *(Tochter – Töchter)*
	en son	söner *(Sohn – Söhne)*

Zwei Substantive der dritten Deklination haben statt **-er** ein einfaches **-r**:

en ko	kor *(Kuh – Kühe)*
en sko	skor *(Schuh – Schuhe)*

Unregelmäßige Bildungen in der vierten Deklination sind z. B.:

ett öga	ögon *(Auge – Augen)*
ett öra	öron *(Ohr – Ohren)*

2. Die bestimmte Form Plural

Der bestimmte Pluralartikel wird, wie der des Singulars, hinten an das Wort angehängt. Der bestimmte Artikel Plural ist **-na**, außer in der vierten Deklination, wo er **-a** lautet, und bei den Neutra der fünften Deklination, die ein **-en** anhängen. (Die Utra der fünften Deklination haben regelmäßiges **-na**: en lärare – lärare (Pl.) - lärarna – *die Lehrer*.)

Gruppe	Plural-endung	Charakteristika
1	**-or**	nur en-Wörter (Utra); zwei oder mehrsilbige Substantive auf -a: blomma/blommor, flicka/flickor, vecka/veckor, klocka/klockor
2	**-ar**	ebenfalls nur en-Wörter (Utra); • alle Substantive auf -ing und -ning: våning/våningar, tidning/tidningar • viele einsilbige Substantive: hund/hundar, båt/båtar • viele zweisilbige Substantive, die auf unbetontes -e/-el/-en/-er enden: pojke/pojkar, nyckel/nycklar, syster/systrar
3	**-er**	en- und ett-Wörter (Utra und Neutra) a) en-Wörter • viele Substantive mit Umlaut im Plural: stad/städer, bok/böcker, tand/tänder, hand/händer • Subtantive, die auf -nad/-skap/-(n)är/-het/-else/-ion enden: månad/månader, resenär/resenärer, lägenhet/lägenheter usw. • viele Lehnwörter mit Endbetonung: student, tragedi, familj • einige Lehnwörter auf unbetontes -el: möbel, regel b) ett-Wörter • Lehnwörter auf -eri oder -ori: bageri/bagerier, konditori/konditorier • Lehnwörter auf -eum oder -ium: museum/muséer, laboratorium/laboratorier
4	**-n**	nur ett-Wörter (Neutra) Substantive, die auf Vokal enden: bi/bin, ställe/ställen, hjärta/hjärtan (hierunter fallen auch Präsenspartizipien abstrakten Inhalts: ett förtroende – förtroenden: *Vertrauen*)
5	-	ett- und en-Wörter (Neutra und Utra) a) ett-Wörter, die auf Konsonant enden: • hus/hus, barn/barn, fönster/fönster, universitet, problem b) en-Wörter: • Substantive auf -are: lärare, bagare • Berufs- und Nationalitätsbezeichnungen: tekniker, indier • Präsenspartizipien, die Menschen bezeichnen: en ordförande – *Vorsitzender*

nach:
Britta Holm, Elizabeth Nylund et al.
Deskriptiv svensk grammatik, Stockholm [12]1985

Deklinations-gruppe	*Singular*		*Plural*	
	unbestimmt	*bestimmt*	*unbestimmt*	*bestimmt*
1	**en** blomma	blomma**n**	blomm**or**	blommor**na**
2	**en** stol	stol**en**	stol**ar**	stolar**na**
3	**en** katt	katt**en**	katt**er**	katter**na**
4	**ett** äpple	äpple**t**	äpple**n**	äpplen**a**
5	**ett** hus	hus**et**	hus	hus**en**

3D Übungen

1. *Beantworten Sie die Fragen zum Text in ganzen Sätzen!*

   a) Vid vilket universitet studerar Per? b) Bor han i en egen lägenhet? c) På vilken våning ligger vardagsrummet? d) Hur många sovrum finns det i huset? e) Har Bergmans något garage? f) Hur är trädgården? g) Har familjen Bergman gäster *(Gäste)* för tillfället *(im Moment)*? h) Vad tänker *(beabsichtigen)* Claudia och Volker göra sedan?

2. *Beantworten Sie die Fragen nach folgendem Muster:*

   Står golvlampan framför bokhyllan?
   Nej, golvlampan står i hörnet.

   a) Hänger tavlan på bokhyllan? b) Ligger böckerna på golvet? c) Var står teven? d) Ligger duken under bordet? e) Står ljusstaken i bokhyllan? f) Står matbordet i köket? g) Var står stolarna? h) Hänger skåpet med glas och porslin på väggen? i) Var står Pers skrivbord? j) Står skrivbordsstolen under skrivbordet? k) Ligger Pers personliga papper på skrivbordet? l) Ligger Pers kläder på sängen?

3. *Übersetzen Sie die folgenden Sätze ins Schwedische:*

   a) Der Teppich liegt auf dem Fußboden unter dem Tisch. b) Die Vase steht auf dem Tisch. c) Per sitzt am Schreibtisch. d) Die Lampe hängt an der Decke über dem Tisch. e) Die Stühle stehen um den Tisch herum. f) Das Bücherregal steht zwischen den Lautsprechern. g) Die Stehlampe steht an der Wand neben dem Sofa. h) In der Ecke unter dem Fenster steht ein Sessel.

4. *Beantworten Sie die Fragen in ganzen Sätzen!*

   a) Vilket rum sover man i? b) Vilket rum lagar man mat *(kocht man)* i? c) Vilket rum står teven i? d) Vilket rum badar man i? e) Vilket rum står tvättmaskinen *(Waschmaschine)* i? f) Var kan man sitta utomhus *(draußen)* på andra våningen? g) Var ställer man bilen? h) Vilket rum sover gästerna i? i) Var hänger man vinterkläderna på sommaren? j) Vad leder *(führt)* från bottenvåningen till ovanvåningen? k) Var sitter man gärna på sommaren?

5. *Setzen Sie* på, i *oder* vid *ein:*

   a) Hon bor ... Snigelvägen.
   b) De sitter ... soffan.
   c) Katten sitter ... stolen.
   d) Bilen står ... garaget.
   e) Hyllan står ... väggen.
   f) Gästerna bor ... gästrummet.
   g) De äter frukost ... balkongen.
   h) Per ligger ... sängen.
   i) Katten ligger ... sängen.
   j) Jonas sitter ... skrivbordet.
   k) Teven står ... bokhyllan.

6. *Korsord: die Buchstaben in den fett umrandeten Feldern ergeben ein nützliches Möbelstück*

Senkrecht

1. dina barn är dina föräldrars ...
2. din mammas syster är din ...
3. din morbrors son är din ...
4. *zu Hause*
5. din bror och syster är dina ...
6. universitetsstad i södra Sverige
7. *Schublade*
8. Föräldrar och barn tillsammans är en ...

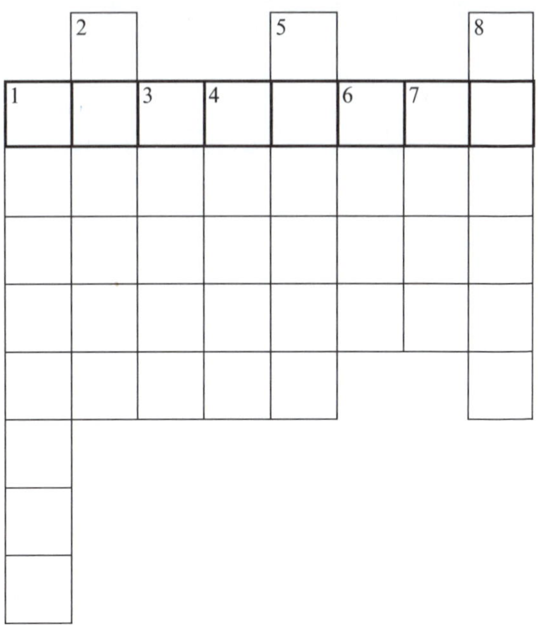

7. *Fügen Sie die entsprechenden Formen ein:*

stol	stolen	stolar	stolarna
	huset		husen
			lamporna
		bord	
	villan		
flicka			
		trädgårdar	
		universitet	
	bokhyllan		
vägg			
			sofforna
		fåtöljer	
	hörnet		
	tavlan		
duk			
		skåp	
	krukväxten		
rum			
		sängar	
mamma			
			bröderna
	namnet		
bok			
		museer	
	landet		
			datorerna
		pojkar	
			lådorna
skogvaktare			
		glas	
	skolan		
		bilar	
	fotot		

8. *Ersetzen Sie die unterstrichenen Ausdrücke durch die entsprechenden persönlichen Pronomen:*

a) Soffan står vid väggen. b) Pers mamma heter Eva. c) Claudia och Volker är på besök hos Bergmans. d) Tavlorna hänger på väggarna. e) Skrivbordet står i rummet. f) Du och jag är syskon. g) Pers pappa heter Jonas.

9. *Ersetzen Sie die unterstrichenen Ausdrücke durch die entsprechenden Possessivpronomen:*

a) Pers kläder hänger i garderoben. b) Claudias sambo *(Lebensgefährte)* heter Volker. c) Eva och Jonas är Claudias och Volkers vänner. d) Din och min mormor heter Sally. e) Vad heter ditt och din frus barn?

10. *Ändern Sie bitte die Wortfolge, so daß der Satz mit dem unterstrichenen Satzglied beginnt!*

a) Per har ingen egen lägenhet nu. b) Han bor fortfarande hemma hos sina föräldrar. c) De har en liten villa på Örnvägen i Lund. d) De åker vidare norrut sedan. e) Soffan står vid den ena väggen. f) På golvet under bordet ligger en matta. g) Krukväxterna står i fönstren.

4A Text

En vanlig lördag förmiddag

1 Frukost hos Bergmans

Det är lördag morgon. Eva kokar kaffe och sätter på tevatten. Jonas dukar frukostbordet och ropar sedan på de andra. Snart sitter alla fem runt bordet i köket.

Eva: Vad dricker ni på morgonen? Kaffe eller te?
Claudia: Jag tar helst en kopp te.
Volker: Jag dricker helst en kopp kaffe.
Per: Kaffe, tack. Utan kaffe vaknar jag inte.
Eva: Per, var snäll och hämta mjölk och socker!
Per: Visst.
Jonas: Vad vill ni äta? Här finns knäckebröd, franskbröd och rågbröd. Vi har mjölk, filmjölk, flingor och müsli också.
Claudia: Jag tar gärna rågbröd. Per, räck mig smöret, är du snäll!
Per: Visst, varsågod. Jag äter nästan alltid fil och flingor till frukost. I Tyskland äter man väl mycket müsli?

Claudia:	De flesta äter nog färska frallor till frukost.
Per:	Härligt! Här i närheten finns tyvärr inget bageri.
Eva:	Volker, var snäll och skicka mig osten!
Volker:	Varsågod. Skulle jag kunna få en skiva knäckebröd?
Jonas:	Vill någon ha skinka? Eller prickig korv?
Volker:	Det är bra så, tack.
Jonas:	Eva, har vi någon marmelad?
Eva:	Ja visst. Den står ju där.
Claudia:	Jag tar Kalles kaviar. Den är jättegod, men den finns inte i Tyskland.
Per:	Då jämnar det ju ut sig med bagerierna, så att säga.
Claudia:	Tycker du?

En stund senare.

Eva:	Jonas och jag åker in till stan och handlar.
Jonas:	Ja, hej då, allesammans! Vi ses senare!
Volker:	Hej då! Ha det så trevligt!

vanlig [ˇvɑːnli(g)]	*gewöhnlich*
lördag, -en, -ar [lœːɖɑː(g)]	*Samstag, Sonnabend*
förmiddag, -en, -ar [ˇfœːrmida(g)]	*Vormittag*
frukost, -en, -ar ['frɵkɔst]	*Frühstück*
morgon, -en, morgnar [ˇmɔrɔn]	*Morgen*
kokar (1) [ˇkoːkar]	*kochen*
sätter (5) [ˇsɛtər]	*setzen*
sätter på [sɛtər 'poː]	*aufsetzen*
tevatt|en, -net [ˇteːvatən]	*Teewasser*
dukar (1) [ˇdʉːkar]	*(Tisch) decken*
frukostbord, -et	*Frühstückstisch*
ropar (1) på någon [ˇruːpar]	*jdn. rufen*
de andra [dɔm andra]	*die anderen*
snart [snɑːʈ]	*bald, gleich*
alla [ˇala]	*alle*
fem [fɛm]	*fünf*
runt [rɵnt]	*um … herum*
eller ['ɛlər]	*oder*
te, -(e)t, -er [teː]	*Tee*
tar (4) [tɑːr]	*nehmen*
helst [hɛlst]	*am liebsten*
kopp, -en, -ar [kɔp]	*Tasse*
utan [ˇʉːtan]	*ohne*
vaknar (1) [vɑːknar]	*wachen*
inte [ˇintə]	*nicht*
var snäll och …	*bitte*
snäll [snɛl]	*nett*
hämtar (1) [ˇhɛmtar]	*holen*
mjölk, -en [mjølk]	*Milch*
sock|er, -ret [ˇsɔkər]	*Zucker*
visst [vist]	*klar, gewiß*
vill (M) [ˇvil]	*wollen*
äter (4) [ˇɛːtər]	*essen*
knäckebröd, -et, - [ˇknɛkəbrøːd]	*Knäckebrot*
franskbröd, -et, - [ˇfranskbrøːd]	*Baguette, Weißbrot*
rågbröd, -et, - [ˇroːgbrøːd]	*Roggenbrot*
filmjölk, -en [ˇfiːlmjølk]	*Sauermilch*
fling|a, -an, -or [ˇfliŋa]	*Flocken, hier: Corn flakes*
müsli, -n ['mysli]	*Müsli*
gärna [ˇjæɳa]	*gern*
räcker (2b) [ˇrɛkər]	*reichen*
smör, -et [smœːr]	*Butter*
är du snäll [æːrɖʉː snɛl]	*bitte*
varsågod [vɑːʂoːguːd]	*bitte schön*
nästan [ˇnɛstan]	*fast*
alltid [ˇaltiːd]	*immer*

4A

till [til]	*zu, nach*
väl [vɛ:l]	*wohl*
mycket [ˇmykə]	*viel*
de flesta [dɔm flɛsta]	*die meisten*
nog [nu:g]	*wohl*
färsk [fæʂk]	*frisch*
frall|a, -an, -or [ˇfrala]	*Brötchen*
härlig [ˇhæ:ɭi(g)]	*herrlich*
i närheten	*in der Nähe*
närhet, -en [ˇnæ:rhe:t]	*Nähe*
tyvärr [ty'vær]	*leider*
inget [ˇiŋət]	*kein/e*
bageri, -et, -er [bɑ:gə'ri:]	*Bäckerei*
skickar (1) [ˇ ikar]	*schicken*
ost, -en, -ar [ust]	*Käse*
ska(ll) (M)	*wollen, sollen*
skulle ... kunna [ˇskulə ... ˇkuna]	*könnte*
kan (M)	*können*
får (M) [fo:r]	*bekommen*
skiv|a, -an, -or [i:va]	*Scheiben*
någon [ˇno:gɔn *od* nɔn]	*jemand*
skink|a, -an, -or [ˇ iŋka]	*Schinken*
prickig [ˇpriki(g)]	*gepunktet*
korv, -en, -ar [kɔrv]	*Wurst*
prickig korv	*etwa: Bierwurst*
marmelad, -en, -er [marmə'lɑ:d]	*Marmelade*
ju [jʉ:]	*ja, doch*
kaviar, -(e)n ['kaviar]	*Kaviarpastete aus der Tube*
ber (4) [be:r]	*bitten*
jättegod [ˇjɛtəgu:d]	*sehr lecker*
det jämnar ut sig	*das gleicht sich aus*
så att säga	*sozusagen*
säger (5) [ˇsɛjər]	*sagen*
tycker (2b) [ˇtykər]	*meinen, finden*
stund, -en, -er [stɵnd]	*Weile*
senare [ˇse:narə]	*später*
in [in]	*in, hinein*
handlar (1) [ˇhandlar]	*einkaufen*
allesammans [alə'samans]	*alle*
Ha det så trevligt!	*Viel Spaß!*
trevlig [ˇtre:vli(g)]	*nett*

2 På torget

4A

Det är lördag förmiddag och torghandel på Mårtenstorget i Lund. Jonas och Eva är inne i stan och handlar mat till helgen. Först går de en runda och tittar på varorna på torget. Det finns massor av fina grönsaker, ägg och frukter. Det mesta kommer från bondgårdarna runt omkring Lund. Jonas och Eva brukar handla vid samma stånd varje gång.

Torggumman: God morgon. Vad får det lov att vara?
Eva: God morgon. Vad kostar äpplena?
Torggumman: 25 (tjugofem) kronor kilot. De är mycket goda.
Eva: Ja, de ser fina ut. Vi tar ett kilo äpplen.
Torggumman: Ja tack. Någonting annat?
Eva: Ja, en gurka, tack. Och tomater. Vad kostar tomaterna?
Torggumman: 30 (trettio) kronor kilot. De är svenska.
Eva: Jaha. Ja, vi tar väl ett kilo tomater då också.
Torggumman: Tackar. Var det bra så?
Eva: Nej. Vi behöver potatis. Fem kilo blir bra. Och så ett kilo gul lök och lite persilja.
Torggumman: Varsågod. Var det allt? Salladen är mycket fin. Den kostar bara 10 (tio) kronor styck.
Eva: Jaså. Ja, då tar vi ett salladshuvud också. Och ett kilo ägg.
Torggumman: Varsågod. Jag lägger påsen med äggen överst i korgen.
Eva: Tack, det var snällt.
Torggumman: Någonting mer? Paprika kanske? Eller purjolök? Vi har mycket fin purjolök!
Eva: Nej tack. Det var nog allt för den här gången.
Torggumman: Jaha, då ska vi se. Det blir etthundrasextiosju kronor och femtio öre.
Eva: Här är etthundrasjuttio kronor. Varsågod.
Torggumman: Då blir det två kronor och femtio öre tillbaka. Tack så mycket och trevlig helg!
Eva: Tack detsamma! Hej då!

Nu har Jonas och Eva mycket att bära och går först bort till bilen på parkeringsplatsen. De ställer in varorna i bagageutrymmet och går sedan iväg till varuhuset för att göra resten av inköpen.

torg, -et, - [tɔrj]	*(Markt-)platz*
torghandel, -n [ˇtɔrjhandəl]	*Markt*
inne [ˇinə]	*drinnen, in*
helg, -en, -er [hɛlj]	*Wochenende, Feiertag*
först [fœʂt]	*zuerst*
rund|a, -an, -or [ˇrɵnda]	*Runde*
var|a, -an, -or [ˇvɑːra]	*Ware*
mass|a, -an, -or [ˇmasa]	*Masse, Menge*
grönsak, -en, -er [ˇgrøːnsɑːk]	*Gemüse*
ägg, -et, - [ɛg]	*Ei*
frukt, -en, -er [frɵkt]	*Obst*
mest [mɛst]	*meist*
bondgård, -en, -ar [ˇbundgoːɖ]	*Bauernhof*
brukar (1) [ˇbrʉːkar]	*pflegen (zu tun)*
samma [ˇsama]	*(der-, die-, das-)selbe*
stånd, -et, - [stɔnd]	*Stand*
varje [ˇvarjə]	*jeder, jedes, jede*
gång, -en, -er [gɔŋ]	*Mal*
torggumm|a, -an, -or [ˇtɔrjgɵma]	*Marktfrau*
får (M) (lov) [foːr]	*dürfen*
kron|a, -an, -or [ˇkruːna]	*Krone*
kilo, -t, -n [çiːlu]	*Kilo*
någonting [ˇnoː-gɔntiŋ] [ˇnoːntiŋ]	*(irgend)etwas*
annat [ˇanat]	*anders*
Någonting annat?	*Sonst noch etwas?*
gurk|a, -an, -or [ˇgɵrka]	*Gurke*
tomat, -en, -er [tu'mɑːt]	*Tomate*
jaha [ja'hɑː]	*aha, ach so*
tackar (1) [ˇtakar]	*danken*
behöver (2a) [be'høːvər]	*brauchen*
potatis, -en, -ar [pu'tɑːtis]	*Kartoffel*
blir (4) [bliːr]	*werden*

så [soː]	*so;* hier: *außerdem*
gul [gʉːl]	*gelb*
lök, -en, -ar [løːk]	*Zwiebel*
persilja, -n [ˇpæʂilja]	*Petersilie*
sallad, -en, -er [ˇsalad]	*Salat*
(per) styck [pæ 'ʂtyk]	*(für das) Stück*
jaså [ˇjasɔ]	*aha, ach so*
salladshuvud, -et, -en	*Salatkopf*
lägger (5) [ˇlɛgər]	*legen*
pås|e, -en, -ar [ˇpoːsə]	*Tüte*
överst [ˇøːvəʂt]	*zu oberst*
korg, -en, -ar [kɔrj]	*Korb*
mer(a) [ˇmeːr(a)]	*mehr*
paprik|a, -an, -or ['pɑːprika]	*Paprika*
purjolök, -en, -ar [ˇpɵrjuløːk]	*Porree*
allt [alt]	*alles*
för [fœːr]	*für*
den här [dɛn 'hæːr]	*dieser, diese, dieses*
etthundrasextiosju [ɛthɵndrasɛkstiːuɧʉː]	*einhundertsiebenund-sechzig*
femtio [ˇfɛmtiːu]	*fünfzig*
öre, -t, -n [ˇœːrə]	*Öre*
etthundrasjuttio [ɛthɵndraɧɵtiu]	*einhundertsiebzig*
tillbaka [ˇtilbɑːka]	*zurück*
Trevlig helg! [treːvlig hɛlj]	*Schönes Wochenende!*
Tack detsamma! [tak dɛ'sama]	*Danke gleichfalls!*
att [at]	*zu*
bär [ˇbæːr] (4)	*tragen*
bort [bɔʈ]	*fort, weg, hin*
parkeringsplats, -en, -er [par'keːriŋsplats]	*Parkplatz*
ställer (2a) [ˇstɛlər]	*stellen*
bagageutrymme, -t, -n [ba'gɑːʃʉːtrymə]	*Kofferraum*
iväg [i'vɛːg]	*fort, weg, hin*
varuhus, -et, - [vɑːrɵhʉːs]	*Kaufhaus*
för att [fœːr 'at]	*um ... zu*
rest, -en, -er [rɛst]	*Rest*
inköp, -et, - [ˇinçœːp]	*Einkäufe*

4B Sprachgebrauch und Landeskunde

1. Danke und bitte

a) **Tack! Tackar!** – *Danke!*
Tack ska du ha! – *Danke!*
Tack så mycket! – *Vielen Dank!*

Darauf kann man antworten:

Var så god! – *Bitte!*
Det var så lite! – etwa: *Gern geschehen!*
Ingen orsak! – *Keine Ursache!*

Bekommt man etwas angeboten, antwortet man:

Ja tack! – *Ja, bitte!*
Ja gärna! – *Ja, gerne!*
Nej tack! – *Nein, danke!*

Nach jeder Mahlzeit dankt man dem Gastgeber oder der Gastgeberin für das Essen: **Tack för maten!** Es ist unhöflich, dies zu vergessen.

Trifft man dann seine Gastgeber später einmal wieder oder telefoniert mit ihnen, bedankt man sich für die letzte Einladung mit: **Tack för senast!** – *Danke für's letzte Mal!* oder gegebenenfalls mit: **Tack för i går!** – *Danke für gestern!* oder: **Tack för i går kväll!** – *Danke für gestern Abend!*

b) Wenn man um etwas bittet, umschreibt man das deutsche *bitte* mit **är du snäll** bzw. mit **var snäll och ...** oder hängt ein **tack** an den einfachen Imperativ an:

Räck mig smöret, **är du snäll**! – *Reich mir bitte die Butter!*
Var snäll och räck mig smöret!
Räck mig smöret, **tack**!

Wenn man etwas anbietet, überreicht oder erlaubt, heißt es **var så god** *(bitteschön)*:

Var så god, här är smöret.
Var så god och ta mer kaffe!

2. Sich entschuldigen – be om ursäkt

Förlåt! – *Verzeihung!*
Ursäkta mig! – *Verzeihung! Entschuldige mich!*
Oj, det var inte meningen. – *Hoppla, das war keine Absicht.*

Jag är hemskt ledsen! – *Es tut mir furchtbar leid!*
Jag är ledsen för att ... – *Es tut mir leid, daß ...*

Darauf kann man antworten:

För all del! – *Bitte sehr!*
Det gör ingenting. – *Das macht nichts.*
Det var inte farligt. – *Das ist nicht so tragisch.*

3. Die Modalpartikel väl, nog und ju

Die Verwendung der Partikel **väl, nog** oder **ju** verleihen der Aussage oder Frage eine bestimmte Bedeutungsnuance und drücken eine gewisse Sprecherhaltung aus. Man verwendet

nog – wenn man sich seiner Sache nicht sicher ist, sondern etwas nur glaubt:
Det kommer **nog** att gå bra. *Das wird **schon** gutgehen.*
Det kommer **nog** inte att regna. *Es wird **wohl** nicht regnen.*
De flesta äter **nog** färska frallor till frukost.

väl – wenn man eine positive oder bejahende Antwort zwar erwartet, sich dessen aber nicht ganz sicher ist:
Du kommer **väl** i kväll? – *Du kommst **doch** heute abend?*
I Tyskland äter man **väl** mycket müsli?

ju – wenn man etwas für wahr oder selbstverständlich hält:
Vad heter kungen? – Han heter Carl XVI Gustaf, det vet **ju** var och en. ... *das weiß **doch** jeder.*
Jag kan **ju** inte trolla. *Ich kann **ja** nicht hexen.*
Då jämnar det **ju** ut sig med bagerierna.

4C Grammatik

1. Kardinalzahlen 1–100

0 noll [nɔl]
1 en [en], ett [et]
2 två [tvoː]
3 tre [treː]
4 fyra [ˇfyːra]
5 fem [fɛm]
6 sex [sɛks]
7 sju [ɧʉː]
8 åtta [ˇɔta]
9 nio [ˇniːu]
10 tio [ˇtiːu]
11 elva [ˇɛlva]
12 tolv [tɔlv]
13 tretton [ˇtrɛtɔn]

14	fjorton [ˇfjuːʈɔn]	60	sextio ['sɛksti(u)]
15	femton [ˇfɛmtɔn]	70	sjuttio ['ɧɵti(u)]
16	sexton [ˇsɛkstɔn]	80	åttio ['ɔti(u)]
17	sjutton [ˇɧɵtɔn]	90	nittio ['niti(u)]
18	arton [ˇɑːʈɔn]	100	(ett)hundra ['hɵndra]
19	nitton [ˇnitɔn]	200	tvåhundra [ˇtvoːhɵndra]
20	tjugo [ˇçʉgu, ˇçʉːgə]	222	tvåhundratjugotvå [tvoːhɵndraçʉːgutvoː]
21	tjugoen, tjugoett [çʉː(gə)'en]	1 000	tusen, ettusen ['tʉːsən]
22	tjugotvå [çʉː(gə)'tvoː]	10 000	tiotusen [ˇtiːutʉːsən]
30	trettio ['trɛti(u)]	100 000	(ett) hundratusen ['hɵndra'tʉːsən]
40	fyrtio ['fœʈi(u)]	1 000 000	en miljon [en mil'juːn]
50	femtio ['fɛmti(u)]		

Anders als im Deutschen werden zusammengesetzte Zahlen ab 20 **zuerst** mit der **Zehner-**, dann mit der Einerzahl gebildet: **tjugoen** – *„zwanzig-eins"*.

2. Die Objektformen der Personalpronomen

als Subjekt	*als Objekt und nach Präposition*
jag	mig
du	dig
han	honom
hon	henne
den, det	den, det
vi	oss
ni	er
de	dem

3. någon – ingen

Die Indefinitpronomen **någon** – *irgendjemand, irgendein* und **ingen** – *kein, nichts* richten sich in Geschlecht und Zahl nach dem Substantiv, das sie bestimmen (vgl. 5C Adjektivflexion):

Har du **någon** bil? – Nej, jag har **ingen** (bil).
Är det **något** smör kvar? – Nej, det är **inget** (smör) kvar.
Kan du ge mig **några** äpplen? – Nej, jag har **inga** (äpplen).

4. Imperativ

Der Imperativ ist für alle Personen gleich. Die Imperativform wird gebildet, indem man von den **-ar**-Verben das **r** tilgt (arbetar – **arbeta!**), von den **-er**-Verben das **-er** (läser – **läs!**), und von den Kurzverben (auf betonten Vokal + r) ebenfalls das **-r** (bor – **bo!**). Hierbei ist es egal, ob die **-er**-Verben und die Kurzverben schwach oder stark sind. Die Imperativform ist gleich dem Wortstamm.

Unregelmäßig ist **vara** – *sein* mit der Präsensform **är** – *bin* und der Imperativform **var!** – *sei.*

Bei Verben ohne Präsensendung (**hör** – *hören*, **kör** – *fahren*, **gör** – *tun*, **lär** – *lernen, lehren*, **hyr** – *mieten*) sind die Präsensform und die Imperativform gleich.

Präsens	*Imperativ*	*Infinitiv*
arbetar	**arbeta!**	**arbeta**
läser	**läs!**	**läsa**
bor	**bo!**	**bo**
är	**var!**	**vara**
hyr	**hyr!**	**hyra**

4D Übungen

1. *Beantworten Sie die Fragen zum Text in ganzen Sätzen:*

   a) Vad är det för dag? b) Vad gör Eva och Jonas? c) Vad dricker Per på morgonen? d) Vad äter han till frukost? e) Finns det något bageri i närheten? f) Äter Claudia ost? g) Vad gör Eva och Jonas efter frukosten? h) Var handlar de grönsaker? i) Vad kostar äpplena? j) Varifrån kommer tomaterna? k) Vad gör Eva och Jonas med varorna? l) Vart går Eva och Jonas sedan?

2. *Übersetzen Sie ins Schwedische:*

   a) Trinkst du Kaffee oder Tee? b) Ich trinke Kaffee. Ohne Kaffee werde ich nicht wach. c) Reich mir die Butter, bitte! d) Könnte ich bitte den Käse bekommen? e) Jonas, sei so gut und hole Milch und Zucker! f) Die Milch ist im Kühlschrank, der Zucker steht auf dem Tisch. g) In Deutschland ißt man frische Brötchen zum Frühstück. h) Ich esse heute Cornflakes mit Filmjölk. i) Filmjölk und Kaviarcreme gibt es in Deutschland nicht. j) Heute ist Markttag auf dem Mårtenstorg in Lund. k) Auf dem Markt gibt es viele Gemüsestände. l) Jonas und Eva schauen sich die Ware auf dem Markt an. m) Was darf es sein? n) War das alles? o) Ja, danke, das war alles. p) Das macht zweihundertdreiundfünfzig Kronen.

3. *Bringen Sie die Teile des Dialogs in die richtige Reihenfolge:*

Äpplena kostar 15 kronor kilot.
Tack, det var bra så.
God morgon. Vad får det lov att vara?
Då tar jag ett halvt kilo. De ser fina ut.
God morgon. Vad kostar äpplena?
Tack detsamma. Hej då.
Var så god. Någonting mer?
Tack så mycket och trevlig helg.

4. *Ändern Sie die Verbformen von Präsens in Imperativ!*

Beispiel: Jag tar en kopp te. – Ta en kopp te!

a) Han kokar kaffe. b) Hon ropar på de andra. c) De dricker aldrig vatten. d) Vi äter fil och flingor. e) Han åker till stan. f) Hon är snäll. g) Vi har det trevligt. h) De går runt på torget. i) Han vaknar på morgonen. j) Vi kommer hem. k) Jag lägger äggen i påsen. l) De ställer varorna i bagageutrymmet. m) Han studerar vid universitetet. n) De stannar några dagar. o) Han ligger på sängen.

5. *Beantworten Sie die Fragen mit Hilfe der Entfernungstabelle.*

Beispiel: Hur långt är det mellan Malmö och Kiruna?
(Wie weit ist es von Malmö nach Kiruna?)
Det är ettusenniohundra kilometer mellan Malmö och Kiruna.

	Göteborg	Jönköping	Karlstad	Kiruna	Malmö	Stockholm	Uppsala	Östersund
Göteborg		*157*	*255*	*1704*	*275*	*490*	*474*	*815*
Jönköping	*157*		*257*	*1570*	*302*	*336*	*380*	*780*
Karlstad	*255*	*257*		*1490*	*530*	*298*	*284*	*588*
Kiruna	*1704*	*1570*	*1490*		*1900*	*1310*	*1240*	*860*
Malmö	*275*	*302*	*530*	*1900*		*638*	*674*	*1075*
Stockholm	*490*	*336*	*298*	*1310*	*638*		*70*	*576*
Uppsala	*474*	*380*	*284*	*1240*	*674*	*70*		*506*
Östersund	*815*	*780*	*588*	*860*	*1075*	*576*	*506*	

a) Hur långt är det mellan Stockholm och Uppsala? b) Hur långt är det mellan Uppsala och Östersund? c) Hur långt är det mellan Jönköping och Göteborg? d) Hur långt är det mellan Kiruna och Karlstad? e) Hur långt är det mellan Kiruna och Göteborg? f) Hur långt är det mellan Stockholm och Malmö? g) Hur långt är det mellan Östersund och Jönköping? h) Hur långt är det mellan Jönköping och Malmö? i) Hur långt är det mellan Uppsala och Karlstad? j) Hur långt är det mellan Kiruna och Uppsala? k) Hur långt är det mellan Göteborg och Uppsala? l) Hur långt är det mellan Malmö och Östersund?

6. *Die Schweden geben Entfernungen auch oft in Meilen* (***mil, -en, -***) *an. Eine schwedische Meile sind 10 km. Beantworten Sie die folgenden Fragen und geben Sie dabei die Entfernung in Meilen an.*

Beispiel: Hur långt är det mellan Göteborg och Uppsala?
Det är fyrtiosju komma fyra mil mellan Göteborg och Uppsala.

a) Hur långt är det mellan Jönköping och Göteborg? b) Hur långt är det mellan Karlstad och Jönköping? c) Hur långt är det mellan Kiruna och Malmö? d) Hur långt är det mellan Malmö och Uppsala? e) Hur långt är det mellan Östersund och Uppsala? f) Hur långt är det mellan Karlstad och Östersund? g) Hur långt är det mellan Stockholm och Karlstad? h) Hur långt är det mellan Malmö och Jönköping? i) Hur långt är det mellan Stockholm och Jönköping? j) Hur långt är det mellan Göteborg och Karlstad? k) Hur långt är det mellan Karlstad och Uppsala?

7. *Ändern Sie die Sätze vom Imperativ ins Präsens und verneinen Sie sie!*

Beispiel: Tala långsamt! Jag talar inte långsamt.
(Obs: **inte** steht direkt nach dem Verb!)

a) Bo i Sverige! b) Arbeta i Tyskland! c) Var på semester! d) Kom till Lund! e) Sitt i soffan! f) Häng i taklampan! g) Stå på bordet! h) Ha en trevlig helg! i) Se snäll ut! j) Sätt på kaffet! k) Handla mat till helgen! l) Tacka för maten! m) Kör hem nu! n) Hyr lägenheten!

8. *Ersetzen Sie die unterstrichenen Ausdrücke durch die entsprechenden Pronomen:*

a) Eva räcker Jonas och Per brödet. b) Claudia och Volker sitter i soffan. c) Vad heter din mamma? d) Du och jag sitter vid bordet. e) Kan du skicka Eva smöret? f) Jonas ropar på Volker. g) Per och jag är hemma hos dig och din bror. h) Dricker du och din syster kaffe hos Pernilla och mig i morgon? i) Krukväxterna står i fönstren. j) Bergmans är på besök hos Pia och Pernilla.

9. *Die Grundrechenarten:*

3 + 21 = 24	läs:	tre **plus** tjugoen **är lika med** tjugofyra
2 × 9 = 18		två **gånger** nio **är lika med** arton
13 – 10 = 3		tretton **minus** tio **är lika med** tre
12 : 3 = 4		tolv **delat med** tre **är lika med** fyra

Vervollständigen Sie die folgenden Gleichungen und lesen Sie die Zahlen laut vor oder schreiben Sie sie aus:

$17 + \quad = 35$	$13 \times 17 =$
$120 : 24 =$	$121 : \quad = 11$
$57 + 68 =$	$68 - 23 =$
$77 + 27 =$	$18 - \quad = 10$
$7 \times 17 =$	$777 : 7 =$

10. *Zahlenkreuzworträtsel*

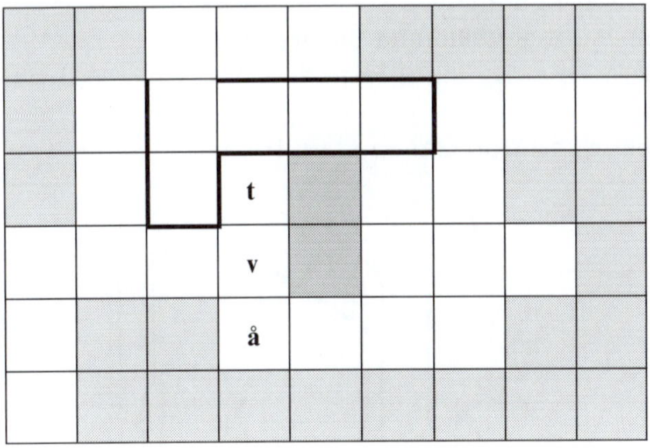

Tragen Sie die Zahlwörter von 1–12 so in die Kästchen ein, daß das Kreuzworträtsel aufgeht.

11. *Bingo!*

Die Teilnehmer füllen jedes der Kästchen mit einer Zahl zwischen 1 und 100. Der Spielleiter ruft eine Reihe von Zahlen auf, die er sich dabei notiert und die von den Teilnehmern auf ihren Spielscheinen durchgestrichen werden. Wer zuerst eine senkrechte, waagerechte oder diagonale Reihe ausstreichen kann, ruft Bingo und hat gewonnen. Er macht den Spielleiter der nächsten Runde.

5A

5A Text

1 En efterlysning

Det är kväll. Claudia och Volker reser vidare norrut med nattåget till Stockholm. De tar adjö av Jonas och Eva.

Claudia: Hej då, och tack så mycket för den här gången!

Jonas: Tack för besöket. Det var roligt att ha er här. Välkomna tillbaka nästa gång ni är i Lund!

Volker: Ja, och ni är hjärtligt välkomna till Bremen.

Eva: Då ses vi kanske snart igen! Hej då och trevlig resa! Hälsa Stockholm!

Claudia: Vi skickar ett vykort från Gamla stan! Hej då!

Det skymmer ute. Jonas och Eva sitter i vardagsrummet och småpratar. Radion står på. Efter musikprogrammet kommer nyheterna:

"En okänd man rånade i dag ett postkontor i Lund. Rånaren var inte maskerad. Han undkom med 4.375.500 kronor. Polisen har ännu så länge inga spår efter rånaren. Här följer signalementet på rånaren: Mannen är cirka 40 år gammal. Han är av medellängd, cirka 1,80 meter (en och åttio) lång. Han är ganska kraftig. Han har kortklippt, rakt, mörkt hår, mörkt skägg, bruna ögon och glasögon. Vid rånet bar han en blå kavaj, en vit skjorta, ett par grå byxor, ett svart skärp, en randig slips, svarta sockor och svarta skor. Polisen vill gärna ha tips från allmänheten. Telefonnumret är 046-12 34 56."

Plötsligt säger Eva:
Du Jonas, det sitter någon här utanför huset.

Jonas tittar ut genom fönstret:
Ja, det stämmer. Det sitter en skäggig man där ute på bänken.

Eva: Vad konstigt! Han ser bekant ut, tycker jag.
Jonas: Han ser prydlig ut, tycker jag. Kavaj och slips.
Eva: Han har en väska med sig. Den står på bänken bredvid honom.
Jonas: Han är kanske sjuk. Jag ska gå ut och se om jag kan hjälpa honom med något.
Eva: Vänta, Jonas! Det är kanske rånaren.
Jonas: Du har rätt. Vi måste vara försiktiga. Gå ut du, så stannar jag här inne i stället!
Eva: Skämta inte om det, är du snäll! Jag menar allvar. Vi ringer till polisen.
Jonas: Ring du! Jag har ingen lust att ringa.
Eva: Var inte dum nu! Skynda dig! Nu reser han sig upp och går härifrån!
Jonas: Men titta, Eva! Han har inte någon väska. Det är en hund. Det är inte någon rånare med en mystisk väska. Det är en vanlig man med en vanlig hund.
Eva: Vilken tur!

efterlysning, -en, -ar [ˈɛftəl̩ysniŋ]	*Suchmeldung*
kväll, -en, -ar [kvɛl]	*Abend*
reser (2b) [reːsər]	*reisen, fahren*
med [meː]	*mit*
nattåg, -et, - [ˈnatoːg]	*Nachtzug*
ta adjö [tɑː aˈjø]	*Abschied nehmen*
tack så mycket [tak soː mykə]	*vielen Dank*
var (Prät. von „vara") [vɑːr]	*war*
rolig [ˈruːli(g)]	*lustig*
välkomna [ˈvɛːlkɔmna]	*willkommen*
nästa [ˈnɛsta]	*nächster, nächste, nächstes*
hjärtlig [jɛt̩li(g)]	*herzlich*
igen [iˈjɛn]	*wieder*

5A

trevlig resa [treːvli(g) reːsa]	*Gute Fahrt*
res|a, -an, -or [ˇreːsa]	*Reise, Fahrt*
hälsar (1) [ˇhɛlsar]	*grüßen*
vykort, -et, - [ˇvyːkuʈ]	*Ansichtskarte*
Gamla stan [gamla stɑːn]	*die Altstadt in Stockholm*
skymmer (2a) [ˇɧymər]	*dämmern (abends)*
småpratar (1) [ˇsmoːprɑːtar]	*plaudern*
radio, -n, -r	*Radio*
står på [stoːr ˈpoː]	*hier: ist an*
efter [ˈɛftər]	*nach*
musikprogram, -met, - [mɵˈsiːkprɔˈgram]	*Musikprogramm*
nyhet, -en, -er [ˇnyːheːt]	*Nachricht*
okänd [ˇuːçɛnd]	*unbekannt*
rånar (1) [ˇroːnar]	*rauben*
i dag [iˈdɑː(g)]	*heute*
postkontor, -et, - [ˇpɔstkɔntuːr]	*Postamt*
rånare, -n, - [ˇroːnarə]	*Räuber*
maskerad [ˇmaskeːrad]	*maskiert*
undkommer (4)	*entkommen*
polis, -en, -er [pɔˈliːs]	*Polizei*
än(nu) så länge	*immer noch*
länge [ˇlɛŋə]	*lange*
spår, -et, - [spoːr]	*Spur*
följer (2a) [ˇføljər]	*folgen*
signalement, -et, - [siŋnaləˈmɛnt]	*(Täter-) Beschreibung*
cirka [ˇsirka]	*cirka*
år, -et, - [oːr]	*Jahr*
gammal [ˇgamal]	*alt*
medellängd, -en, -er [ˇmeːdəlɛŋd]	*mittlere Größe*
meter, -n, - [ˇmeːtər]	*Meter*
lång [lɔŋ]	*lang, hier: groß*
ganska [ˇganska]	*ziemlich*
kraftig [ˇkrafti(g)]	*kräftig*
kortklippt [ˇkɔʈklipt]	*kurzgeschnitten*
kort [kɔʈ]	*kurz*
klipper (2b) [ˇklipər]	*schneiden*
rak [rɑːk]	*gerade*
mörk [mœrk]	*dunkel*
hår, -et, - [hoːr]	*Haar*
skägg, -et, - [ɧɛg]	*Bart*
brun [brʉːn]	*braun*
glasögon (pl) [ˇglɑːsøːgɔn]	*Brille*
rån, -et, - [roːn]	*Raub*
blå [bloː]	*blau*

kavaj, -en, -er [kaˈvaj]	*Jackett, Sakko*
vit [viːt]	*weiß*
skjort|a, -an, -or [ɧuʈa]	*Hemd*
par, -et, - [pɑːr]	*Paar*
grå [groː]	*grau*
byxor pl. [ˇbyksur]	*Hose*
svart [svaʈ]	*schwarz*
skärp, -et, - [ɧɛrp]	*Gürtel*
randig [ˇrandi(g)]	*gestreift*
slips, -en, -ar [slips]	*Krawatte*
sock|a, -an, -or [ˇsɔka]	*Socke*
sko, -n, -r [skuː]	*Schuh*
tips, -et, - [tips]	*Hinweis*
allmänhet, -en [ˇalmɛnheːt]	*Allgemeinheit, hier: Bevölkerung*
telefonnum|mer, -ret, -mer [tɛlɛˈfoːnɵmər]	*Rufnummer*
plötslig [ˇpløtsli(g)]	*plötzlich*
utanför [ˇʉːtanfœːr]	*vor*
ut [ʉːt]	*hinaus*
genom [ˇjeːnɔm]	*durch*
stämmer (2a) [ˇstɛmər]	*stimmen*
skäggig [ˇɧɛgi(g)]	*bärtig*
bänk, -en, -ar [bɛŋk]	*Bank*
konstig [ˇkɔnsti(g)]	*merkwürdig*
bekant [bɛˈkant]	*bekannt*
prydlig [ˇpryːdli(g)]	*gepflegt*
väsk|a, -an, -or [ˇvɛska]	*Tasche*
sjuk [ɧʉːk]	*krank*
om [ɔm]	*ob*
väntar (1) [ˇvɛntar]	*warten*
rätt [rɛt]	*recht*
försiktig [fœˈʂikti(g)]	*vorsichtig*
i stället [iː ˈstɛlət]	*statt dessen*
skämtar om något [ˇɧɛmtar]	*über etwas scherzen*
menar (1) [ˇmeːnar]	*meinen*
allvar, -et [ˇalvɑːr]	*Ernst*
lust, -en [lɵst]	*Lust*
skyndar (1) sig [ˇɧynda ʂɛj]	*sich beeilen*
reser sig upp [ˇreːsə ʂɛj ˈɵp]	*aufstehen*
härifrån [ˇhæːrifroːn]	*von hier weg, fort*
mystisk [ˈmystisk]	*mystisch*
vanlig [ˇvɑːnli(g)]	*gewöhnlich*
vilken tur! [vilkən ˈtʉːr]	*welch ein Glück!*
vilken [vilkən]	*welcher, welche, welches*
tur, -en [tʉːr]	*Glück*

2 Gissa vem!

Hon är bara nio år gammal och ändå är hon otroligt stark. För det mesta har hon en kort klänning och ett randigt förkläde på sig. Hon har en grön strumpa på det ena benet och en röd strumpa på det andra. Hennes kängor är svarta och mycket för stora. Hon har gröna ögon och massor av fräknar. Hon har lugg och hennes långa röda hår är flätat i två styva flätor som står rakt ut. Hon har en hel kappsäck full med guldpengar. Hon är generös och nästan alltid glad. Hennes mamma är en ängel och hennes pappa är en negerkung. Hon har en häst som heter Lilla gubben och en liten apa som heter herr Nilsson. Hon bor ensam i ett stort hus som heter Villa Villekulla. Hennes bästa vänner heter Tommy och Annika.

Han bor med sin mamma och sin pappa på en bondgård i Skåne i södra Sverige. Han är ungefär 14 år gammal. Han är mycket liten för sin ålder. Förut var han av medellängd. Nu är han bara cirka 30 centimeter lång. Han var dum mot tomten på gården, och därför är han så liten nu. Han har en röd mössa på huvudet, en toppluva. Han har en svart väst och en vit skjorta. Han har korta svarta byxor och gula strumpor. På fötterna har han träskor. En vacker dag åker han i väg på en resa genom hela Sverige. Han reser på ett ganska okonventionellt sätt: Han sätter sig nämligen på ryggen av en gås och flyger tillsammans med hela flocken. Därigenom ser han hela Sverige från luften. Läs gärna om den här personens äventyr i boken: ''...... underbara resa genom Sverige''.

gissar [ˇjisar]	*raten*
ändå [ˇɛndoː]	*jedoch, trotzdem*
otroligt [uˈtruːli(g)t]	*unglaublich*
stark [stark]	*stark*
för det mesta [fœːr dɛ ˈmɛsta]	*meistens*
har på sig [hɑːr ˈpoː sɛj]	*anhaben*
klänning, -en, -ar [ˇklɛniŋ]	*Kleid*
randig [ˇrandi(g)]	*gestreift*
förkläde, -t, -n [ˇfœrklɛːdə]	*Schürze*
grön [grøːn]	*grün*
strump|a, -an, -or [ˇstrəmpa]	*Strumpf*
ben, -et, - [beːn]	*Bein*
röd [røːd]	*rot*
käng|a, -an, -or [ˇçɛŋa]	*Schnürstiefel*
för [fœːr] *(adv)*	*zu*
fräknar (pl) [ˇfrɛːknar]	*Sommersprossen*
lugg, -en, -ar [ləg]	*Pony (Frisur)*
flätat [flɛːtat]	*geflochten*
styv [styːv]	*steif*
flät|a, -an, -or [ˇflɛːta]	*Zopf*
hel [heːl]	*ganz*
kappsäck, -en, -ar [ˇkapsɛk]	*(Hand-)Koffer*
full [fəl]	*voll*
guldpengar (Pl.) [ˇgəldpɛŋar]	*Goldmünzen*
generös [ʃɛnəˈrøːs]	*großzügig*
glad [glɑːd]	*froh, fröhlich*
äng|el, -eln, -lar [ˇɛŋəl]	*Engel*
negerkung, -en, -ar [ˈneːgərkəŋ]	*Negerkönig*
häst, -en, -ar [hɛst]	*Pferd*

Lilla gubben	*„Kleiner Onkel"*
gubb|e, -en, -ar [ˈgəbə]	*alter Mann*
ap|a, -an, -or [ˈɑ:pa]	*Affe*
som (Rel. pron.) [sɔm]	*der, die, das*
ensam [ˈɛnsam]	*allein*
bäst [bɛst]	*beste/-r/-s*
vän, -nen, -ner [vɛn]	*Freund*
södra (adj. best. f.) [ˈsø:dra]	*südlichen*
ungefär [ənjəˈfæ:r]	*ungefähr*
för sin ålder	*für sein Alter*
åld|er, -ern, -rar [ˈɔldər]	*Alter*
förut [ˈfœrʉ:t]	*früher*
mot [mu:t]	*gegen*
tomt|e, -en, -ar [ˈtɔmtə]	*Wichtelmännchen*
gård, -en, -ar [go:ɖ]	*Hof*
därför [ˈdærfœr]	*deshalb*
möss|a, -an, -or [ˈmøsa]	*Mütze*
huvud, -et, - [ˈhʉ:vəd]	*Kopf*
toppluv|a, -an, -or [ˈtɔplʉ:va]	*Zipfelmütze*
väst, -en, -ar [vɛst]	*West*
fot, -en, fötter [fo:t]	*Fuß*
träsko, -n, -r [ˈtrɛ:sku:]	*Holzschuh*
vacker [ˈvakər]	*schön*
okonventionell [u:kɔnvenʃunɛl]	*unkonventionell*
sätt, -et, - [sɛt]	*Art, Weise*
rygg, -en, -ar [ryg]	*Rücken*
gås, -en, gäss [go:s]	*Gans*
flyger (4) [ˈfly:gər]	*fliegen*
tillsammans [tilˈsamans]	*zusammen*
flock, -en, -ar [flɔk]	*Schar*
därigenom [ˈdærijənɔm]	*dadurch*
luft, -en [ləft]	*Luft*
läser (2b) om något [ˈlɛ:sər]	*von etwas lesen*
äventyr, -et, - [ˈɛ:vənty:r]	*Abenteuer*
bok, -en, böcker [bu:k]	*Buch*
underbar [ˈʉndərbɑ:r]	*wunderbar*

5B Sprachgebrauch und Landeskunde

1. Kurzantworten

Bei Alternativfragen vermeidet man oft die einsilbigen Antworten **ja** oder **nej** und formuliert die Antwort etwas ausführlicher.

a) Bei **ha** und **vara** in der Frage werden diese Verben in der Antwort aufgenommen:

Har han rött hår? Ja, det har han. Nej, det har han inte.
Är hon 1,60 m lång? Ja, det är hon. Nej, det är hon inte.

b) Ebenso bei den **Modalverben** (s. 7C3):

Kan (vill/måste/får/bör/ska) han spela fotboll?
Ja, det kan (vill/måste/får/bör/ska) han. Nej, det kan (vill/måste/får/bör/ska) han inte.

c) Bei allen anderen Verben ersetzt man in den Kurzantworten das Verb durch **„göra“** (tun, machen):

Studerar hon? Ja, det gör hon. Nej, det gör hon inte.
Arbetar han? Ja, det gör han. Nej, det gör han inte.

2. ja – nej – jo:

Har du några barn? **Ja**, det har jag.
Nej, det har jag inte.

Har du inte några barn? **Jo**, det har jag.

Bei verneinten Fragen (Fragen mit inte), die man aber bejahen will, verwendet man **jo** – *doch*.

3. Färger – Farben

svart, svart, svarta	*schwarz*	ljus, ljust, ljusa	*hell*
vit, vitt, vita	*weiß*	mörk, mörkt, mörka	*dunkel*
grå, grått, grå(a)	*grau*		
blå, blått, blå(a)	*blau*		
brun, brunt, bruna	*braun*		
gul, gult, gula	*gelb*		
röd, rött, röda	*rot*		
grön, grönt, gröna	*grün*		

4. Mönster – Muster

en rutig slips

en randig kavaj

prickig korv

en blommig klänning

5C Grammatik

1. Die Adjektivflexion

Adjektive kommen in unbestimmter (starker) und in bestimmter (schwacher) Form vor. Die unbestimmten Formen stehen sowohl in prädikativer Stellung (Das Haus ist rot; Er malt das Haus rot), als auch in attributiver Stellung, wenn das Substantiv keinen bestimmten Artikel hat (ein rotes Haus). In den unbestimmten Formen richtet sich das Adjektiv in Anzahl und Geschlecht nach dem Substantiv, das es bestimmt.

Die bestimmten Formen stehen in attributiver Stellung, wenn das Substantiv einen bestimmten Artikel hat (das rote Haus). Zu beachten ist hier, daß das Schwedische in diesen Fällen sowohl den angehängten bestimmten Artikel als auch einen vorausgehenden Artikel verwendet (Doppelbestimmung). Die schwedische Grammatik bezeichnet den vorausgehenden Artikel als Adjektivartikel.

	Attributiv	*Prädikativ*
unbestimmt		
utrum	en grön bil	bilen/en bil är grön
neutrum	ett grön**t** hus	huset/ett hus är grön**t**
Plural	två grön**a** bilar två grön**a** hus	bilarna är grön**a** husen/två hus är grön**a**
bestimmt		
utrum	den grön**a** bilen	
neutrum	det grön**a** huset	
Plural	de grön**a** bilarna de grön**a** husen	

2. Besonderheiten

Man bildet die Neutrumform der Adjektive durch Anhängen eines **-t** und die Pluralform durch Anhängen eines **-a**:

grön – grön**t** – grön**a**
fin – fin**t** – fin**a**

In bestimmten Verbindungen treten jedoch Veränderungen auf:

Endet ein einsilbiges Adjektiv auf langen Vokal plus t, wird im Neutrum ein weiteres t angehängt und der Vokal wird kurz gesprochen:

söt – sö**tt** – söt**a**

Mehrsilbige Adjektive auf betonten Vokal plus t sowie Adjektive auf Konsonant plus t bekommen kein weiteres t:

konkret – konkret – konkret**a**
intressant – intressant – intressant**a**
svart – svart – svart**a**

Endet das Adjektiv auf einen betonten langen Vokal, werden im Neutrum zwei t angehängt und der Vokal wird kurz:

ny – ny**tt** – ny**a**

Endet das Adjektiv auf langen Vokal plus d, ändert sich das d zu t und der Vokal wird kurz:

röd – rö**tt** – röda

Bei Adjektiven, die auf Konsonant plus d enden, wird dieses d im Neutrum durch einfaches t ersetzt:

hård – hår**t** – hård**a**

Bei Adjektiven, die auf unbetontes -en enden, fällt das n vor dem t der Neutrumendung fort:

naken – nake**t** – nakn**a**

Adjektive auf unbetontes -en, -el oder -er verlieren das e in der Pluralform:

naken – nake**t** – nakn**a** (s. o.)
vacker – vacker**t** – vackr**a**
enkel – enkel**t** – enkl**a**

Die bestimmte Form der Adjektive ist gleich der Pluralform:

den fin**a** bilen
det nakn**a** barnet
de vackr**a** husen

3. Unregelmäßige Adjektive:

Das Adjektiv **gammal** – *alt* hat im Plural und in der bestimmten Flexion die unregelmäßige Form **gamla**:

	unbestimmt	*bestimmt*
Singular	en **gammal** man ett **gammalt** hus	den **gamla** mannen det **gamla** huset
Plural	två **gamla** män två **gamla** hus	de **gamla** männen de **gamla** husen

Das Adjektiv **liten** – *klein* hat im Singular die bestimmte form **lilla** und im Plural (bestimmt und unbestimmt) die Form **små**:

	unbestimmt	*bestimmt*
Singular	en **liten** flicka ett **litet** barn	den **lilla** flickan det **lilla** barnet
Plural	två **små** flickor två **små** barn	de **små** flickorna de **små** barnen

5D Übungen

1. *Fragen zu den Texten:*

a) Vart reser Claudia och Volker? b) Vad gör Eva och Jonas på kvällen? c) Vad är det på radion? d) Vem sitter på bänken utanför huset? e) Vad har mannen med sig? f) Hur gammal är Pippi? g) Hur ser Pippi ut? h) Vad har Pippi på sig? i) Vem är herr Nilsson? j) Vad heter huset som Pippi bor i? k) Hur ser Nils Holgersson ut? l) Varför är Nils så liten? m) Hur reser Nils genom Sverige?

2. *Übersetzen Sie:*

a) Jonas sitzt in der Küche und Eva ist im Wohnzimmer. b) Das Radio spielt. c) Nach den Nachrichten kommt ein schönes Musikprogramm. d) Eva sieht aus dem Fenster. e) Da draußen sitzt ein bärtiger Mann auf der Bank. f) Er hat schwarze Hosen und ein schwarzes Jackett an. g) Er hat blondes Haar und blaue Augen. h) Er hat eine schwarze Tasche dabei. i) Pippi ist unglaublich stark. j) Sie wohnt allein in der Villa Kunterbunt. k) Sie hat grüne Augen und zwei rote Zöpfe. l) Sie hat einen kleinen Affen und ein großes Pferd.

3a. *Ergänzen Sie die richtige Adjektivendung:*

a) en (billig) bil
b) ett (dyr) vin
c) (söt) flickor
d) ett (glad) barn
e) (glad) pojkar
f) ett (röd) hus
g) ett (fin) bord
h) (stor) träd *(pl)*
i) ett (blå) band
j) (ny) böcker
k) ett (liten) barn

3b. *Setzen Sie die obigen Ausdrücke in die bestimmte Form und beachten Sie die Doppelbestimmung:*

Beispiel: a) den billiga bilen

3c. *Bilden Sie Sätze aus den obigen Beispielen, in denen das Adjektiv in prädikativer Stellung steht. (Beachten Sie, daß das Substantiv auch hier in bestimmter Form steht.):*

Beispiel: a) Bilen är billig.

4. *Ergänzen Sie die richtige Adjektivendung. Beachten Sie, daß* glad *in den Sätzen f, g und h ein Adjektiv in prädikativer Stellung ist.*

a) Bilen är röd- och huset är grön- b) Räck mig de gul- äpplena, är du snäll! c) I köket står ett stor- bord. d) Gräset är grön- och blommorna är vit-, gul- och röd- e) Han målar bordet brun-, väggen vit- och stolarna grön- f) Evas besök gör dem glad- g) De är glad- h) De gjorde oss glad- i) Huset var ganska dyr-, men den (gammal) ... bilen var ganska billig-

5. *Setzen Sie die jeweils passende Form von* liten *ein:*

a) Jag har ett ... problem. b) Den ... flickan är Evas dotterdotter. c) Herr Nilsson är en ... apa. d) Pippi tycker om den ... apan. e) Pippi bor i ett ... hus med många ... dörrar och fönster. f) Hon har många ... vänner. g) Det ... barnet leker med den ... dockan och de ... bilarna.

6. *Am Flughafen ist Ihr Kleiderkoffer nicht auf dem Laufband gewesen. Sie gehen zum Schalter und müssen ihn beschreiben. Beskriv din resväska:* Min resväska är ...

storlek *(Größe)*: (... lång, ... bred)
färg *(Farbe)*:
resväskans innehåll *(Inhalt)*: (mest kläder)

7. *Korsord*

Die fett umrandeten Felder ergeben einen wichtigen Bestandteil des Speiseplans:

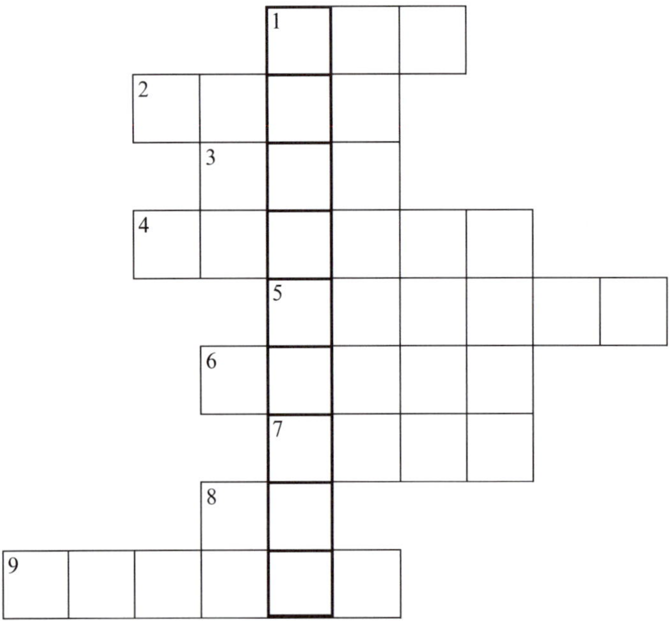

1. "... morgon"
2. här köper man grönsaker
3. *Zwiebeln*
4. att köpa några saker
5. det gör nr. 6 sött
6. utan det vaknar Per inte
7. det måste man göra med nr. 6 först
8. den som inte vill ha kaffe tar hellre ...
9. här köper man färska frallor

8. *Beantworten Sie bitte die Fragen zum Pippi-Långstrump-Text mit Kurzantworten!*

a) Är Pippi fem år gammal? b) Är hon otroligt stark? c) Har hon långbyxor för det mesta? d) Har hon en grön och en röd strumpa? e) Är hennes kängor vita? f) Har hon blå ögon och ljust hår? g) Har hon några pengar? h) Är hon snål *(geizig)*? i) Är hon ofta ledsen *(traurig)*? j) Lever *(lebt)* hennes mamma? k) Är hennes pappa president? l) Har hon någon häst? m) Heter hennes apa herr Nilsson? n) Bor hon ensam? o) Har hon några vänner?

9. *Machen Sie selbst Fragen zum Nils-Holgersson-Text und lassen Sie die anderen Teilnehmer die Fragen mit Kurzantworten beantworten! Für Selbstlerner: Schreiben und beantworten Sie selbst die Fragen!*

10. *Beantworten Sie die Fragen zu Text 5A1 in Kurzantworten mit* ja, jo *oder* nej.

Beispiel: Bor inte Jonas i Lund? Jo, det gör han.

a) Är det inte kväll? b) Reser Claudia och Volker till Göteborg? c) Tar Eva och Jonas adjö av Claudia och Volker? d) Tackar inte Jonas för besöket? e) Är Eva och Jonas välkomna till Bremen? f) Skymmer det inte ute? g) Sitter inte Eva och Jonas i köket? h) Lyssnar *(hören)* de på radion? i) Kommer inte nyheterna efter musikprogrammet? j) Har polisen några spår av rånaren? k) Är inte rånaren 1,90 (en och nittio) meter lång? l) Har inte rånaren mörkt skägg? m) Vill polisen ha tips från allmänheten? n) Sitter det inte någon utanför huset? o) Är det inte rånaren?

11. *Denken Sie an eine Person in der Gruppe. Die anderen dürfen höchstens zehn Fragen stellen, die Sie mit Kurzantworten beantworten! Danach müssen sie herausgefunden haben, wer die Person ist.*

Beispiel: Har han blå långbyxor? – Ja, det har han.

12. *Eine Weiterentwicklung der vorhergehenden Übung: Wer von den Teilnehmern ist der Bankräuber? Überlegen Sie sich im Stillen, schreiben Sie die Personenbeschreibung auf und lesen Sie sie den anderen vor. Danach erraten die anderen Teilnehmer, wer der Bankräuber ist. Für Selbstlerner: Schreiben Sie auch eine Personenbeschreibung!*

6A

6A Text

1 En vanlig dag

Jonas är morgonpigg och vaknar för det mesta utan att väckarklockan ringer. Han går in i badrummet. Där duschar han och rakar sig. Sedan kammar han sig och klär på sig. Därefter går han in i sovrummet och väcker Eva. Hon stiger upp, tvättar sig och gör sig i ordning. Under tiden går Jonas ut i köket och lagar frukost till sig, Eva och Per. Där lyssnar han också på nyheterna på radion. Pers klockradio sätter i gång vid kvart över sju, men han ligger kvar i sin säng och drar sig till halv åtta. Då stiger han upp. Han känner sig oftast ganska trött på morgonen. Sedan sätter de sig och äter frukost tillsammans. Eva och Jonas beger sig till arbetet strax före klockan åtta, men Per behöver inte skynda sig. Hans föreläsningar börjar aldrig före klockan kvart över 9.

Omkring klockan elva på förmiddagen har de kaffepaus. Sedan äter de lunch var för sig omkring klockan halv ett. Ibland har de mat med sig hemifrån. Vid tretiden på eftermiddagen dricker de sitt eftermiddagskaffe. Jonas är på sitt arbete till klockan fem. Evas lektioner slutar tidigare, men hon sitter ofta kvar på skolan och planerar eller rättar prov. Under terminerna har Per föreläsningar på förmiddagarna, och på eftermiddagarna sitter han på biblioteket och pluggar. Strax efter klockan fem är de hemma igen. De äter middag vid sextiden på kvällen. De är hemifrån hela dagarna, och därför turas de om med matlagningen på kvällarna. Jonas lagar mat på måndagarna, Eva på tisdagarna och onsdagarna. Per lagar mat på torsdagarna, och då blir det ofta hans favoriträtt ärtsoppa med pannkakor. På fredagarna städar de, och på lördagarna åker de in till stan och handlar mat till nästa vecka. De har verkligen självdisciplin!

(vara) morgonpigg [ˇmɔrɔnpig]	*etwa: ein Frühaufsteher (sein)*
att (Konj.) [at]	*daß*
väckarklock|a, -an, -or [ˇvɛkarklɔka]	*Wecker*
ringer (2b) [ˇriŋər]	*klingeln*
duschar (1) [ˇdʉɧar]	*duschen*
rakar sig (1) [ˇrɑ:ka ʂɛj]	*sich rasieren*
kammar sig (1) [ˇkama ʂɛj]	*sich kämmen*
klär (på) sig (3) [klɛ:r 'po: sɛj]	*sich anziehen*
väcker (2b) [ˇvɛkər]	*wecken*
stiger upp (4) [ˇsti:gər 'ɵp]	*aufstehen*
tvättar sig (1) [ˇtvɛta ʂɛj]	*sich waschen*
gör sig i ordning (5) [ˇjœ: ʂɛj i ˇo:ɖniŋ]	*sich fertig machen*
under tiden [ɵndər ti:dən]	*währenddessen*
lagar (1) [ˇlɑ:gar]	*zubereiten*
lyssnar (1) [ˇlysnar]	*hören*
klockradio, -n, -r [ˇklɔkrɑ:diu]	*Radiowecker*
sätter i gång (5) [ˇsɛtər i'gɔŋ]	*in Gang kommen/setzen*
kvart, -en, -er [kvaʈ]	*Viertelstunde*
över ['ø:vər]	*Uhrzeit: nach*
kvar [kvɑ:r]	*hier: noch*
drar sig (4) [drɑ: ʂɛj]	*sich räkeln*
känner sig (2a) [ˇçɛnə ʂɛj]	*sich fühlen*
oftast [ˇɔftast] (vgl. ofta)	*meistens*
ganska [ˇganska]	*ziemlich*
trött [trœt]	*müde*
beger sig (4) [bɛ'je: ʂɛj]	*sich begeben*
arbete, -t, -n [ˇarbe:tə]	*Arbeit*
strax [straks]	*gleich, sofort,* hier: *kurz*
före [ˇfœ:rə]	*vor*
skyndar sig (1) [ˇɧynda ʂɛj]	*sich beeilen*
föreläsning, -en, -ar [ˇfœ:rəlɛ:sniŋ]	*Vorlesung*
börjar (1) [ˇbœ:rjar]	*beginnen*
aldrig [ˇaldri(g)]	*nie*
kaffepaus, -en, -er [ˇkafəpaɵs]	*Kaffeepause*
lunch, -en, -er [lɵnɧ]	*Mittagessen*
var för sig [vɑ:r fœ: 'ʂɛj]	*jeder für sich*
ibland [i'bland]	*manchmal*
har med sig (5) [hɑ:r 'me: sɛj]	*etwas bei sich haben*
vid tretiden [vi:d ˇtre:ti:dən]	*gegen 3 Uhr*
eftermiddagskaffe, -t [ˇɛftərmida(g)skafə]	*Nachmittagskaffee*
till [til]	*bis*
lektion, -en, -er [lɛk'ɧu:n]	*Unterrichtsstunde*
slutar (1) [ˇslʉ:tar]	*aufhören*
tidigare [ˇti:di(g)arə] (*Komparativ von* tidig)	*früher*
planerar (1) [plane:rar]	*planen*

rättar (1) [ˇrɛtar]	*korrigieren*
prov, -et, - [pruːv]	*Prüfung*
under [ˇɵndər]	*während*
termin, -en, -er [tær'miːn]	*Semester*
på förmiddagarna	*vormittags*
på eftermiddagarna	*nachmittags*
bibliotek, -et, - [bibliu'teːk]	*Bibliothek*
pluggar (1) [ˇplɵgar]	*pauken*
middag, -en, -ar ['mida(g)]	*große Mahlzeit (oft abends)*
turas om med något (1) [ˇtʉːras ɔm meːd noːgɔt]	*mit etwas abwechseln*
matlagning, -en, -ar [ˇmɑːtlɑːgniŋ]	*das Kochen*
på måndagarna	*montags*
måndag, -en, -ar ['mɔndɑː(g)]	*Montag*

tisdag, -en, -ar ['tiːsdɑː(g)]	*Dienstag*
onsdag, -en, -ar [ˇunsdɑː(g)]	*Mittwoch*
torsdag, -en, -ar ['tuːʂdɑː(g)]	*Donnerstag*
favoriträtt, -en, -er [favu'riːtrɛt]	*Leibgericht*
ärtsopp|a, -an, -or [ˇæʈʂɔpa]	*Erbsensuppe*
pannkak|a, -an, -or [ˇpankɑːka]	*Pfannkuchen*
fredag, -en, -ar ['freːdɑː(g)]	*Freitag*
söndag, -en, -ar ['søndɑː(g)]	*Sonntag*
städa (1) [ˇstɛːda]	*aufräumen*
veck|a, -an, -or [ˇvɛka]	*Woche*
verkligen [værkligən]	*wirklich*
självdisciplin, -en [ɧɛlvdisi'pliːn]	*Selbstdisziplin*

2 Dialog

På kvällen ringer Per till Pernilla. Hon delar lägenhet med två av sina kompisar:

Helén: 12 72 57.

Per: Hejsan, Pernilla. Det är Per.

Helén: Hej, Per. Det här är inte Pernilla. Det är Helén.

Per: Oj, förlåt. Hej, Helén! Är Pernilla där?

Helén: Javisst, ett ögonblick! Jag ropar på henne. Pernilla! Det är telefon till dig. Det är Per.

Efter en liten stund.

Pernilla: Hejsan, Per. Hur mår du i dag?

Per: Tack, bara fint. Och själv då?

Pernilla: Jag är lite trött, men annars är det rätt bra. Vad är klockan egentligen?

Per: Hon är tjugo över sju. Du har väl ingenting särskilt för dig i kväll, va?

Pernilla: Nej, det har jag inte. Jag tittar väl på teve en stund, och sedan går jag nog och lägger mig ganska tidigt.

Per: Har du inte lust att följa med på bio i stället? Det går en ny amerikansk film på Filmstaden.

Pernilla: Jag vet inte. Vad är det för film?

Per: Det är en actionkomedi. Den är säkert både rolig och spännande.

Pernilla: Ja, det brukar de ju vara. Du Per, jag är inte så förtjust i amerikanska filmer. Då går jag hellre till Mejeriet. Där visar de den nya filmen av Suzanne Osten.

Per: Svenska filmer är alltid så långtråkiga.

Pernilla: Det är inte sant! Följ med till Mejeriet i stället!

Per: Hur dags börjar filmen?

Pernilla: Den börjar klockan 9.

Per: Okej, men då följer du med mig på den amerikanska filmen i övermorgon!

Pernilla: På lördag kanske. Vi får se. Kommer du förbi och hämtar mig?

Per: Ja, hur lång tid tar det att cykla därifrån till Mejeriet?

Pernilla: Det tar en kvart ungefär. Kom vid halv nio, så hinner vi köpa biljetter i lugn och ro!

Per: Okej, vi ses vid halv niotiden! Hej då!

Pernilla: Tack för att du ringde. Hej då!

delar (1) [ˇdeːlar]	*teilen*
kompis, -en, -ar ['kɔmpis]	*Freund/in*
hejsan ['hɛjsan]	*hallo*
det här [dɛ 'hæːr]	*das hier*
oj [ɔj]	*oh!*
förlåt [fœː'ɭoːt]	*Verzeihung! Entschuldigung!*

ögonblick, -et [ˈøːgɔnblik]	*Augenblick*
telefon, -en, -er [tɛlɛˈfoːn]	*Telefon*
till [til]	*hier: für*
Hur mår du? [hʉːr moː ɖʉː]	*Wie geht es dir?*
mår (3) [moːr]	*sich fühlen*
bara [ˈbɑːra]	*nur*
själv [ɧɛlv]	*selbst*
annars [ˈanaʂ]	*sonst*
rätt [rɛt]	*recht*
Vad är klockan? [va eː klɔkan]	*Wieviel Uhr ist es?*
klock|a, -an, -or [ˈklɔka]	*Uhr*
egentligen [eːˈjɛntligən]	*eigentlich*
ingenting [ˈiŋəntiŋ]	*nichts*
särskilt [ˈsæːɧilt]	*besonders*
va? [va]	*oder?*
tittar på (1) [ˈtitar poː]	*(an)sehen*
teve, -n, - [ˈteːveː]	*Fernsehen*
tidig [ˈtiːdi(g)]	*früh*
följer med (2a) [føljər ˈmeːd]	*mitkommen*
på bio [poː biːu]	*ins Kino*
bio, -n [ˈbiːu]	*Kino*
ny [nyː]	*neu*
amerikansk [ameːriˈkɑːnsk]	*amerikanisch*
film, -en, -er [film]	*Film*
vet (5) [ˈveːt]	*wissen*
säker [ˈsɛːkər]	*sicher*
både … och [boːdə ɔk]	*sowohl … als auch*
rolig [ˈruːli(g)]	*lustig*
spännande [ˈspɛnandə]	*spannend*
är förtjust i något [fœrˈɕʉːst]	*von etwas begeistert sein*
hellre [ˈhɛlrə] (*Komparativ von* gärna)	*lieber*
Mejeriet (mejeri, -et, -er) [mɛjəˈriː]	*„Molkerei“ (Kulturzentrum in Lund)*
visar (1) [ˈviːsar]	*zeigen*
långtråkig [ˈlɔŋtroːki(g)]	*langweilig*
sann [san]	*wahr*
hur dags? [hʉː ɖaks]	*um wieviel Uhr?*
i övermorgon [iː øːvərmɔron]	*übermorgen*
på lördag [poː lœːɖa(g)]	*am Samstag*
förbi [fœrˈbiː]	*vorbei*
hämtar (1) [ˈhɛmtar]	*(ab)holen*
hur lång tid [hʉːr lɔŋ tiːd]	*wie lange*
tar (4) [tɑːr]	*hier: dauern*
cyklar (1) [ˈsyklar]	*Fahrrad fahren*
därifrån [dæːrifroːn]	*von dort*
hinner (4) [ˈhinər]	*(zeitlich) schaffen*
köper (2b) [ˈçøːpər]	*kaufen*
biljett, -en, -er [bilˈjɛt]	*Karten (Kino-, Fahr-)*
i lugn och ro [iː lɵŋn ɔ ruː]	*in aller Ruhe*
Tack för att du ringde	*Danke für den Anruf!*

6B Sprachgebrauch und Landeskunde

1. Die Wochentage – veckans dagar / veckodagarna:

måndag, tisdag, onsdag, torsdag, fredag, lördag, söndag

helgdag – *Feiertag*
En **vecka** har sju dagar. – *Eine Woche hat 7 Tage.*
I dag är det måndag. – *Heute ist Montag.*
Han kommer **på tisdag**. – *Er kommt am Dienstag.*
Man äter ärtsoppa **på torsdagarna**. – *Donnerstags ißt man Erbsensuppe.*
I fredags åkte jag till mormor. – *Vergangenen Freitag fuhr ich zu Oma.*

2. Telefonieren in Schweden

In Schweden meldet sich der Angerufene manchmal mit seiner Nummer anstatt mit seinem Namen, wie Helén im Dialog.

Von Deutschland aus wählt man:

00 46 + (schwedische Vorwahl ohne 0) + (Nummer des Teilnehmers)

Von Schweden aus nach Deutschland wählt man:

00 49 + (deutsche Vorwahl ohne 0) + (Nummer des Teilnehmers)

3. ligga kvar, sitta kvar etc.

Das Wörtchen **kvar** bedeutet soviel wie *noch* oder *übrig*:

Finns det några bullar **kvar**? – *Sind noch Teilchen da?*
Det är bara en **kvar**. – *Es ist nur noch eins übrig.*
Har vi långt **kvar**? – *Ist es noch weit?*

Steht es im Zusammenhang mit Zustandsverben, übersetzt man es am besten mit: (...) *bleiben*:

sitta kvar	*sitzenbleiben*
ligga kvar	*liegenbleiben*
stanna kvar	*dableiben*

4. Vad är klockan?

Klockan är ...
Hon är ...
Den är ...

.. tre

halv fyra

fem över tre

fem över halv fyra

kvart över tre

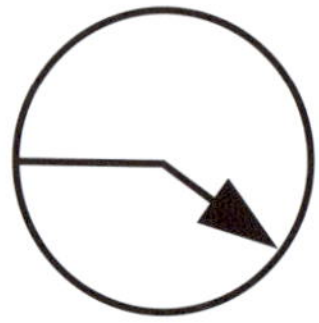

kvart i fyra

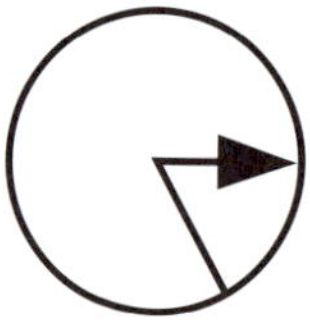

fem i halv fyra

sju i fyra

Das Substantiv **klocka** ist ein Lehnwort aus dem Mittellateinischen und kam mit dem Christentum in die germanischen Sprachen (vgl. engl. *clock*, dt. *Glocke*). Bei der Übernahme in den eigenen Wortschatz übernahm man ebenfalls das grammatische Geschlecht des lateinischen Lehnworts. Man kann deshalb auch im heutigen Standardschwedisch noch sagen: **(klockan,) <u>hon</u> är tre**. (Dies ist eine Ausnahme zu der in 4C3 angegebenen Regel.)
In Radio- und Fernsehnachrichten hört man die Zeitangabe auch oft im 24-Stundenformat:

Klockan är 15.00 (femton noll noll).	– *Es ist 15 Uhr.*
Tåget avgår klockan nitton och trettio.	– *Der Zug fährt um 19 Uhr 30 ab.*
. . . klockan tjugotre och fyrtiofem	– *. . . 23 Uhr 45*

6C Grammatik

1. Die rückbezüglichen Possessivpronomina sin – sitt – sina

Wenn sich das Possessivpronomen auf das Subjekt desselben Satzes bezieht, verwendet man in der dritten Person die Formen **sin** (utr), **sitt** (n), **sina** (pl):

Hon tycker om **sin** katt *(ihre eigene Katze)*.
Han tycker om **sitt** hus *(sein eigenes Haus)*.
Hon tycker om **sina** barn *(ihre eigenen Kinder)*.
De tycker om **sina** bilar *(ihre eigenen Autos)*.

Wenn sich das Possessivpronomen nicht auf das Subjekt, sondern auf eine andere Person bezieht, müssen die s-Formen der Possessivpronomen (vgl. Lektion 2C4) verwendet werden:

Hon tycker om **hennes** katt *(die Katze einer Freundin o. ä.)*.
Han tycker om **hans** hus *(das Haus seines Bekannten o. ä.)*.
Hon tycker om **hennes** barn *(die Kinder ihrer Schwester o. ä.)*.
De tycker om **deras** bilar *(die Autos der Eltern o. ä.)*.

Die Formen **sin – sitt – sina** können niemals Teil des Subjekts sein:

Hennes katt är söt.
Mårten och **hans** syster är ute och cyklar.

2. Reflexive Verben

Wenn das Subjekt und Objekt eines Verbes die gleiche Person ist, spricht man von reflexiven Verben. Diese Verben stehen in Verbindung mit einem rückbezüglichen oder Reflexivpronomen.

Han tvättar **sig**. – *Er wäscht sich (selbst).*
(subj.) (obj.)

3. Übersicht über die Formen der Personalpronomen:

Subjektform	*Objektform*	*reflexiv*
jag	mig	mig
du	dig	dig
hon	henne	sig
han	honom	sig
den/det	den/det	sig
vi	oss	oss
ni	er	er
de	dem	sig

Die Formen **mig, dig, sig** werden [mɛj, dɛj, sɛj] ausgesprochen, **de** und **dem** werden beide [dɔm] ausgesprochen.

4. Frequenz

Nach der Frage **hur ofta** – *wie oft* steht in der Antwort die Präposition **i** vor der bestimmten Form des Zeitausdrucks:

Hjärtat slår ca. sextio slag **i** minuten. – *Das Herz schlägt ca. sechzigmal pro Minute.*
Tåget går tre gånger **i** timmen. – *Der Zug fährt dreimal je Stunde.*
Veckoslutsbussen går två gånger **i** veckan. – *Der Wochenendbus verkehrt zweimal pro Woche.*
Man får lön en gång **i** månaden. – *Man bekommt einmal im Monat Gehalt.*

Ausnahmen: en gång **om** dagen, **om** dygnet (dygn, -et, - *Tag [24 Stunden]*), **om** året.

Man går till tandläkaren två gånger **om** året. – *Man geht zweimal im Jahr zum Zahnarzt.*

5. Einige Zeitausdrücke mit Tageszeiten und Wochentagen:

Tag(eszeit)	*Vergangenheit*	*Gegenwart*	*allgemein*	*Zukunft*
dag	i går	i dag	på dagen på dagarna	i morgon
morgon	i morse	nu på morgonen	på morgonen på morgnarna	i morgon bitti
förmiddag	i förmiddags	nu på förmiddagen	på förmiddagen på förmiddagarna	i morgon förmiddag
eftermiddag	i eftermiddags	nu på eftermiddagen	på eftermiddagen på eftermiddagarna	i morgon på eftermiddagen
kväll	i går kväll	i kväll	på kvällen på kvällarna	i kväll
natt	i natt i går natt	i natt	på natten på nätterna	i natt
onsdag	i onsdags		på onsdagarna	på onsdag

Beachten Sie:

gestern morgen – **i går morse**
heute morgen – **i morse**
morgen – **i morgon**
morgen früh – **i morgon bitti**
morgens – **på morgnarna**

6D Übungen

1. *Beantworten Sie die Fragen zum Text in vollständigen Sätzen:*

a) Är Jonas trött på morgonen? b) Vad gör han i badrummet på morgonen? c) Vad gör Jonas, medan *(während)* Eva gör sig i ordning? d) Vad gör Jonas, medan han lagar frukost? e) Stiger Per upp klockan kvart över sju? f) Hur dags går Eva och Jonas hemifrån? g) När börjar Pers föreläsningar? h) Äter de lunch tillsammans? i) Hur dags slutar Jonas' arbete? j) Går Eva direkt hem, när hennes lektioner är slut? k) Vad gör Per på eftermiddagarna? l) När äter de middag? m) När lagar Jonas mat? n) Vad gör de på fredagarna? o) Vart åker de på lördagarna? p) Vem lagar mat hos familjen Bergman på fredagarna, lördagarna och söndagarna, tror *(glaubst)* du?

2. *Die Aussagen unter a, b, c, etc. sind durcheinander geraten. Bringen Sie den Dialog in die richtige Reihenfolge!*

1. Hej, är Krister hemma?
a. Jodå, det knallar och går. Och själv då?
2. Kan jag få tala med honom?
b. Ja, det passar fint. När ska vi träffas?
3. Hej, Krister. Hur har du det?
c. Ja, det är han.
4. Bara bra, tack. Ska vi gå på bio i kväll?
d. Vad heter den?
5. Det går en bra film på Grand.
e. Okej. Då ses vi kvart över sju. Hej då!
6. "Semesterresan". Det är en svensk komedi.
f. Ja, ett ögonblick. Jag ska ropa på honom.
7. Den börjar klockan halv åtta. Följer du med?
g. Det låter bra. Hur dags börjar den?
8. Vi kan väl ses utanför biografen kvart över sju.
h. Det beror på *(kommt darauf an)*. Vilken film vill du se?

3. *Übersetzen Sie:*

„Hallo, hier ist Björn. Kann ich mit Åsa sprechen?"
„Ja sicher, einen Augenblick."
„Hallo Åsa, wie geht es dir?"
„Servus Björn, es geht mir ganz gut, danke. Wie geht es selbst?"
„Gut. Willst du heute Abend ins Kino gehen? Es läuft ein neuer Bergman-Film."
„Ja, gerne. Um wieviel Uhr beginnt er?"
„Einen Moment. Heute ist Donnerstag, da beginnt er um 17.45 Uhr, 19.30 Uhr und 22.30."
„Ich muß Freitags um 7.00 Uhr aufstehen. Ich gehe lieber *(schwed. = am liebsten)* um halb acht."
„Gut, dann hole ich dich um Viertel vor sieben ab."
„Abgemacht. Tschüs bis gleich."

4. *Ergänzen Sie die entsprechenden Reflexivformen:*

a) Jag tvättar ... b) Hon kammar ... framför spegeln. c) Du lär ... mycket om svenska språket. d) Hans och Annelie ger ... iväg på lördag. e) Vi sätter ...

i bilen och väntar så länge. f) Hur känner ni ... idag? g) Vill ni inte gå och lägga ...? h) Jo, vi vill gärna lägga ... i) Ta ... en kopp kaffe, Jonas! j) Nej tack, jag tar ... hellre ett glas mjölk. k) Han rakar ... varje morgon. l) De klär på ... och går ut. m) Barnet sätter ... på stolen. n) Ibland känner hon ... trött och ensam.

5. *Ergänzen Sie die entsprechenden Formen des persönlichen Pronomens und des Reflexivpronomens:*

   a) Han måste skynda ..., eftersom bussen inte väntar på ... b) Eva måste kamma ... Sedan kommer Jonas och hämtar ... c) De sätter ..., när Eva säger till ... d) Ni glädjer ..., när någon ringer till ... e) Hunden kommer till ..., när Eva ropar på ...

6. *Fragen Sie jemanden oder beantworten Sie selbst die Fragen von Wochentagen und Uhrzeiten:*

   a) Vilken dag är det i dag/i morgon/i övermorgon? b) Vilken dag var det i går/i förrgår? c) Vilka veckodagar läser du svenska? d) Vilka veckodagar är du helt ledig? e) Vilka dagar lagar du middag? f) När städar du? g) När handlar du mat? h) När går du på bio? i) Hur mycket är klockan? j) Hur dags stiger du upp på morgonen? k) När äter du frukost? l) Hur dags äter du lunch? m) När lyssnar du på radio? n) När tittar du på teve? o) Hur dags går du och lägger dig? p) När somnar du?

7. *Vervollständigen Sie bitte die Sätze. Verwenden Sie Ihre Phantasie, achten Sie aber auf die Wortfolge:*

   a) Fem minuter i halv åtta på morgonen ... b) Hur mycket ...? c) Ärtsoppa ... d) På lördagarna ... e) På nätterna ... f) I morgon bitti ... g) På morgnarna ... h) På dagarna ... i) De ... j) Hur ...? k) Så här ... l) Strax efter klockan elva ... m) Vem ...? n) Vad ...? o) När ...? p) Under tiden ... q) Där ...

8. *Schreiben Sie einen kurzen Bericht darüber, was Sie im Laufe des Tages tun:*

   Jag vaknar ...

9. *Welches Wort paßt nicht zu den anderen drei? Warum nicht?*

   a) blå, grön, vit, prickig b) dag, kväll, vecka, morgon c) tysk, rolig, svensk, amerikansk d) glad, hjärtlig, snäll, kortklippt e) arbetar, läser, studerar, hund f) sitter, står, ligger, äter g) mössa, bil, halsduk, kavaj h) cykel, fåtölj, tåg, flygplan i) radio, väska, teve, telefon j) mormor, vän, faster, kusin k) potatis, korv, ost, marmelad.

7A Text

1 Katarina ringer

Det börjar bli vår ute. Vädret är vackert: solen skiner och himlen är blå och nästan molnfri. Fåglarna kvittrar och vårblommorna blommar i trädgårdar och parker. På träden börjar de första gröna löven spricka ut. På parkbänkarna och längs husväggarna sitter människor och njuter av solen.

Telefonen ringer:

Per: Bergman.

Katarina: Hej, mitt namn är Katarina Franzén. Kan jag få tala med Eva Bergman?

Per: Nej, hon är tyvärr inte inne just nu. Hon brukar komma hem vid den här tiden, men hon är inte hemma än. Kan jag hälsa henne något? Eller ska jag be att hon ringer?

Katarina: Ja, du kan hälsa henne från Katarina Franzén. Men jag måste iväg nu, så hon behöver inte ringa mig. Jag kan försöka igen lite senare i stället.

Per: Det ska jag säga till henne. Hej då!

Katarina: Tack så mycket. Hej då!

blir (4) [bliːr]	*werden*
vår, -en, -ar [voːr]	*Frühling*
väd|er, -ret, - [ˇvɛːdər]	*Wetter*
sol, -en, -ar [suːl]	*Sonne*
skina (4) [ˇɧiːna]	*scheinen*
him|mel, -len, -lar [ˇhiməl]	*Himmel*
molnfri [ˇmoːlnfriː]	*wolkenlos*
fåg|el, -eln, -lar [ˇfoːgəl]	*Vogel*
kvittrar (1) [ˇkvitrar]	*zwitschern*
vårblomm|a, -an, -or	*Frühlingsblume*
blommar (1) [ˇblumar]	*blühen*
park, -en, -er [park]	*Park*
träd, -et, - [trɛːd]	*Baum*
först [fœʂt]	*erst*
löv, -et, - [løːv]	*Laub*
spricker ut (4) [sprikər 'ʉːt]	*ausschlagen*
parkbänk, -en, -ar [ˇparkbɛŋk]	*Parkbank*
längs [lɛŋs]	*am ... entlang*
husvägg, -en, -ar [ˇhʉːsvɛg]	*Hauswand*
människ|a, -an, -or [ˇmɛniɧa]	*Mensch*
njuter (4) [ˇnjʉːtər]	*genießen*
just [jəst]	*(zeitlich) gerade, soeben*
vid den här tiden	*um diese Zeit*
än, ännu [ɛn, ˇɛnɵ]	*noch, noch immer*
hälsa någon något (1)	*jdm. etwas ausrichten*
ber (4) [beːr]	*bitten*
igen [i'jɛn]	*wieder*

2 Inbjudan till pingstmiddag

Senare på kvällen ringer Katarina igen.

Eva: Eva Bergman.

Katarina: Hej, Eva. Det är Katarina här.

Eva: Hej, Katarina. Det var länge sedan. Hur är det?

Katarina: Jodå, det är bra. Jag brukar vara trött på våren, men i år mår jag alldeles utmärkt. Hur mår du själv?

Eva: Jo, jag mår också bra. Det är härligt med våren. Man vill bara sitta ute och njuta.

Katarina: Det har du rätt i. Man behöver ju inte stressa hela tiden. Och man måste ju inte hinna allt.

Eva: Nej, ibland får man lära sig att ta det lite lugnt också.

Katarina: På tal om något helt annat, kan inte du och Jonas komma hit på middag någon kväll? Så får vi prata lite.

Eva: Jo, gärna. Jag ska titta i almanackan.

Katarina: Den här veckan kan vi inte, men hur ser det ut på onsdag nästa vecka? Det är den 11 (elfte).

Eva: Nej, då är vi tyvärr upptagna. Min svärfar fyller 80 år den 13 (trettonde), och vi ska åka till Gotland över Kristi himmelfärdshelgen och gratulera honom.

Katarina: Då måste det bli någon annan gång i stället. Kan ni komma helgen därpå, i pingst?

Eva: Ja, då är vi hemma. Då kan vi egentligen när som helst.

Katarina: Ska vi säga på lördag den 21 (tjugoförste) vid sjutiden?

Eva: På pingstaftonen? Du, jag ska fråga Jonas för säkerhets skull. Vänta ett ögonblick!

En liten stund senare

Eva: Jo, det passar fint. Det ska bli jättetrevligt. Jag skulle hälsa så gott från Jonas också och tacka för inbjudan.

Katarina: Vad bra! Då säger vi så. Välkomna då!

Eva: Tack ska du ha!

Katarina: Då ses vi i pingst, om inte förr. Hälsa Jonas!

Eva: Det ska jag göra. Och du hälsar Patrick!

Katarina: Javisst. Hej då! Och ha det så fint på Gotland!

Eva: Tack så mycket! Hej då!

jodå ['juːdoː]	*aber ja doch*
alldeles utmärkt ['aldeːləs ᵛʉːtmærkt]	*ganz ausgezeichnet*
jo [juː]	*doch*
det har du rätt i [dɛ hɑː ɖʉː 'rɛt iː]	*da hast du recht*
stressar (1) [ᵛstrɛsar]	*sich abhetzen*
tid, -en, -er [tiːd]	*Zeit*
lär sig (2a) [ᵛlæː ʂɛj]	*lernen*
tar det lugnt (4) [tɑː ɖɛ lɵŋt]	*es ruhig nehmen*
på tal om något helt annat [poː tɑːl ɔm noːgɔt heːlt anat]	*um von etw. anderem zu reden*
tal, -et [tɑːl]	*Rede*
någon [ᵛnoːgɔn]	*(irgend)ein*
pratar (1) [ᵛprɑːtar]	*reden*
almanack|a, -an, -or [ᵛalma'naka]	*Kalender*
elfte [ᵛɛlftə]	*elfte/r*
upptag|en, -et, upptagna [ᵛɵptɑːgən]	*hier: beschäftigt*
svär|far, -fader [ᵛsvæːrfɑːr]	*Schwiegervater*

fyller år (2a) [ᵛfylər oːr]	*Geburtstag haben*
trettonde [ᵛtrɛtɔndə]	*dreizehnte/r*
Kristi himmelfärdshelgen [kristi himəlfæɖʂhɛlgən]	*Christi Himmelfahrtswochenende*
gratulerar (1) [gratɵ'leːrar]	*gratulieren*
någon annan gång [noːgɔn anan gɔŋ]	*ein anderes Mal*
helg, -en, -er [hɛlj]	*Wochenende; Feiertag*
därpå [ᵛdæːrpoː]	*danach*
pingst, -en [piŋst]	*Pfingsten*
när som helst [næː ʂɔm hɛlst]	*wann immer*
tjugoförsta [ɕʉːgu'fœʂta]	*einundzwanzigste/r*
vid sjutiden [viːd ʉːtiːdən]	*gegen 7 Uhr*
pingstafton, -en, -aftnar [ᵛpiŋstaftɔn]	*Pfingstsonnabend*
för säkerhets skull [fœː ʂɛːkərheːts skɵl]	*sicherheitshalber*
passar (1) [ᵛpasar]	*passen*

jättetrevlig [ˈjɛtətreːvli(g)]	*sehr nett*	då säger vi så [doː sɛjər viː soː]	*abgemacht*
hälsar så gott [hɛlsar soː gɔt]	*(schön) grüßen*	om inte förr [ɔm intə fœr]	*wenn nicht früher*
inbjudan, - *(unveränderl.)* [ˈinbjʉːdan]	*Einladung*		

7B Sprachgebrauch und Landeskunde

1. Nach dem Befinden fragen

Fråga:	**Svar:**
Hur mår du?	Ganska bra, tack. Jag mår jättebra, tack. Tack, bra. Hur mår du själv?
Hur är det? Hur är det med dig?	Bara bra, tack, och själv då? Jo, det är bra, tack. Utmärkt, och hur är det själv?

2. Schwedische Datumsformate

Beachten sie bitte: Auf schwedischen Formularen (z. B. auf Hotelformularen, in Buchungsunterlagen, aber auch auf Briefen und Postkarten) wird das Datum meist in folgender Reihenfolge angegeben:

Jahr – Monat – Tag

Die Angabe 97-09-18 bezeichnet also den 18. September 1997.

7C Grammatik

1. Zeitausdrücke bei Jahreszeiten und Kirchenfesten:

i somr**as** (höst**as**, vintr**as**, vår**as**) – *vergangenen Sommer (Herbst, Winter, Frühling)*
i sommar (höst, vinter, vår) – *jetzt im Sommer*
till sommar**en** (höst**en**, ...) – *nächsten Sommer*
på somrar**na** (på sommar**en**, usw.) – *im Sommer*

z. B.: På vintrarna åker vi på skidsemester.
I våras fyllde pappa 60.

Ebenso:

i påsk**as** (pingst**as**, jul**as**) – *letzte Ostern (Pfingsten, Weihnachten)*
i påsk (pingst, jul) – *jetzt Ostern*
till påsk (pingst, jul) – *kommende Ostern*
på påsk**en** (pingst**en**, jul**en**) – *jede Ostern*

z. B.: På julen brukar vi ha kalkon *(Truthahn)*.
I påskas åkte vi till Köpenhamn.

2. Ordnungszahlen

1:a	första	[ˇfœʂta]	18:e	artonde	[ˇɑːʈɔndə]
2:a	andra	[ˇandra]	19:e	nittonde	[ˇnitɔndə]
3:e	tredje	[ˇtreːdjə]	20:e	tjugonde	[ˇçʉːgɔndə]
4:e	fjärde	[ˇfjæːɖə]	21:a	tjugoförsta	[çʉːgɔ'fœʂta]
5:e	femte	[ˇfɛmtə]	22:e	tjugoandra osv.	[çʉːgɔ'andra]
6:e	sjätte	[ˇ ɛtə]	30:e	trettionde	['trɛti(u)nde]
7:e	sjunde	[ˇ ɵndə]	40:e	fyrtionde	['fœʈi(u)nde]
8:e	åttonde	[ˇɔtɔndə]	50:e	femtionde	['fɛmti(u)ndə]
9:e	nionde	[ˇniːɔndə]	60:e	sextionde	['sɛksti(u)ndə]
10:e	tionde	[ˇtiːɔndə]	70:e	sjuttionde	[' ɵti(u)ndə]
11:e	elfte	[ˇɛlftə]	80:e	åttionde	['ɔti(u)ndə]
12:e	tolfte	[ˇtɔlftə]	90:e	nittionde	['niti(u)ndə]
13:e	trettonde	[ˇtrɛtɔndə]	100:e	hundrade	['hɵndradə]
14:e	fjortonde	[ˇfjuːʈɔndə]	101:a	hundraförsta	[hɵndra'fœʂta]
15:e	femtonde	[ˇfɛmtɔndə]	1000:e	tusende	['tʉːsəndə]
16:e	sextonde	[ˇsɛkstɔndə]	1001:a	tusenförsta	[tʉsen'fœʂta]
17:e	sjuttonde	[ˇ ɵtɔndə]	2000:e	tvåtusende	[ˇtvoːtʉːsəndə]

Beispiele:

I dag är det den 18 september. (läs: **den artonde september** eller **den artonde i nionde**)
Han är född den 23 april 1954. (läs: **den tjugotredje ...**)
Sveriges kung heter Carl XVI Gustaf. (Carl **den sextonde** Gustaf)
Det går en buss härifrån **var femtonde minut**. *(alle 15 Minuten)*
Det går ett flyg till Stockholm **varannan timme**. *(alle zwei Stunden)*
Vartannat år åker han till Paris. *(alle zwei Jahre)*

(Im Schwedischen schreibt man nach den Ordnungszahlen keinen Punkt, sondern entweder die einfache Ziffer oder die Ziffer plus den letzten Buchstaben des Zahlworts, verbunden durch einen Doppelpunkt.)

3. Modalverben

Modalverben stehen zusammen mit dem Infinitiv eines Hauptverbs, welches sie modifizieren. Sie drücken die Einstellung des Sprechers zum Satzinhalt oder eine Absicht aus. Als finites Verb steht das modale Hilfsverb an zweiter Stelle des Satzes (vgl. 1C3), der folgende Infinitiv (ohne **att**) an der Stelle des zweiten Verbs.

F	V1	S	SA	V2	O	A
Han	vill	–	inte	gå		nu.
Jag	måste	–	–	handla	tomater	idag.
Det	kan	–	inte	vara	–	sant.
Vem	vill	–	–	ha	ost?	
–	Kan	du	inte	hämta	barnen?	

Übersicht über die Formen der Modalverben:

Infinitiv	*Präsens*	*Präteritum*	*Supinum*	
böra	bör	borde	bort	*sollen*
få	får	fick	fått	*dürfen*
kunna	kan	kunde	kunnat	*können*
–	må	måtte	–	*mögen*
–	måste	måste	måst	*müssen*
skola	ska(ll)	skulle	skolat	*sollen*
vilja	vill	ville	velat	*wollen*

Bedeutung der Modalverben, Sprechabsicht:

Verb	*Sprechabsicht*	*Beispiele*
kunna	Fähigkeit:	Hon kan spela piano.
	höfl. Aufforderung:	Kan du skicka mig smöret?
		Kan jag få tala med Eva?
	Vorschlag:	Vi kan ju gå på bio i kväll.
skola	Absicht (1. Pers.)	Jag ska gå på bio i kväll.
	Pflicht (alle Pers.)	Du ska ära *(ehren)* far och mor.
	Vermutung:	Han ska vara en duktig elev.
	Wahrscheinlichkeit:	Det ska bli regn i morgon.
	Frage:	Ska du ha mer kaffe?
	Höflichkeit:	Jag skulle vilja ha tre äpplen, tack.

Verb	*Sprechabsicht*	*Beispiele*
vilja	Absicht:	Jag vill spela schack nu.
bör	Angemessenheit: Vermutung:	Du bör sluta röka. *(du sollst)* Du borde sluta röka. *(du solltest)* Han bör vara hemma vid tolvtiden. Bussen borde komma snart. *(müßte bald kommen)*
måste	Notwendigkeit:	De måste gå hem nu.
må	Wunsch:	Ja, må han leva ... *Er lebe ...*
få	Erlaubnis: Notwendigkeit:	Får jag röka här? *(darf ich ...)* Man får ta det lugnt. *(man muß ...)*

Außer diesen Modalverben werden auch einige andere Verben als Hilfsverben mit dem Infinitiv ohne att konstruiert. Beachten sie, daß im Deutschen in diesen Fällen ein *zu* steht:

Hon **brukar** komma hem vid den här tiden.	*Sie pflegt um diese Zeit nach Hause zu kommen.*
Han **tänker** sälja sin bil.	*Er beabsichtigt, seinen Wagen zu verkaufen.*
Du **behöver** inte ta med dina böcker i dag.	*Du brauchst heute deine Bücher nicht mitzunehmen.*
Jag **orkar** inte göra mina läxor i dag.	*Ich schaffe es heute einfach nicht, meine Hausaufgaben zu machen.* (Im Sinne von: ich bin zu schlapp.)
Om du är så sjuk, **slipper** du gå till jobbet.	*Wenn du so krank bist, brauchst du nicht zur Arbeit zu gehen.*
Det går bättre än jag **vågade** hoppas.	*Das geht besser als ich zu hoffen wagte.*

7D Übungen

1. *Beantworten Sie bitte die Fragen zum Text:*

   a) Hur märker man, att det blir vår? b) Hur är vädret? c) Får Katarina tala med Eva? d) Vad vill Katarina? e) Vad händer den 13 maj? f) Vad gör familjen Bergman över Kristi himmelfärdshelgen? g) När ska de vara hos Katarina och Patrick?

2. *Übersetzen Sie bitte:*

   a) Hallo, wie geht's? b) Gut, danke, und selbst? c) Kann ich mit Jonas sprechen? d) Die Menschen im Park genießen die Sonne. e) Die Sonne scheint, und der Himmel ist fast wolkenlos. f) Manchmal muß man es auch etwas ruhig angehen lassen. g) Könnt ihr Pfingsten kommen? h) Um von etwas anderem zu reden: was macht ihr zu Ostern? i) Ich werde im Kalender nachsehen. j) Ich werde meine Frau fragen. k) Ich soll von ihr grüßen. l) Abgemacht, ihr kommt nächste Woche. m) Danke für die Einladung, aber wir sind leider beschäftigt. n) Wir können uns zu Pfingsten sehen, wenn nicht früher.

3. *Schreiben Sie die folgenden Daten mit Buchstaben!*

   Beispiel: Jag är född den första september/den första i nionde nittonhundrafemtiofem. (1. 9. 1955)

   a) Han fyller år den 2. 4. b) De gifte sig *(heiraten)* den 17. 3. 1994. c) Gustaf II Adolf dog *(starb)* den 6. 11. 1632. d) Julafton firas *(wird gefeiert)* den 24. 12. varje år. e) Midsommarafton brukar vara omkring den 21. 6.

4. *Beantworten Sie die Fragen!*

   a) Vilket datum är det i dag? b) När fyller du år? c) Vilket datum och vilket år är din mamma född? d) Vad heter sommarmånaderna på svenska? e) När är det påskafton/pingstafton/nyårsafton i år?

5. *Evas Kalender: Mai*

   Hier sehen Sie Evas Kalender. Formulieren Sie Fragen und Antworten:

   Beispiel 1: Vad ska Eva göra tisdagen den andra maj?
   Hon ska gå på föräldramöte i klass 8d.

   Beispiel 2: När ska Eva gå på föräldramöte?
   Hon ska gå på föräldramöte tisdagen den andra maj.

söndag	1	Första maj
måndag	2	kvällskurs kl. 20.00: spanska
tisdag	3	föräldramöte i klass 8d kl. 19.00
onsdag	4	med mamma på kyrkokonsert i Eslöv
torsdag	5	gymnastik kl. 19.30
fredag	6	
lördag	7	köpa födelsedagspresent till Paul
söndag	8	
måndag	9	kvällskurs kl. 20.00: spanska
tisdag	10	
onsdag	11	resa till Gotland. färjan kl.24. från Oskarshamn
torsdag	12	Kristi himmelfärdsdag Gotland
fredag	13	ledig. Paul fyller 80 år. Gotland
lördag	14	Gotland
söndag	15	tillbaka till Lund
måndag	16	kvällskurs kl. 20.00: spanska
tisdag	17	
onsdag	18	skolutflykt till Dalby hage
torsdag	19	gymnastik kl. 19.30
fredag	20	
lördag	21	middag hos Katarina och Patrick kl. 19.00
söndag	22	Pingstdagen
måndag	23	Annandag Pingst
tisdag	24	
onsdag	25	gå på teatern kl. 20.00, "Fröken Julie"
torsdag	26	gymnastik kl. 19.30
fredag	27	
lördag	28	
söndag	29	mamma och moster Greta kommer på middag
måndag	30	kvällskurs kl. 20.00: spanska
tisdag	31	

6. *Fügen Sie in den folgenden Sätzen die Modalverben hinzu! Beachten Sie, daß sich die Form des Hauptverbs und die Wortfolge dann ändern.*

a) Han dricker vatten. (böra) b) De är mycket goda. (skola) c) Vi tar ett kilo äpplen. (vilja) d) De är fina. (måste) e) Lägger du påsen överst? (kunna) f) Vad dricker ni på morgonen? (vilja) g) Har vi någon korv? (skola) h) Kommer du med på bio? (vilja) i) Får jag Pers hemliga papper? (kunna) j) Böckerna står i bokhyllan. (böra)

7. *Welcher Laut ist der richtige? Ordnen Sie die Wörter nach ihrer Aussprache in folgende Gruppen ein:*

[sk] [♦] [k] [ç] [g] [j]

kemist känd känga kaffe katt kavaj kilo klocka ko kök köpa köra komma kopp gå gärna gästrum gammal gång ganska gås generös gift gissa glad glas göra gurka skägg sjuk själv skämta skåp skinka skiva skjorta sko skola skymma skynda

8. *Ändern Sie bitte die folgenden Sätze, indem Sie die Modalverben auslassen! (Das Hauptverb steht dann im Präsens, und in Fragesätzen ändert sich die Wortfolge.)*

a) Det måste bli vår snart. b) Kan jag få tala med Katarina? c) Ska jag be att hon ringer? d) Jag kan försöka igen lite senare. e) Det ska jag säga till henne. f) Man vill bara sitta ute och njuta. g) Man måste ju inte hinna allt. h) Så får vi prata lite. i) Jag ska titta i almanackan. j) Kan ni komma helgen därpå? k) Det ska jag göra.

8A Text

Förr och nu - ett besök på Gotland

På onsdagen den 11 maj åkte Eva, Jonas och Per med bilen till Oskarshamn. Därifrån reste de med nattfärjan till Visby på Gotland. Överfarten varade i drygt fem timmar. De hade en hytt och kunde sova under resan. Tidigt på morgonen den 12 maj anlände de till Visby. De körde raka vägen till Astrid och Paul i Hemse. Mats, Mona och deras två döttrar var redan där. Astrid och Paul hade frukosten färdig. Senare på dagen skulle Anna och Jens komma från Göteborg. Alla bodde ju så långt ifrån varandra, så hela familjen träffades ganska sällan.

På morgonen den 13 maj vaknade Paul mycket tidigt. Han brukade inte sova länge. I dag vaknade han ännu tidigare än i vanliga fall. Han steg upp och smög sig ut ur huset. Sedan satte han sig på verandan och tittade ut över trädgården. Allt var tyst och stilla.

80 år, tänkte han. Det var inte lite. Att han hade blivit så gammal! För nästan 60 år sedan gifte de sig, köpte tomten och byggde huset. Sedan flyttade de hit, han och Astrid. De var båda intresserade av trädgårdsskötsel och tyckte alltid om att arbeta i trädgården. De planterade fruktträd och vinbärsbuskar. De odlade potatis och grönsaker.

Här föddes Jonas för 55 år sedan. Astrid och han önskade sig fler barn, men så blev det inte. Jonas växte upp och började skolan i Hemse. Därefter fortsatte han på gymnasiet i Visby. Redan som liten var Jonas intresserad av kemi. Paul tittade bort mot muren. Där kunde man fortfarande se gropar efter Jonas' experiment. Efter gymnasiet och lumpen flyttade Jonas till Lund och började läsa på universitetet där. Efter universitetet stannade Jonas kvar i Lund och började arbeta på ett läkemedelsföretag. Astrid och Paul stannade förstås kvar i Hemse. Paul hade sitt arbete här, och här hade de huset, vänner och släktingar.

Förr reste de ofta över till fastlandet och hälsade på barn och barnbarn. Numera orkade de inte resa så mycket. De stannade hellre kvar i Hemse. På somrarna brukade de ändå få en hel del besök från Lund, Göteborg och Värmland. Barnen och barnbarnen brukade inte komma samtidigt.

8A

De brukade i stället sprida ut besöken och komma med någon månads mellanrum.

I stort sett hade Astrid och han det fint och mådde bra. De hade egentligen en hel del att vara tacksamma över. De levde fortfarande båda två. De bodde kvar i sitt hus och klarade sig själva. De var någorlunda friska. Deras barn, barnbarn och barnbarnsbarn bodde visserligen långt bort, men de verkade klara sig bra ändå.

Men nu började det bli morgon. Paul smög försiktigt in i huset igen. Han lade sig i sängen, blundade och lyssnade. Astrid var inte vaken ännu. Efter en stund vaknade hon och steg upp. Det skramlade i badrummet och i köket. Nu hörde han dem allesammans. Snart kände han doften av kaffe. Sedan viskade de ute i hallen. Nu gläntade de på dörren till sovrummet. Han blundade. Nu började de sjunga. Strax var de inne i sovrummet allihop, med presenter och kaffebricka. Paul satte sig upp i sängen och gnuggade ögonen.

Och när han har levat, och när han har levat,
och när han har levat uti hundrade år,
ja, då ska han skjutas, ja, då ska han skjutas,
ja, då ska han skjutas på en skottkärra fram!

Sedan hurrade de för födelsedagsbarnet: ''Han leve: hurra, hurra, hurra, hurra!''

– Grattis på födelsedagen!
– Har den äran!
– Hjärtliga lyckönskningar på 80-årsdagen!

därifrån [ˇdæ:rifro:n]	*von dort*
nattfärj|a, -an, -or [ˇnatfærja]	*Nachtfähre*
överfart, -en, -er [ˇø:vərfɑ:ʈ]	*Überfahrt*
varar (1) [ˇvɑ:rar]	*dauern*
drygt [drygt] *Adv.*	hier: *gut*
hytt, -en, -er [hyt]	*Kabine*
under [ˇɵndər]	*während*
tidigt (*Adv. von* tidig) [ˇti:di(g)t]	*früh*
anländer [ˇanlɛndər]	*ankommen*
raka vägen [rɑ:ka vɛ:gən]	*geradewegs*
redan [ˇre:dan]	*schon*
färdig [ˇfæ:ɖi(g)]	*fertig*
senare (*Komp. von* sen) [ˇse:narə]	*später*
långt (*Adv. von* lång) [lɔŋt]	*weit*
ifrån [i'fro:n]	*von*
träffas (*Deponens* 1) [ˇtrɛfas]	*sich treffen*
sällan [ˇsɛlan]	*selten*
ännu [ˇɛnɵ]	*noch*
tidigare (*Komp.* tidig) [ˇti:di(g)arə]	*früher*
än [ɛn]	*als*
i vanliga fall [i: vɑ:nli(g)a fal]	*gewöhnlicherweise*
stiger upp (4) [ˇsti:gər 'ɵp]	*aufstehen*
smyger (4) [ˇsmygər]	*schleichen*
verand|a, -an, -or [vɛˇranda]	*Veranda*
tyst [tyst]	*leise*
stilla [ˇstila] *(unfl.)*	*ruhig*
tänker (2b) [ˇtɛŋkər]	*denken*
för ... sedan [fœ:r ... se:dan]	*vor*
gifter sig (2b) [ˇjiftə ʂɛj]	*heiraten*
köper (2b) [ˇçø:pər]	*kaufen*
tomt, -en, -er [tɔmt]	*Grundstück*
bygger (2a) [ˇbygər]	*bauen*
flyttar (1) [ˇflytar]	*(um)ziehen*
hit [hi:t]	*hierher*
båda [ˇbo:da]	*beide*
intresserad [intrɛ'se:rad]	*interessiert*
trädgårdsskötsel, -n [ˇtrɛgo:ɖʂɧøsəl]	*Gartenpflege*
tycker om (2b) [tykər 'ɔm]	*mögen*
planterar (1) [plan'te:rar]	*pflanzen*
fruktträd, -et, - [ˇfrɵktrɛ:d]	*Obstbaum*
vinbärsbusk|e, -en, -ar [ˇvi:nbæ:ʂbɵskə]	*Johannisbeerstrauch*
odlar (1) [ˇu:dlar]	*anbauen*
föddes (*Passiv Prät. von* föda) [ˇfødəs]	*wurde geboren*
önskar sig (1) [ˇønska ʂɛj]	*sich wünschen*
fler(a) (*Komp. von* många) [ˇfle:r(a)]	*mehr*
växer upp (2b) [ˇvɛksər 'ɵp]	*aufwachsen*
därefter [dæ:rˇɛftər]	*danach*
fortsätta (5) [ˇfuʈʂɛta]	*fortsetzen*
gymnasi|um, -et, -er [jym'nɑ:sium]	*Gymnasium*
som (*Konj.*) [sɔm]	*als*
kemi, -n [çe'mi:]	*Chemie*
mur, -en, -ar [mʉ:r]	*Mauer*
grop, -en, -ar [gru:p]	*Grube, Loch*
experiment, -et, - [ɛkspɛri'mɛnt]	*Experiment*
i lumpen [i: lɵmpən] *(umgangsspr.)*	*im/beim Wehrdienst)*
läser (2b) [ˇlɛ:sər]	*lesen, lernen, studieren*
stannar kvar (1) [ˇstanar 'kvɑ:r]	*(zurück)bleiben*
läkemedelsföretag, -et, - [ˇlɛ:kəme:dəls-fœ:rətɑ:g]	*Arzneimittelunternehmen*
förstås [fœ'ʂtɔs]	*selbstverständlich*
släkting, -en, -ar [ˇslɛktiŋ]	*Verwandte*
ofta [ˇɔfta]	*oft*
över [ø:vər]	*hinüber, über*
fastland, -et [ˇfast-land]	*Festland*
hälsar på [ˇhɛlsar 'po:] *(bet. Part., 1)*	*besuchen*
numera [ˇnʉ:me:ra]	*heutzutage*
orkar (1) [ˇɔrkar]	*verkraften, schaffen*
hellre (*Komp. von* gärna) [ˇhɛlrə]	*lieber*
samtidigt ['samti:di(g)t]	*gleichzeitig*
sprider ut (4) [ˇspri:dər 'ʉ:t]	*verteilen*
i stort sett [i: stu:ʈ ʂɛt]	*im großen und ganzen*
en hel del [ɛn he:l de:l]	*eine ganze Menge*
tacksam ['taksam]	*dankbar*
lever (2a) [ˇle:vər]	*leben*
båda två [bo:da tvo:]	*alle beide*
kvar [kvɑ:r]	hier: *noch* (s. 6B3)

klarar sig (1) [ˇklɑ:ra ʂɛj]	*zurechtkommen*
någorlunda [ˇno:guɭɵnda]	*einigermaßen*
frisk [frisk]	*gesund*
barnbarnsbarn [bɑ:ɳbɑ:ɳʂbɑ:ɳ]	*Urenkel*
visserligen [ˇvisəɭigən]	*zwar, allerdings*
långt borta [lɔŋt bɔʈa]	*weit weg*
verkar (1) [ˇvɛrkar]	*scheinen; wirken*
försiktigt (*Adv. von* försiktig) [fœ'ʂik-ti(g)]	*vorsichtig*
blunda (1) [ˇblɵnda]	*die Augen zumachen*
vaken (*Part. Perf. von* vakna) [ˇvɑ:kən]	*wach*
skramlar (1) [ˇskramlar]	*rasseln; klimpern; klappern*
hör (2a) [ˇhœ:r]	*hören*
känner doften av [ˇçɛnər dɔftən ɑ:v]	*riechen* (trans.)
viskar (1) [ˇviskar]	*flüstern*
gläntar på dörren (1) [ˇglɛntar po: ˇdœrən]	*die Tür einen Spalt öffnen*
dörr, -en, -ar [dœr]	*Tür*
sjunger (4) [ˇɧɵŋər]	*singen*
allihop(a) [ali'hu:p(a)]	*alle, allesamt*
present, -en, -er [pre:'sɛnt]	*Geschenk*
kaffebrick|a, -an, -or [ˇkafɛbrika]	*Kaffeetablett*
gnuggar (1) [ˇgnɵgar]	*reiben*
ög|a, -at, -on [ˇø:ga]	*Auge*
mår (*Hilfsverb*) [mo:r]	*mögen (Wunsch o. Bedingung)*
uti = i ['ʉ:ti]	*in*
hundrade [ˇhɵndradə]	*hundertstes*
när (*Konj.*) [næ:r]	*wenn; als*
skjutas [ˇɧʉ:tas] (*Passiv von* skjuta)	*erschossen werden; geschoben werden*
skottkärr|a, -an, -or [ˇskɔtçæra]	*Schubkarre*
fram [fram]	*vorwärts*
hurrar (1) ['hɵrar]	*hurra rufen*
födelsedagsbarn, -et, - [ˇfø:dəlsədagsbɑ:ɳ]	*Geburtstagskind*
leve (*Konjunktiv von* leva) [ˇle:və]	*lebe*
grattis ['gratis]	*Gratuliere! Glückwunsch!*
födelsedag, -en, -ar [ˇfø:dəlsədɑ:(g)]	*Geburtstag*
Har den äran! [hɑ: ɖɛn ˇæ:ran]	*Alles Gute!*
ära, -n [ˇæ:ra]	*Ehre*
lyckönskning, -en, -ar [ˇlykønskniŋ]	*Glückwünsche*

8B Sprachgebrauch und Landeskunde

1. Gotland

Gotland, mit 3140 km² die größte schwedische Insel, liegt in der Ostsee, etwa 100 km von der schwedischen Küste entfernt. Fährverbindungen bestehen zwischen Visby, der romantischen Hauptstadt der Insel, und Nynäshamn und Oskarshamn auf dem Festland. In den Sommermonaten ist die Insel ein beliebtes Reiseziel, und in Visby findet alljährlich im August eine **medeltidsvecka** *(Mittelalterwoche)* statt.

Der Dialekt von Gotland, *gotländskan*, ist ziemlich selbständig gegenüber den Dialekten auf dem Festland und bewahrt einige alte und eigentümliche Züge.

2. Eine Bemerkung zum Konjunktiv

Der flektierte Konjunktiv ist im heutigen Standardschwedisch selten geworden. Er lebt jedoch fort in einigen Dialekten und in feststehenden Redewendungen auch der Standardsprache:

Han leve: hurra, ... — *Er lebe hoch, ...* (s. o.)
Leve konungen! — *Es lebe der König!*

Gewöhnlich wird die Modalität jedoch mit den verschiedenen Modalverben ausgedrückt:

Ja må han leva, ... — *(Hoch) soll/möge er leben, ...*

(Zu den Modalverben vgl. 7C3)

Beachten Sie, daß dem „dreifachen Hoch" im Deutschen ein vierfaches **hurra!** im Schwedischen entspricht.

Etwas häufiger ist der Konjunktiv-Präteritum noch bei dem Verb vara:

Om jag vore rik, ... — *Wenn ich reich wäre, ...*

8C Grammatik

1. Die Vergangenheitsformen der schwachen Verben

Man teilt die schwedischen Verben in 5 Konjugationsklassen ein. (In den Vokabelverzeichnissen wird die Zugehörigkeit zu der jeweiligen Klasse mit einer arabischen Zahl hinter dem Verb gekennzeichnet.) Die Klassen 1–3 bilden die Gruppe der sogenannten schwachen Verben, sie benötigen zur Bildung der Vergangenheitsformen ein hinzutretendes Dentalsuffix (d oder t).

Bei Verben der **Klasse 1** ist der Infinitiv gleich dem Stamm. An diesen fügt man in der Präsensform ein einfaches **-r**, im Präteritum ein **-de** und im Perfekt ein **-t** an:

Infinitiv	*Präsens*	*Präteritum*	*Perfekt*	
arbeta	arbeta**r**	arbeta**de**	har arbeta**t**	*arbeiten*
älska	älska**r**	älska**de**	har älska**t**	*lieben*
cykla	cykla**r**	cykla**de**	har cykla**t**	*radeln*
fråga	fråga**r**	fråga**de**	har fråga**t**	*fragen*
svara	svara**r**	svara**de**	har svara**t**	*antworten*

Infinitiv	*Präsens*	*Präteritum*	*Perfekt*	
tala	tala**r**	tala**de**	har tala**t**	*reden*
flytta	flytta**r**	flytta**de**	har flytta**t**	*umziehen*
regna	regna**r**	regna**de**	har regna**t**	*regnen*
hämta	hämta**r**	hämta**de**	har hämta**t**	*holen*

In diese Klasse gehören die meisten schwedischen Verben.

Bei den Verben der **Klasse 2** ist der Infinitiv gleich dem Stamm plus -a: **häng**/a – *hängen*. An diesen fügt man im Präsens ein **-er** an und im Perfekt ein **-t**. (Endet der Stamm auf -r oder -l nach langem Vokal, gibt es keine Präsensendung und das Präsens ist gleich dem Stamm). Bei der Bildung des Präteritums unterscheidet man, je nach der Endung des Stammes, die Untergruppen 2a und 2b:

- Endet der Stamm auf einen stimmhaften Konsonanten, hat das Präteritum die Endung **-de** (2a). (Endet der Stamm auf -nd, verschwindet das d des Stamms vor der Präteritum- und Supinumendung: vgl. **hända**. Endet der Stamm auf -nn, verschwindet ein n vor der Präteritum- und Supinumendung: vgl. **känna**.)

- Endet der Stamm dagegen auf p, t, k, s, wird die Präteritalendung **-te** angefügt (2b).

Infinitiv	*Präsens*	*Präteritum*	*Perfekt*	
2a:				
hänga	häng**er**	häng**de**	har häng**t**	*hängen*
känna	känn**er**	kän**de**	har kän**t**	*kennen*
hända	händ**er**	hän**de**	har hän**t**	*geschehen*
använda	använd**er**	använ**de**	har använ**t**	*verwenden*
höra	hör	hör**de**	har hör**t**	*hören*
köra	kör	kör**de**	har kör**t**	*fahren*
2b:				
köpa	köp**er**	köp**te**	har köp**t**	*kaufen*
möta	möt**er**	möt**te**	har möt**t**	*treffen*
åka	åk**er**	åk**te**	har åk**t**	*fahren*

In der **Klasse 3** ist der Stamm gleich dem Infinitiv und endet auf einen betonten langen Vokal. Diese Verben fügen im Präsens ein **-r** an, im Präteritum ein **-dde** und im Perfekt ein **-tt**. In Präteritum und Perfekt wird der Stammvokal gekürzt.

Infinitiv	*Präsens*	*Präteritum*	*Perfekt*	
bo sy må	bo**r** sy**r** må**r**	bo**dde** sy**dde** må**dde**	har bo**tt** har sy**tt** har må**tt**	*wohnen* *nähen* *sich fühlen*

2. Die Verben ha und vara

Infinitiv	*Präsens*	*Präteritum*	*Perfekt*	
ha vara	har är	hade var	har haft har varit	*haben* *sein*

3. Das Perfekt

Das Perfekt wird mit **har** und der Supinumform des Verbs gebildet:

jag **har frågat** – *ich habe gefragt*
hon **har flyttat** – *sie ist umgezogen*
vi **har hört** – *wir haben gehört*
de **har åkt** till Lund – *sie sind nach Lund gefahren*
du **har haft** tur – *du hast Glück gehabt*
han **har varit** här – *er ist hier gewesen*

4. för ... sedan

för tio minuter **sedan** – *vor zehn Minuten*
för fem veckor **sedan** – *vor fünf Wochen*
För två år **sedan** var jag i Sverige. – ... *vor zwei Jahren* ...
Bussen åkte **för** två minuter **sedan**. – ... *vor zwei Minuten* ...

8D Übungen

1. *Beantworten Sie bitte die Fragen:*

a) När åkte Bergmans till Gotland? b) Varifrån går färjorna till Gotland? c) Hur lång tid varar överfarten från Oskarshamn till Gotland? d) Är Gotland en liten ö? e) Vad är Paul och Astrid intresserade av? f) När föddes deras son?

g) Vad jobbar Jonas med? h) Vad heter Gotlands "huvudstad"? i) Reser Paul och Astrid mycket? j) Varför tycker Paul att han har det bra?

2. *Übersetzen Sie bitte:*

a) Sie lebten auf einer großen Insel. b) Vor einer Woche fuhren sie nach Oskarshamn. c) Sie nahmen die Nachtfähre nach Visby. d) Er erwachte ziemlich spät. e) Vor zwanzig Jahren zogen sie hierhin. f) Sie pflegte lange zu schlafen. g) Schon als kleiner Junge interessierte er sich für Autos. h) Früher reisten sie viel, heute bleiben sie lieber zu Hause. i) Sie hatten eine Kabine während der Reise. j) Herzlichen Glückwunsch zum Geburtstag!

3. *Wiederholungsübung Modalverben. Übersetzen Sie bitte:*

a) Das Wetter muß schön werden. b) Pflegst du früh aufzustehen? c) Wir wollen auf der Veranda sitzen. d) Darf ich das Fenster öffnen? e) Jetzt im Sommer gedenken wir, nach Gotland zu fahren. f) Ein anderes Mal können wir alles schaffen.

4. *Folgende Verben der Konjugation 1–3 samt* haben *und* sein *sind im Text 8A vorgekommen. Hier unten stehen sie im Infinitiv. Geben Sie die Präsens-, Präteritum- und Supinumformen an:*

anlända (2a), arbeta (1), blunda (1), bo (3), bruka (1), bygga (2a), börja (1), flytta (1), gifta (2b), glänta (1), gnugga (1), ha, hälsa (1), hurra (1), höra (2a), klara (1), känna (2a), köpa (2b), köra (2a), leva (2a), lyssna (1), läsa (2b), må (3), odla (1), orka (1), plantera (1), resa (2b), skramla (1), stanna (1), titta (1), tycka (2b), tänka (2b), åka (2b), vakna (1), vara, vara (*dauern*, 1), verka (1), viska (1), växa (2b), önska (1)

5. *Reagieren Sie auf die Aufforderungen, indem Sie erklären, das Verlangte schon erledigt zu haben, und ersetzen Sie das Objekt durch ein entsprechendes Personalpronomen.*

Muster: Flytta din bil! – Jag har redan flyttat den.

a) Lyssna på CD-skivan! b) Hälsa på din mormor! c) Gratulera dina föräldrar! d) Hurra för födelsedagsbarnet! e) Gift dig med henne! f) Gnugga händerna! g) Glänta på dörren! h) Blunda med ögonen! i) Arbeta med läroboken! j) Odla tomater! k) Köp en biobiljett! l) Tänk på mig! m) Titta på teve!

6. *Wählen Sie passende Verben aus der Übung 4, setzen Sie diese ins Präteritum und ergänzen Sie die folgenden Sätze!*

a) Vi ... till Gotland med färjan klockan sex i morse. b) Först ... vi till Hemse. c) Där ... vi farmor och farfar. d) De ... oss hjärtligt välkomna till Gotland. e) De ... sig och ... till det lilla huset för nästan sextio år sedan. f) Farfar ...

att de ... det bra. g) De ... ganska friska båda två. h) På kvällen ... Mats och Mona in till Visby och ... på en konsert. i) Vi andra ... hemma. j) Vi ... på radio, ... på teve och satt och ...

7. *Vervollständigen Sie die Sätze! Nach den Zeitadverbien muß immer ein Verb im Präteritum folgen.*

   a) I morse ... b) I går kväll ... c) För tre år sedan ... d) Förra året ... e) När min pappa var liten, ... f) På 1500-talet ... g) I förrgår ... h) Förra veckan ... i) I min barndom *(Kindheit)* ... j) När min morfar var ung *(jung)*, ...

8. *Stellen Sie aus der Adjektivliste die Gegensatzpaare zusammen:*

a) liten	1. stygg/elak
b) glad	2. tom/nykter
c) sjuk	3. stor
d) bra/utmärkt	4. pigg
e) vacker/fin	5. ung/ny
f) hel	6. obekant/okänd
g) trött	7. ledsen
h) vanlig	8. frisk
i) snäll	9. ovanlig
j) full	10. dålig/usel
k) bekant/känd	11. otrevlig
l) trevlig	12. ful
m) gammal	13. trasig/sönder

9. *Erzählen Sie ein wenig davon, was Sie vor zehn Jahren taten! Gingen Sie zur Schule, arbeiteten Sie, wo wohnten Sie, was taten Sie gerne?*

   För tio år sedan bodde jag ...

9A

9A Text

1 Hos Astrid och Paul i Hemse

Det var vackert väder också lite senare på förmiddagen. Eva och Jonas tog med sig Hanna och Emma till stranden. Det var fortfarande lite för kallt i vattnet. Hanna och Emma badade inte. De lekte i sanden och letade efter snäckor och vackra stenar. Eva och Jonas hade en kaffekorg med sig. De drack kaffe på stranden. Flickorna fick saft och bullar. Sedan tog de bilen och åkte till Villa Villekulla. Det var jättespännande! Pippi Långstrumps hus såg ut precis som på teve. Där fanns till och med Pippis säng. Hanna och Emma gick omkring länge i huset. Sedan åt de glass. Till slut blev de trötta och ville åka tillbaka till Hemse igen.

De andra hade varken tid eller lust att följa med till stranden. Astrid och Paul stannade hemma och tog det lugnt. Per klippte gräset. Mona och Anna lagade middagen. Mats och Jens dukade bordet i trädgården och gjorde i ordning tårtor och kakor till födelsedagskaffet.

Strax före maten kom Eva, Jonas och barnen hem igen. Emma gick och satte sig hos Paul. Först visade hon honom alla snäckorna och stenarna från stranden. Sedan berättade hon för honom om Pippi Långstrumps hus. Till sist ville hon höra en saga.

Von hier an werden auch die schwedischen Verben im Infinitiv angegeben.

strand, -en, stränder [strand]	*Strand*
för *(Adv.)* [fœːr]	*zu*
kall [kal]	*kalt*
vatt|en, -net, - ['vatən]	*Wasser*
bada (1) [ˇbɑːda]	*baden*
leka (2a) [ˇleːka]	*spielen*
sand, -en [sand]	*Sand*
leta (1) [ˇleːta]	*suchen*
snäck|a, -an, -or [ˇsnɛka]	*Schnecke*
sten, -en, -ar [steːn]	*Stein*
kaffekorg, -en, -ar [ˇkafəkɔrj]	*Picknickkorb*
saft, -en, -er [saft]	*Saft*
bull|e, -en, -ar [ˇbɵlə]	*Hefeteilchen*
Villa Villekulla	*Villa Kunterbunt (Pippi Langstrumpfs Haus)*
jättespännande [ˇjɛtəspɛnandə]	*sehr spannend*
precis [prɛ'siːs]	*genau, exakt*
som *(Konj.)* [sɔm]	*wie*
verklighet, -en [ˇværklighеːt]	*Wirklichkeit*
till och med [til ɔ mɛ]	*sogar*
omkring [ɔm'kriŋ]	*herum*
glass, -en, -ar [glas]	*Eis*
till slut [til slʉːt]	*am Ende, zuletzt*
de andra [dɔm andra]	*die anderen*
varken ... eller [varkən ... ɛlər]	*weder ... noch*

tid, -en, -er [tiːd]	*Zeit*	tårt|a, -an, -or [ˇtoːʈa]	*Torte*
följa med (2a) [ˇfølja 'meːd]	*mitfolgen, mitkommen*	kak|a, -an, -or [ˇkɑːka]	*Kuchen*
klippa (2b) [ˇklipa]	*schneiden;* hier: *mähen*	före [ˇfœːrə]	*vor*
gräs, -et [grɛːs]	*Gras; Rasen*	visa (1) [ˇviːsa]	*zeigen*
duka (1) [ˇdʉːka]	*(Tisch) decken*	sag|a, -an, -or [ˇsɑːga]	*Märchen*

2 Brandskattningen av Visby år 1361

Emma: Kan du inte berätta en saga för mig?

Paul: Nej, det orkar jag inte. Gå och lek med Hanna i stället!

Emma: Jo, snälla. Berätta sagan om kungen och den stora skatten!

Paul: Vilken saga menar du?

Emma: Du vet. Den om kungen från Danmark.

Paul: Du menar Valdemar Atterdag, inte sant?

Emma: Ja, just det. Kan du inte berätta den?

Paul: Låt gå för den här gången, då. Det var en gång en stor och vacker ö. Och på den ön låg en rik och mäktig stad.

Emma: Ja, det var Visby. Och ön var Gotland. Var det för länge sedan?

Paul: Ja, det var för mycket länge sedan. Det var på 1300-talet. I hamnen låg stora skepp från hela världen. De kom med alla möjliga saker. I staden bodde rika köpmän. De köpte och sålde varorna från skeppen.

Emma: De hade massor av guld och juveler.

9A

Paul: Ja, och man byggde kyrkor och stora hus. Det fanns många kyrkor i Visby förr i tiden.

Emma: Inte nu längre. Nu finns det bara ruiner.

Paul: Ja, nästan bara. I vilket fall som helst, så bodde det en kung i Danmark. Han hörde talas om den rika staden. Därför reste han med många krigsskepp till Gotland. Utanför Visby ringmur slogs hans män mot bönderna från Gotland. Under tiden stod borgarna i Visby uppe på ringmuren och såg på striden.

Emma: Varför gjorde de det? Varför hjälpte de inte bönderna?

Paul: Jag vet inte riktigt. Borgarna och bönderna var kanske inte så goda vänner.

Emma: Och sedan förlorade bönderna. Men hur kom kungen in i Visby?

Paul: Det berättas att en flicka var förälskad i kungen. På natten släppte hon in honom och hans män i staden.

Emma: Är det verkligen sant?

Paul: Kanske inte. Men Valdemar Atterdag och hans män intog Visby. De ställde upp stora, tomma ölfat på torget. Borgarna i Visby skulle fylla ölfaten med guld, silver och ädla stenar. De hade bara ett par dagar på sig. Annars hotade kungen med att bränna ner staden till grunden.

Emma: Det blev en jättestor skatt. Jag har sett en tavla med alltihop.

Paul: Ja, det sägs så. Men ingen har sett skatten sedan dess. Skeppet med skatten nådde aldrig fram till Danmark. Skeppet sjönk någonstans på vägen. Nu ligger skatten på havets botten.

Emma: Men var någonstans ligger den?

Paul: Den ligger någonstans utanför Gotland. Ingen vet säkert var.

Emma: När jag blir stor, då ska jag bli dykare. Och sedan ska jag dyka efter skatten.

Paul: Ja, gör du det. Någon måste ju hitta den någon gång. Det blir kanske du. Lycka till! Jag ska hålla tummarna!

brandskattning, -en, -ar [ˇbrandskatniŋ]	*Brandschatzung*
orka (1) [ˇɔrka]	*verkraften, schaffen*
snäll [snɛl]	*nett; bitte*
kung, -en, -ar [kɵŋ]	*König*
skatt, -en, -er [skat]	*Schatz*
Danmark [danmark]	*Dänemark*
inte sant? [intə 'sant]	*nicht wahr?*
just det [jɵst dɛ]	*genau das*
låt gå [loːt goː]	*na gut*
låta (4) [ˇloːta]	*lassen*
för den här gången [fœːr dɛn 'hæːr gɔŋən]	*für dieses Mal*
ö, -n, -ar [øː]	*Insel*
rik [riːk]	*reich*
mäktig [ˇmɛkti(g)]	*mächtig*
för länge sedan [fœːr lɛŋə sɛn]	*vor langer Zeit*
på 1300-talet	*im 14. Jahrhundert*
hamn, -en, -ar [hamn]	*Hafen*

skepp, -et, - [εp]	*Schiff*
värld, -en, -ar [væːɖ]	*Welt*
möjlig [ˇmøjli(g)]	*möglich*
sak, -en, -er [sɑːk]	*Sache*
köp|man, -mannen, -män [ˇçøːpman]	*Kaufmann*
sälja (5) [ˇsɛlja]	*verkaufen*
var|a, -an, -or [ˇvɑːra]	*Ware*
guld, -et [gɵld]	*Gold*
juvel, -en, -er [jɵˈveːl]	*Juwel*
kyrk|a, -an, -or [ˇçyrka]	*Kirche*
många [ˇmɔŋa]	*viele*
förr i tiden [fœr iː tiːdən]	*früher*
inte nu längre [intə nʉː lɛŋrə]	*jetzt nicht mehr*
bara [ˇbɑːra]	*nur*
ruin, -en, -er [rɵˈiːn]	*Ruine*
i vilket fall som helst	*jedenfalls*
höra talas om [hœːra tɑːlas ɔm]	*von etwas hören*
krigsskepp, -et, - [ˇkriks εp]	*Kriegsschiff*
ringmur, -en, -ar [riŋmʉːr]	*Ringmauer*
slåss (*Deponens*, 4) [slɔs]	*sich schlagen*
borgare, -n, - [ˇbɔrjarə]	*Bürger*
strid, -en, -er [striːd]	*Streit, Kampf*
förlora (1) [fœˈɭuːra]	*verlieren*
berättas (*Passiv*, 1) [bɛˈrɛtas]	*erzählt werden*
flick|a, -an, -or [ˇflika]	*Mädchen*
förälskad [fœrˈɛlskad] (*Part. Perf. von* förälska, 1)	*verliebt*
släppa in [slɛpa ˈin] (2b)	*herein-, hineinlassen*
inta(ga) (4) [ˈintɑː(ga)]	*einnehmen*
ställa upp (2a) [stɛla ˈɵp]	*aufstellen*
tom [tum]	*leer*
ölfat, -et, - [ˇøːlfɑːt]	*Bierfaß*
fylla (2a) [ˇfyla]	*füllen*
silv|er, -ret [ˇsilvər]	*Silber*
ädel [ˈɛːdəl]	*edel*
ha ett par dagar på sig	*ein paar Tage Zeit haben*
annars [anaʂ]	*sonst*
hota (1) [ˇhuːta]	*drohen*
bränna ner (2a) [brɛna ˈneːr]	*niederbrennen*
grund, -en, -er [grɵnd]	*Grund*
jättestor [ˈjɛtəstuːr]	*sehr groß*
sedan dess	*seitdem*
alltihop [ˇaltihup]	*alles*
det sägs så (*Passiv von* säga)	*so wird es gesagt*
nå (3) [noː]	*erreichen*
sjunka (4) [ˇ ɵŋka]	*sinken*
någonstans [nɔnstans]	*irgendwo*
hav, -et, - [hɑːv]	*Meer*
bott|en, -nen, -nar [ˇbɔtən]	*Boden*
veta (5) [ˇveːta]	*wissen*
säkert (*Adv. von* säker) [sɛːkəʈ]	*sicher*
dykare, -n, - [ˇdyːkarə]	*Taucher*
dyka (2b) [ˇdyːka]	*tauchen*
hitta (1) [ˇhita]	*finden*
lycka till! [lyka ˈtil]	*Viel Glück!*
hålla (4) [ˇhola]	*halten*
tumm|e, -en, -ar [ˇtɵmə]	*Daumen*

9B Sprachgebrauch und Landeskunde

1. Beachten Sie den vom Deutschen abweichenden Sprachgebrauch bei der Angabe des Jahrhunderts:

på trettonhundratalet – *im vierzehnten Jahrhundert*
nittonhundratalet – *das zwanzigste Jahrhundert*

2. Der Unterschied zwischen „spela" und „leka" – *spielen*

Spela wird mit Bezug auf Sportarten, Musikinstrumente, Gesellschafts- und Kartenspiele verwendet.

Bsp.: Han **spelar** fotboll, ishockey och bordtennis.
Hon **spelar** piano, gitarr och fiol *(Geige)*.
Vi **spelar** monopol, schack och bridge.

Leka wird bei Kinderspielen verwendet.

Bsp.: Barnen **lekte** tillsammans hela eftermiddagen.
De **lekte** tjuv och polis *(Räuber und Gendarm)*.
Hanna och Emma **lekte** kurragömma. *(Verstecken)*

9C Grammatik

1. Das Präteritum der starken Verben

Starke Verben (Klasse 4) bilden ihre Vergangenheitsformen durch eine Veränderung des Stammvokals, vgl. dt. *gehen – ging – gegangen*. Im Präteritum gibt es keine Endung, im Supinum wird ein **-it** oder **-t** angefügt. Die meisten starken Verben zeigen einen Vokalwechsel nach einer der folgenden Reihen:

Vokalwechsel	*Infinitiv/ Präsens*	*Präteritum*	*Perfekt (= har + Supinum)*	
i-e-i	skriva/skriver	skrev	har skrivit	*schreiben*
	bli(va)/blir	blev	har blivit	*werden*
(j)u/y-ö-u	ljuga/ljuger	ljög	har ljugit	*lügen*
	supa/super	söp	har supit	*saufen*
	flyga/flyger	flög	har flugit	*fliegen*
i-a-u	dricka/dricker	drack	har druckit	*trinken*
	sitta/sitter	satt	har suttit	*sitzen*
a-o-a	fara/far	for	har farit	*fahren*
	ta(ga)/tar	tog	har tagit	*nehmen*
–	komma/kommer	kom	har kommit	*kommen*
	sova/sover	sov	har sovit	*schlafen*
å-i-å	gå/går	gick	har gått	*gehen*
	få/får	fick	har fått	*bekommen*

Darüberhinaus gibt es noch weitere Varianten, die jeweils mit dem Verb mitgelernt werden müssen.

2. Die unregelmäßigen Verben

Klasse 5 enthält die sogenannten unregelmäßigen Verben. Sie bilden ihr Präteritum nach Art der schwachen Verben, zeigen aber zusätzlich einen Vokalwechsel zwischen Präsens und Vergangenheitsformen.

Infinitiv	*Präsens*	*Präteritum*	*Perfekt*	
göra	gör	gjorde	har gjort	*tun*
lägga	lägger	lade	har lagt	*legen*
säga	säger	sa(de)	har sagt	*sagen*
sälja	säljer	sålde	har sålt	*verkaufen*
välja	väljer	valde	har valt	*wählen*

Ein Verzeichnis der gebräuchlichsten starken und unregelmäßigen Verben und ihrer Stammformen finden Sie im Anhang.

3. Perfekt

Das Perfekt bilden die starken und die unregelmäßigen Verben wie die schwachen mit **har** + Supinumform:

Jag **har skrivit** ett brev. – *Ich habe einen Brief geschrieben.*
Hon **har kommit**. – *Sie ist gekommen.*
Han **har gjort** sina läxor. – *Er hat seine Hausaufgaben gemacht.*
De **har sålt** sin bil. – *Sie haben ihr Auto verkauft.*

4. Relativsatz und Relativpronomen

Das allgemeine Relativpronomen **som** kann sich auf Personen und Sachen beziehen, im Singular und im Plural. Es bleibt dabei immer unverändert.

Jag läser en bok, **som** heter „Röda Rummet“.
Hon har en bror, **som** heter Axel.
Han har en fru, **som** är lärare.
Stolen, **som** du sitter på, är ganska bekväm.
Det är hans hundar, **som** skäller *(bellt)* så mycket.

Der Genitiv des Relativpronomens ist **vars**, im Plural auch **vilkas**:

Eva, **vars** man var bortrest, kände sig ensam.
Eva, deren Mann verreist war, fühlte sich einsam.
Barnen, **vars/vilkas** lärare var sjuk, var lediga.
Die Kinder, deren Lehrer(in) krank war, hatten frei.

Bezieht sich das Relativpronomen auf den ganzen vorhergehenden Satz, muß **vilket** verwendet werden:

Jag går på bio varje dag, **vilket** blir ganska dyrt.
Ich gehe jeden Tag ins Kino, was ziemlich teuer wird.

9D Übungen

1. *Svara på textfrågorna!*

a) Vad gjorde Hanna och Emma på stranden? b) Vad gjorde Eva och Jonas? c) Vart åkte de sedan? d) Vad gjorde de andra under tiden? e) Vad ville Emma lyssna på efter maten? f) Vad hände i Visby år 1361? g) Hur kunde danskarna komma in i staden? h) Varför vill Emma bli dykare? i) På vilket sätt samlade man ihop skatten?

2. *Översätt till svenska!*

a) Sie gingen zum Strand und tranken Kaffee. b) Die Mädchen suchten nach Schnecken. c) Sie nahmen den Wagen und fuhren zu Pippis Haus. d) Jens mähte den Rasen und Anna deckte den Tisch. e) Im 14. Jahrhundert kam der König von Dänemark mit vielen Kriegsschiffen nach Gotland. f) Das Schiff mit dem Schatz sank irgendwo vor Gotland.

3. *Bilden Sie Relativsätze:*

a) Jag lånade en cykel. Den var blå.
b) Vi hyrde en stuga. Den var röd.
c) Vi såg ett hus. Det var Pippis.
d) De hittade snäckor. De var vackra.
e) Hon ville höra en saga. Den handlade om Gotland.
f) På Gotland härjade en kung. Han hette Valdemar Atterdag.
g) De ställde upp ölfat. De var tomma.
h) Utanför Gotland sjönk skeppet. Det skulle transportera skatten.
i) Hon skrev ett brev. Det var ganska kort.
j) De gjorde en resa. Den varade i en vecka.

4. *Folgende Modalverben (M), starke (4) und unregelmäßige (5) Verben sind in den Texten 8A und 9A vorgekommen. Hier unten stehen sie im Infinitiv. Geben Sie die Präsens-, Präteritum- und Supinumformen an:*

bli (4), dricka (4), finnas (4), fortsätta (5), få (4), gå (4), göra (5), inta(ga) (4), komma (4), kunna (M), ligga (4), låta (4), lägga (5), måste *(ohne Inf.)* (M), se (4), sjunga (4), sjunka (4), skola (M), slåss (4), smyga (4), sova (4), sprida (4), stiga (4), stå (4), säga (5), sälja (5), sätta (5), ta (4), vara (4), veta (5), vilja (M), äta (4).

5. *Formulieren Sie Fragen und Antworten nach dem folgenden Muster:*

Muster: Det är vackert väder.
Var det vackert väder i går?
Nej, det har varit vackert väder i dag.

a) Hon är på stranden. b) Det är kallt i vattnet. c) De leker i sanden. d) De letar efter snäckor. e) Eva dricker kaffe. f) Flickorna äter glass. g) Pippis säng finns i Villa Villekulla. h) Per klipper gräset. i) Anna lagar maten. j) Mats dukar bordet. k) Jens gör i ordning tårtor. l) Astrid kokar kaffe. m) Emma sitter hos Paul. n) Hon berättar om Pippi Långstrump. o) Hon vill höra en saga.

6. *Schreiben Sie Relativsätze, in denen Sie die Wörter erklären! Benutzen Sie die Präpositionen* på *(auf)*, i *(in)*, vid *(an)*, med *(mit)*, ur *(aus)*, genom *(durch)*, efter *(nach)*. *Beachten Sie, daß Präpositionen am Ende des Relativsatzes stehen.*

Muster: pengar = Det är något, som man kan betala med.

a) bil b) fåtölj c) snäckor d) kopp e) bok f) dator g) garderob h) färja i) stol j) korg k) väska l) glasögon m) säng n) glas o) flaska p) golv q) gata r) vatten s) universitet t) fönster

7. *Stellen sie aus der Adjektivliste die Gegensatz-Paare zusammen:*

a) underbar	1) molnig/mulen
b) mörk	2) (lång-)tråkig
c) tidig	3) stökig/ljudlig
d) rolig/spännande	4) ledig
e) smal	5) falsk
f) lång	6) sen
g) vanlig	7) ljus
h) prydlig/städad	8) kort
i) styv *steif*	9) krokig *gebogen*
j) rak	10) förskräcklig/hemsk
k) molnfri	11) fel
l) sann	12) slapp
m) rätt	13) slarvig/ostädad
n) tyst/stilla	14) ovanlig
o) upptagen	15) tjock/bred

8. *Versuchen Sie mit eigenen Wörtern das Märchen von Dornröschen nachzuerzählen! Ein paar Stichwörter als Hilfe:*

Det var en gång ...

kung, -en, -ar
drottning, -en, -ar
prinsess|a, -an, -or
Törnrosa
fe, -n, -er
ond *böse*
sticka (4) *stechen*
sländ|a, -an, -or *Spindel*
dö (4) *sterben*

födelsedag, -en, -ar
somna (1)
slott, -et, -
häck, -en, -ar *Hecke*
törne, -t, -n *Dorne*
prins, -en, -ar
kyss, -en, -ar
vakna (1)
Och sedan levde de lyckliga
i alla sina dagar.

10A Text

1 Tillbaka i Lund efter Gotlandsbesöket

Bergmans har åkt med färjan från Visby och sedan kört bil från Oskarshamn till Lund. De har just hunnit innanför dörren. Telefonen ringer.

Eva: Jonas, kan du inte svara i telefonen?
Jonas: Det behövs inte. Per har redan svarat.

Pernilla: Hej, det är Pernilla.
Per: Hejsan.
Pernilla: Jag har försökt få tag på dig i ett par dagar. Jag har ringt hem till dig flera gånger.
Per: Oj då. Har det hänt någonting?
Pernilla: Nej, inte direkt. Men min bror har varit här på besök. Han hade tänkt hjälpa dig med din trasiga bil.
Per: Hm. Du, jag har faktiskt sålt bilen.
Pernilla: Men varför har du inte talat om det? Då hade jag ju inte behövt be honom om hjälp.
Per: Jag är ledsen. Jag har helt enkelt glömt att berätta det för dig.
Pernilla: Det gör inget. Det spelar faktiskt ingen roll. Men var har du varit?
Per: På Gotland hos farmor och farfar. Vi har firat farfars 80-årsdag. Vi har precis nyss kommit hem. Har du varit på Gotland någon gång?
Pernilla: Ja, det har jag. Men det var för ganska många år sedan. Nu har jag inte varit där på länge.
Per: Hur har du själv haft det på sistone?
Pernilla: Jag har varit ganska duktig och gjort en hel del. Vädret har varit vackert i flera dagar. I dag har Helén och jag varit vid Ringsjön. Jag hade inte varit där sedan i höstas.
Per: Förresten, jag kan behöva komma ut och röra på mig lite. Jag har suttit stilla hela dagen, först på färjan och sedan i bilen. Ska vi inte gå ut och ta en öl i kväll? Jag bjuder.
Pernilla: Varför då?
Per: Ja, som ursäkt för det där med bilen. Eller som tack för hjälpen.
Pernilla: Nej, det går tyvärr inte. Jag är upptagen i kväll.

Per: Jaså. Jaha, det var ju synd.
Pernilla: Ja. Jag måste sluta nu. Hej då, Per. Ha det så bra.
Per: Du också. Hej då.

innanför	*innerhalb*	roll, -en, -er	*Rolle*
innanför dörren	*zur Tür herein*	fira (1)	*feiern*
svara (1)	*antworten*	årsdag, -en, -ar [ˈoːʂdɑːg]	*Jahrestag*
behövas (*Deponens*, 2a) [bəˈhøːvas]	*nötig sein*	nyss	*soeben; vor kurzem*
försöka (2b) [fœˈʂøːka]	*versuchen*	inte … på länge	*lange nicht*
få tag på (4)	*erwischen, erreichen*	på sistone [poː sistɔnə]	*in der letzten Zeit*
i ett par dagar	*ein paar Tage lang*	duktig [ˈdəkti(g)]	*brav, tüchtig*
oj då!	*o je!*	vid Ringsjön	*am „Ringsee"*
hända (2a)	*geschehen*	i höstas	*vorigen Herbst*
direkt	*direkt, gerade*	förresten	*übrigens*
trasig	*kaputt*	komma ut [kɔma ˈʉːt] (4)	*hinauskommen*
faktiskt	*tatsächlich, faktisch*	röra på sig (2a)	*sich bewegen*
varför	*warum*	färj|a, -an, -or	*Fähre*
tala om [tɑːla ˈɔm] (1)	*erzählen*	öl, -et	*Bier*
ledsen [ˈlɛsɛn]	*traurig*	ursäkt, -en, -er [ˈʉːʂɛkt]	*Entschuldigung*
helt enkelt	*ganz einfach*	hjälp, -en	*Hilfe*
enkel	*einfach*	synd	*schade*
glömma (2a)	*vergessen*	Ha det så bra.	*Mach's gut.*
inget	*nichts*		

2 Ett vykort från Claudia och Volker

Det har kommit ett vykort från Claudia och Volker:

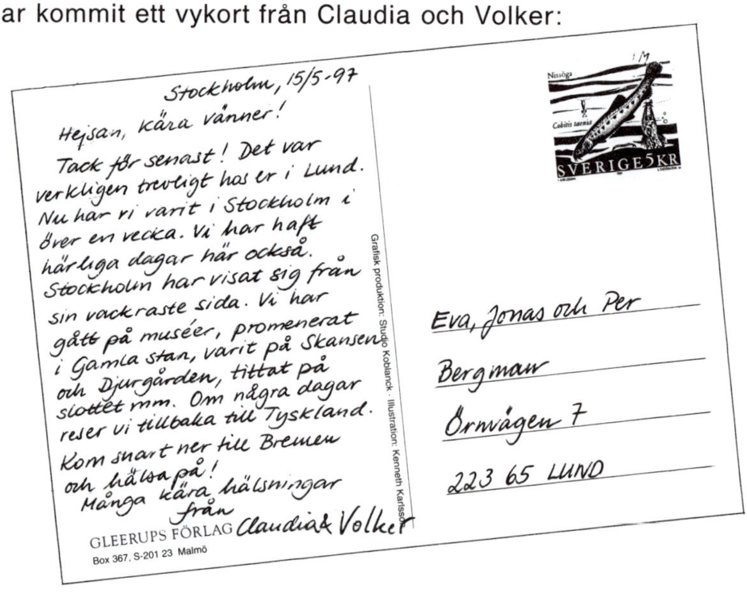
Stockholm, 15/5-97
Hejsan, kära vänner!
Tack för senast! Det var verkligen trevligt hos er i Lund. Nu har vi varit i Stockholm i över en vecka. Vi har haft härliga dagar här också. Stockholm har visat sig från sin vackraste sida. Vi har gått på muséer, promenerat i Gamla stan, varit på Skansen och Djurgården, tittat på slottet mm. Om några dagar reser vi tillbaka till Tyskland. Kom snart ner till Bremen och hälsa på!
Många kära hälsningar från Claudia & Volker

Eva, Jonas och Per
Bergman
Örnvägen 7
223 65 LUND

vykort, -et, - [ˈvy:kuʈ]	*Ansichtskarte*	promenera (1) [prɔməˈne:ra]	*spazierengehen*
kära [çæ:ra]	*liebe/r*	Skansen	*Freiluftmuseum in Stockholm*
senast	*zuletzt, spätestens*	Djurgården [jʉ:rgo:ɖən]	*„Tiergarten": Stadtteil Stockholms*
tack för senast	*Danke für neulich*	slott, -et, -	*Schloß*
verkligen	*wirklich*	m.m. (= med mera)	*u. a.*
trevligt (*Adv. von* trevlig)	*nett*	om *(Prep.)*	*in*
härlig	*herrlich*	ner	*hinunter, herunter*
visa sig (1)	*sich zeigen*	hälsning, -en, -ar	*Gruß*
sid|a, -an, -or	*Seite*		
muse|um, -et, -er	*Museum*		

10B Sprachgebrauch und Landeskunde

1. Das grammatische Geschlecht von „Bier"

Das Wort für Bier – **öl** – ist ein Neurum. Spricht man ganz generell über Bier, wird es auch als Neutrum verwendet: Pilsner är **ett** gott **öl**. Wenn man allerdings eher an ein Glas Bier denkt, heißt es **en öl**:

En stor öl, tack. – *Ein großes Bier, bitte.*
gå och ta en öl – *ein Bier trinken gehen*

2. Die männliche Form der schwachen Adjektivflexion

Man macht nichts falsch, wenn man (in Briefen z. B.) in allen Fällen **kära** verwendet:

kära Eva	*liebe ...*
kära Jonas	*lieber ...*
kära vänner	*liebe ...*

Wenn der Adressat allerdings männlich ist, wird oft die männliche Adjektivendung auf **-e** verwendet: **käre Jonas, gamle vän, ...**

Diese Form kann prinzipiell verwendet werden, wenn ein Adjektiv ein Substantiv im Singular bestimmt, welches Menschen oder Tiere maskulinen Geschlechts bezeichnet: **gode gud! den gamle mannen, den glade pojken, Alexander den store, den gamle galten** *(der alte Eber) ...*

10C Grammatik

1. Zum Gebrauch von Präteritum und Perfekt

A. Das **Präteritum** wird verwendet:

a) allgemein als erzählendes Tempus, wenn von abgeschlossenen Handlungen in der Vergangenheit berichtet wird. Es wird immer dann verwendet, wenn eine bestimmte Zeitangabe der Vergangenheit vorkommt, auch dort, wo man im Deutschen in gesprochener Sprache das Perfekt benutzt:

I går **tvättade** jag bilen.	*Gestern habe ich den Wagen gewaschen. (wusch ich den Wagen)*

b) abweichend vom Deutschen auch als Bezug auf eine gegenwärtige Handlung oder einen gegenwärtigen Sachverhalt, um eine innere Beteiligung auszudrücken:

Nej, men det **var** kul att se dig.	*Nein, das ist aber schön, dich zu sehen.*
Det **var** väl synd!	*Das ist aber schade!*
Det **var** en bra idé.	*Das ist eine gute Idee.*

c) bei den Modalverben z. B. aus Höflichkeit oder um den hypothetischen Charakter einer Aussage zu betonen:

Det **skulle** vara snällt.	*Das wäre nett.*
Skulle du kunna tala lite långsammare?	*Könntest du etwas langsamer sprechen?*
Jag **skulle** vilja veta, ...	*Ich hätte gern gewußt, ...*
Tåget **borde** komma snart.	*Der Zug müßte gleich kommen.*

B. Das **Perfekt** wird verwendet:

a) Wenn eine Handlung in der Vergangenheit eine Anknüpfung an die Gegenwart hat:

Hon **har kommit** hem.	(– und ist jetzt zu Hause)
Jag **har köpt** en back *(Kasten)* öl.	(– und der steht im Kühlschrank)
Jag **har varit** mycket duktig i dag.	(– *heute* dauert an)

b) Wenn eine Handlung in der Vergangenheit begonnen hat und noch nicht abgeschlossen ist:

Vi **har bott** här i tre år.	(– und wohnen immer noch hier)
De **har känt** varandra i många år.	(– und kennen sich noch)
Det **har regnat** sedan i måndags.	(– und es regnet noch)

c) Wenn der Zeitpunkt des Vorgangs nicht bestimmt oder unwichtig ist, z. B. wenn das Resultat oder die Erfahrung betont werden soll:

Har du **läst** „Röda Rummet"?
Nej, jag **har** inte **läst** den.
aber: Ja, jag läste den i går.

d) Wenn etwas gerade erst geschehen ist:

Vi **har** precis/nyss/just **kommit** hem.

2. Das Plusquamperfekt

Das Plusquamperfekt wird gebildet aus der Vergangenheitsform von **ha** und dem Supinum des Verbs. Man verwendet es, wenn man ausdrücken will, daß von zwei Handlungen in der Vergangenheit die eine vor der anderen abgeschlossen war:

När han **hade tvättat** bilen, läste han tidningen.
Han läste tidningen, när han **hade tvättat** bilen.
När han **hade handlat**, gick han hem.

3. Ort und Richtung

var? – *wo?*	**vart?** – *wohin?*
•	→
här	hit
där	dit
hemma	hem
borta	bort
inne	in
ute	ut
uppe	upp
nere	ner
framme	fram

Nach der Frage **var?** – *wo?* verwendet man die Adverbien des Ortes, meist in Verbindung mit Verben wie **vara, bo, sitta, stå, ligga**:

Eva och Jonas bor **där**.
Barnen är **ute**.
Per är **hemma** på kvällarna.
Vinet ligger **nere** i källaren.
Borta bra, **hemma** bäst! (Sprichwort: *Zu Hause ist's am schönsten!*)

Nach der Frage **vart?** – *wohin?* verwendet man die Adverbien der Richtung, meist in Zusammenhang mit Verben der Bewegung:

De reser **dit**.
Han går **ut**.
Jonas åker **hem** efter arbetet.
Han gick **ner** i källaren för att hämta vinet. ... *um den Wein zu holen.*
Hon åkte **bort** och kom aldrig **hem** igen.

10D Übungen

1. *Svara på frågorna*

a) Vem svarar i telefonen? b) Hur länge har Pernilla försökt få tag på Per? c) Hur många gånger har hon ringt till honom? d) Vad hade hennes bror tänkt göra? e) Vad har Per gjort med sin bil? f) Varför har han inte berättat det för Pernilla? g) Har Pernilla varit på Gotland nyligen *(neulich)*? h) Hur har vädret varit i Lund på sistone? i) När var Pernilla vid Ringsjön senast? j) Vilka skäl *(Gründe)* har Per för att bjuda Pernilla på öl? k) Kan Pernilla följa med ut på kvällen?

2. *Översätt meningarna till svenska!*

a) Wir sind gerade zur Tür hereingekommen. b) Kannst du ans Telefon gehen? c) Ich versuche schon seit ein paar Tagen, dich zu erreichen. d) Ich habe dich mehrmals angerufen. e) Oje, ist etwas passiert? f) Es tut mir leid. g) Ich habe ganz einfach vergessen, es dir zu erzählen. h) Das macht nichts. i) Das spielt keine Rolle. j) Jetzt bin ich lange nicht dort gewesen. k) Wie ist es dir in letzter Zeit ergangen? l) Wollen wir heute abend nicht ausgehen und ein Bier trinken? m) Ich lade dich ein. n) Es geht leider nicht. o) Ich bin heute abend beschäftigt. p) Ich muß jetzt aufhören. q) Mach's gut.

3. *Adverbien der Richtung oder des Ortes?*

in/inne – ut/ute

a) Jonas körde ... bilen i garaget.
b) Nu står bilen ... i garaget.
c) Jonas körde ... bilen ur garaget.
d) Jonas ville inte gå .....
e) Kan inte du gå ... med hunden?
f) Men hunden är redan ... och springer.
g) Vi har redan varit ...

h) Kom ... igen, då.
i) Jag tycker inte om att vara ..., när det är så fint ...
j) Kom ..., dörren är öppen!
k) De sitter ... i vardagsrummet.
l) Vem är mannen där ... på bänken?
m) Gå ... och lek en stund!

hem/hemma – bort/borta

n) Jag har inte varit ... över helgen; jag var på Gotland.
o) När åkte du ...?
p) Jag åkte ... i fredags och kom ... igen i dag.
q) I kväll stannar jag ...
r) ... bra, ... bäst.
s) Vi reser ... om några dagar.
t) Hur länge ska ni vara ...?

upp/uppe – ner/nere

u) Katten klättrade ... i trädet och kunde inte komma ...
v) ... på marken satt nämligen hunden och skällde.
w) Solen går ... kl. 06.30 i dag.
x) Vi var ... ganska tidigt idag.
y) ... på berget ligger ett hus.
z) De åker hiss ... till tredje våningen.

hit/här – dit/där

å) På sommaren kommer många turister ..., eftersom ... finns så fina stränder.
ä) ... måste vi resa någon gång!
ö) Har du varit ... tidigare?
aa) Kom ... och sätt dig!

fram/framme

bb) När är vi egentligen ...?
cc) Kommer vi inte ... snart?

4. *Verwenden Sie Präteritum oder Perfekt!*

a) Du ... mycket duktig i dag. (vara, 4) b) Han ... år 1948. (födas, 2a) c) Vi ... en väldigt rolig film i går. (se, 4) d) I morse ... jag klockan halv nio. (vakna, 1) e) Hon ... till Paris den här månaden. (flyga, 4). f) I julas ... vi till mormor i Eslöv. (resa, 2b) g) På 1300-talet ... Visby en rik och mäktig stad. (vara, 4) h) För ett par år sedan ... vi i Lund. (bo, 3) i) Polisen ... fast poströnaren förra veckan. (ta, 4) j) Det ... ovanligt mycket i år. (regna 1) k) I fjor ... vi vår segelbåt. (sälja, 5) l) När ... du år? (fylla, 2a) m) Vi ... ringa er flera gånger i går kväll (försöka, 2b) n) I somras ... ett stort skepp utanför Gotlands kust. (sjunka, 4) o) Jag ... till jobbet varje dag den här veckan. (cykla, 1)

5. *Bringen Sie beide Vorgänge in eine zeitliche Abfolge. Der Nebensatz steht im Perfekt, der Hauptsatz im Präsens.*

Muster: När jag har vaknat, stiger jag upp
När jag har stigit upp, går jag in i badrummet.

a) När jag har gått in i badrummet, ... (duscha, 1). b) duscha, laga (1) frukost c) laga (1) frukost, äta (4) d) äta, diska (1) *spülen* e) diska, klä (3) på mig f) klä på mig, åka (2b) buss till jobbet g) komma fram till jobbet, arbeta fram till lunch h) arbeta fram till lunch, ta (4) lunchrast och gå (4) ut och äta i) vara (4) och äta, sitta (4) och jobba (1) till klockan tre j) sitta och jobba till kl. 3, dricka (4) kaffe. k) dricka kaffe, ringa (2a) till mamma l) ringa till mamma, titta (1) ut genom fönstret m) titta ut genom fönstret, skriva (4) lite till n) skriva lite till, vara (4) dags att åka hem

6. *Was haben Sie gestern getan? Ändern Sie die vorherige Übung ins Plusquamperfekt und Präteritum!*

Muster: När jag hade vaknat, steg jag upp.
När jag hade stigit upp, gick jag in i badrummet.

7. *Bilden Sie Fragen. Sie haben das Unterstrichene nicht gehört und müssen deshalb nachfragen. Fragewörter:* Vad? Vem? Hur? Var? Vart? Varifrån? När? Hur länge? *Achtung: die Präpositionen stehen meist am Ende der Frage.*

Muster: Jonas svarar i telefon. – Vad gör han?
Jonas svarar i telefonen. – Vem svarar i telefonen?
Jonas svarar i telefonen. – Vad svarar han i?

a) Jag har faktiskt sålt bilen. b) Pernilla har ringt i flera dagar. c) Pernilla var vid Ringsjön med Helén. d) Jag är upptagen i kväll. e) Vädret har varit vackert i flera dagar. f) Bergmans åkte med färjan. g) Har du varit på Gotland någon gång? h) Jag har suttit stilla hela dagen. i) Vi har firat farfars 80-årsdag. j) Det spelar inte någon roll. k) Det var för flera år sedan. l) De åkte till Ringsjön från Lund. m) Ska vi gå ut i kväll? n) Jag ska bli dykare. o) Jag har köpt en back öl.

8. *Die Sätze der Ansichtskarte sind durcheinandergeraten. Schreiben Sie sie bitte in eine mögliche Reihenfolge!*

Det var så underbart att träffa dig.
Jag saknar dig hemskt mycket.
Det känns som flera år.
Tusen kyssar och kramar *(Umarmungen)*.

Allt var så vackert och romantiskt.
Havet, solen, sanden.
Din egen Karin
Tack för senast!
Saknar *(vermißt)* du mig också lite grann?
Älskade Verner!
Skriv snart, eller kom hit själv, är du snäll!
Nu har vi inte träffats på flera veckor.
Jag ska aldrig glömma våra dagar tillsammans på stranden.

9. *Minikorsord: Klarar du alla under en minut? (Schaffen Sie alle Wörter innerhalb einer Minute?)*

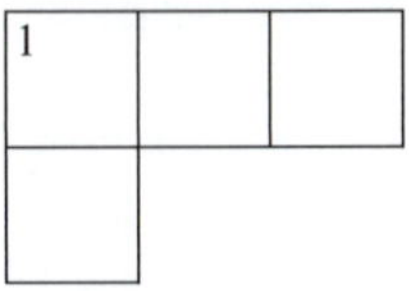

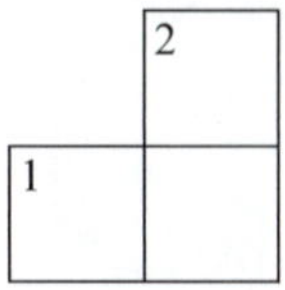

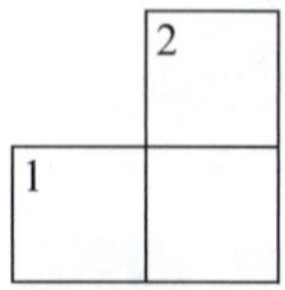

vågrätt:	1 werden	1 bitten	1 gehen
lodrätt:	1 wohnen	2 geben	2 bekommen

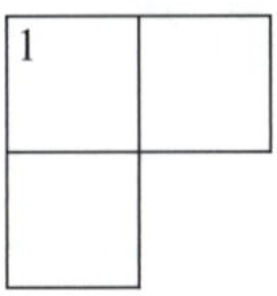

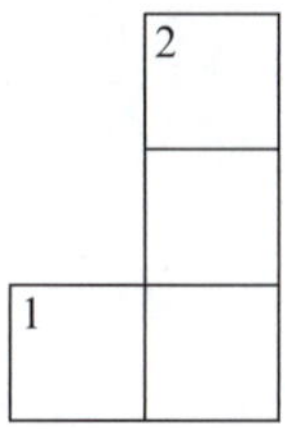

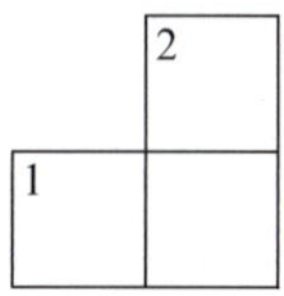

vågrätt:	1 sehen	1 sich fühlen	1 haben
lodrätt:	1 nähen	2 stehen	2 nehmen

10. *Schreiben Sie selbst oder führen Sie mit einem anderen Teilnehmer ein Telefongespräch. Sie haben die Person nach mehreren vergeblichen Versuchen endlich erreicht. Sie haben ein Problem und brauchen Hilfe. Jetzt wollen Sie zwar wissen, wo die Person gewesen ist, wie es dort war, wann sie nach Hause kam usw., vor allem wollen Sie aber die Person persönlich treffen. Ihr Gesprächspartner hat nicht viel Zeit zu sprechen. Sie geben sich aber alle Mühe, die Person zu überreden, sich am Abend mit Ihnen zu treffen, egal ob im Kino, im Lokal oder im Theater. Wer weiß, vielleicht gelingt es Ihnen, ein Zusammentreffen zu vereinbaren. Viel Glück!*

11A

11A Text

Framtiden – Erik och Stina berättar

Eva är svensklärare i en niondeklass i en skola i Lund. På tredje lektionen skriver eleverna korta uppsatser. Uppgiften i dag är: „Några tankar om framtiden". Först berättar Erik om sin syn på framtiden, och sedan berättar Stina.

Erik berättar:

Jag tänker börja plugga mer. Den här terminen ska jag verkligen gå in för skolan. Jag tänker inte slösa bort någon tid på strunt. Det kommer säkert att löna sig. Naturligtvis tänker jag fortsätta dyka, spela schack och fotboll. Man måste hålla på med någonting utanför skolan, annars blir man konstig. Jag kommer inte att få något jobb direkt efter grundskolan. Därför tänker jag fortsätta på gymnasiet till hösten. Efter gymnasiet ska jag göra lumpen, helst som grodman. Jag tänker förstås ta körkort också. Jag vet inte vad jag ska göra sedan, om jag ska fortsätta på universitetet eller inte. Jag skulle vilja resa en del, kanske till USA eller Australien. Efter några år tänker jag slå mig ner i Sverige igen. Kanske kommer jag att bo i en röd stuga på landet. Jag tänker inte gifta mig, men jag vill ha en massa hundar och katter. Jag tycker mycket om djur.

Stina skriver:

Det är ett stort och svårt ämne. Ingen kan veta någonting om framtiden. Man kan på sin höjd planera lite grann. Så här tänker jag mig min egen framtid: Jag tänker fortsätta på gymnasiet, och jag vill framför allt läsa fysik och matematik. Jag har alltid tyckt mest om de ämnena. Efter gymnasiet tänker jag fortsätta på universitetet. Jag vill bli meteorolog. Det är kanske ett ovanligt yrkesval, men jag tror säkert att jag kommer att trivas med det. Kanske kommer jag att arbeta på radion. Om tio år vill jag väl ha man och barn och hus och bil också. Men just nu känns allt sådant ganska avlägset.

Vad framtiden i stort beträffar, blir jag ibland orolig och rädd. Då tänker jag på krig, svält och katastrofer, på miljöförstöring och kärnvapen. Jag försöker göra en del saker för jordens framtid. Jag är med i Friluftsfrämjandet, och ibland samlar jag in pengar till regnskogarna eller Rädda barnen. Jag har också tänkt gå med i Amnesty International och Greenpeace, men det har inte blivit av ännu. Nu skriver jag det sist, som borde ha kommit först: Tage Danielssons råd till ett nyfött barn: ''Freden måste komma först. Gör den inte det, min vän, kommer inget efter den.''

framtid, -en	*Zukunft*
svensklärare, -n, -	*Schwedischlehrer/in*
niondeklass, -en, -er	*neunte Klasse*
på tredje lektionen	*in der dritten Stunde*
skriva (4)	*schreiben*
elev, -en, -er [ɛ'leːv]	*Schüler*
uppsats, -en, -er	*Aufsatz*
uppgift, -en, -er [ˇɵpjift]	*Aufgabe*
tank|e, -en, -ar	*Gedanke*
syn, -en, -er	*Sicht, Ansicht*
tänka (2b)	*denken; beabsichtigen*
termin, -en, -er [tɛr'miːn]	*Semester*
gå in för [goː 'in fœːr] (4)	*sich um etwas bemühen*
slösa bort [sløːsa 'bɔt] (1)	*verschwenden*

strunt, -en/-et	*Lappalie*
säkert (*Adv. von* säker)	*sicher, sicherlich*
löna sig (1)	*sich lohnen*
naturligtvis	*natürlich*
spela (1)	*spielen*
schack, -et, - [ɧak]	*Schach*
fotboll, -en, -ar [ˇfuːtbɔl]	*Fußball*
hålla på med [hɔla 'poː mɛ]	*sich mit etw. beschäftigen*
hålla (4)	*halten*
utanför	*außerhalb*
komma att (4) *(hier Hilfsverb)*	*werden*
jobb, -et, -	*Job, Arbeit*
direkt	*direkt*
grundskol|a, -an, -or	*Grundschule* (Klasse 1–9)

höst, -en, -ar	*Herbst*
grodman, -nen, grodmän	*Froschmann, Taucher*
körkort, -et, -	*Führerschein*
slå sig ner (4) [slo: sɛj 'ne:r]	*sich niederlassen*
stug|a, -an, -or	*Hütte, Häuschen*
land, -et, länder	*Land*
på landet	*auf dem Land*
gifta sig (2b)	*heiraten*
djur, -et, -	*Tier*
svår	*schwierig*
ämne, -t, -n	*Thema; (Lehr-/ Lern-)Fach*
ingen	*niemand*
på sin höjd	*höchstens*
höjd, -en, -er	*Höhe*
lite grann (*od.* grand)	*ein wenig*
framför allt	*vor allem*
fysik, -en [fy'si:k]	*Physik*
matematik, -en [matəma'ti:k]	*Mathematik*
meteorolog, -en, -er [mɛtəoro'lo:g]	*Meteorologe*
ovanlig	*ungewöhnlich*
yrkesval, -et, -	*Berufswahl*
tro (3)	*glauben*
trivas (*Dep.*, 2a)	*sich wohl fühlen*
kännas (*Dep.*, 2a)	*sich fühlen*
sådan, sådant, sådana	*solche; so ein*
avlägset (*Part. Perf. von* avlägsna, 1)	*entfernt, entlegen*

beträffa (1)	*betreffen*
orolig [^{v}u:ru:lig]	*unruhig, besorgt*
rädd	*ängstlich*
krig, -et, -	*Krieg*
svält, -en	*Hunger*
katastrof, -en, -er [kata'stro:f]	*Katastrophe*
miljö, -n, -er [mil'jø:]	*Umwelt*
förstöring, -en	*Zerstörung*
kärnvap|en, -net, - [^{v}çæ:ɳvɑ:pən]	*Atomwaffen*
jord, -en	*Erde*
Friluftsfrämjande, -t	schwedische Organisation *(„Freiluftsförderung")*
samla (in) (1)	*sammeln*
pengar *(Pl.)*	*Geld*
regnskog, -en, -ar [^{v}rɛŋsku:g]	*Regenwald*
Rädda barnen	Hilfsorganisation *„Rettet die Kinder"*
gå med i (4) [go: 'me:(d) i:]	*hier: Mitglied werden*
bli av [bli: 'ɑ:v]	*zustande kommen; stattfinden*
sist	*zuletzt*
Tage Danielsson	Schwedischer Schriftsteller (1928–1985)
råd, -et, -	*Rat*
nyfödd (*Part. Perf. von* föda 3)	*neugeboren*
fred, -en	*Frieden*

11B Sprachgebrauch und Landeskunde

1. Präpositionen bei Ortsangaben

Bei Arbeitsplätzen, öffentlichen Einrichtungen, öffentlichen Verkehrsmitteln etc. benutzt man **på**:

Jonas arbetar **på** kontor.
Eva måste gå **på** banken och hämta pengar.
Per sitter **på** biblioteket.
Per och Pernilla går **på** bio.
På kvällen går de **på** teater.
Per och Katarina träffas **på** bussen.
Han glömde sin hatt **på** tåget.

Ausnahmen sind **skola, affär, kyrka**:

Erik och Stina går **i** skolan.
Eva träffar Katarina **i** affären.
Hon går **i** kyrkan varje söndag.

2. Der Unterschied zwischen bland und under

Beide Präpositionen können soviel wie *unter* bedeuten, jedoch in verschiedenen Zusammenhängen. Im Sinne von räumlich *unter* kann man nur **under** verwenden:

Boken ligger **under** bordet.
Brevet ligger **under** boken.

Will man angeben, daß etwas Teil einer Menge ist, eines unter vielen, heißt es **bland**:

Bland alla djur i akvariet finns det även en krabba.

De går runt **bland** stånden på torget.
Sie gehen zwischen den Marktständen am Marktplatz herum.
en bland många *einer unter vielen*

bl. a. = **bland** annat – *unter anderem*

3. Haben oder sein?

Einige Redewendungen, die wir im Deutschen mit *haben* konstruieren, werden im Schwedischen mit **vara** gebildet:

vara rädd – *Angst haben (ängstlich sein)*
vara hungrig – *Hunger haben (hungrig sein)*
vara törstig – *Durst haben (durstig sein)*

11C Grammatik

1. Futur

a) Wie im Deutschen verwendet man meistens das Präsens zusammen mit einer Zeitangabe der Zukunft:

Jag **reser** till Stockholm i morgon. – *Ich reise morgen nach Stockholm (... werde ich ... reisen)*

b) Wenn es sich um eine Voraussage oder eine Erwartung handelt, verwendet man die Umschreibung mit **kommer att** plus Infinitiv:

Hon **kommer** nog **att** tycka om sin present.
Jag tror att det **kommer att** regna i morgon.

c) Eine Umschreibung des Futurs mit **ska** plus Infinitiv drückt in Fragen und in der ersten Person oft reines Futur aus:

Vad **ska** du **göra** i kväll?
Jag **ska resa** till Stockholm i morgon.

In anderen Fällen impliziert die Umschreibung mit **ska** meist, daß jemand anderes oder äußere Umstände bestimmt haben, was passieren soll:

Du **ska** komma hem och äta klockan fem.

Beachten Sie, daß **ska** oft eine modale Bedeutung ausdrückt (siehe 7C3). Man verwendet es daher zur Umschreibung des Futurs sehr sparsam.

d) Bei Plänen und Absichten verwendet man die Umschreibung mit **tänker** plus Infinitiv:

Jag **tänker** resa till Stockholm, när terminen slutar.

2. Zeitausdrücke bei Präsens und Futur

a) Bei Wochentagen: **på**

På torsdag åker vi till Gotland.
På fredag morgon kommer vi fram till farmor och farfar.
På söndag tänker vi komma tillbaka.

b) Bei Tageszeiten und Monaten: **i**

I kväll tänker vi gå på bio.
I morgon bitti ska jag gå till tandläkaren.

I övermorgon ska vi gå på teater.
I februari ska vi resa på skidsemester.

c) Bei Jahreszeiten und Festen: **i** plus unbestimmte Form, oder **till** plus bestimmte Form:

I sommar/till sommaren åker vi utomlands.
I jul/till julen åker vi till farfar och farmor.

d) Bei Angabe eines Zeitraums: **om**

De kommer att hälsa på oss **om en månad**. *... in einem Monat*
Om en vecka börjar terminen. *In einer Woche ...*

e) Bei **nästa** steht keine Präposition.

Nästa vecka är vi lediga.
Nästa år fyller han femtio.

11D Übungen

1. *Svara på frågorna*

a) Vad gör eleverna under tredje lektionen i dag? b) Vad tänker Erik göra den här terminen? c) Vilka är hans planer för framtiden? d) Var tänker han bo? e) Hur är Stinas syn på framtiden? f) Vad tänker hon göra efter gymnasiet? g) Vilka problem gör att hon blir orolig? h) Vad tycker Tage Danielsson är det viktigaste? i) Varför tycker han det, tror du? j) Vad är det viktigaste för dig?

2. *Översätt till svenska*

a) Heute abend werde ich sehr hungrig sein. b) Im Sommer fahren wir zu den Großeltern nach Gotland. c) In einer Woche beginnt das Semester. d) Heute abend gehe ich ins Theater. e) Kommst du am Sonntag morgen zu mir? f) Nein, am Sonntag morgen werde ich zur Kirche gehen. g) Mein Auto steht da hinten, zwischen den anderen Autos. h) Ich habe meine Bücher im Bus vergessen. i) Weihnachten werden wir zu Hause sein. j) Unter anderem bekomme ich ein Buch. k) Die schweren Aufgaben werde ich zuletzt machen.

3. *Setzen Sie die Futurformen der Verben in Klammern in die Sätze ein. Wählen Sie zwischen Präsens,* tänker + *Infinitiv,* kommer att + *Infinitiv und* ska + *Infinitiv. Manchmal sind mehrere Alternativen möglich. Diskutieren Sie die unterschiedlichen Bedeutungen der Varianten!*

   a) Det är så mulet *(bewölkt)*. Det ... säkert ... i kväll. (regna) b) ... du inte ... med dig något paraply? (ta) c) Vad ... du ..., när du blir stor? (bli) d) ... du ... någonting särskilt i morgon? (göra) e) ... du ... på fotbollsmatchen i morgon? (se) f) IFK Göteborg ... nog ... över Malmö FF, tror jag. (vinna) g) Erik ... till USA eller Australien. (flytta) h) Han ... nog inte ... något arbete direkt efter gymnasiet. (få) i) Vi ... till sommarstugan på fredag. (åker) j) Camilla ... ett nytt liv. (börja)

4a. *Übersetzen Sie die folgenden beweglichen Adverbien ins Deutsche!*

   a) inte b) bara c) också d) gärna e) tyvärr f) naturligtvis g) förstås h) alltså i) egentligen j) alltid k) ofta l) aldrig m) verkligen n) kanske o) fortfarande p) snart q) sällan r) redan

4b. *Beantworten Sie die Fragen und verwenden Sie dabei passende Adverbien aus der vorigen Übung. Beachten Sie die Hauptsatzwortfolge: F V1 S SA V2 O A.*

   a) Brukar du äta frukost på morgnarna? b) Vad tänker du inte göra i kväll? c) Vad gör du alltid på fredagarna? d) Brukar du gå på teater eller konsert? e) Vill du följa med mig hem och titta på mitt akvarium? f) Får jag bjuda dig på ett glas vin i morgon kväll? g) Bor du på din gamla adress? h) Hur mår du i dag? i) Brukar du sjunga i badrummet? j) Spelar du schack? k) Har du dansat någon gång? l) Tänker du resa till Sverige i sommar? m) Tycker du om klassisk musik? n) Spelar du själv något instrument? o) När tänker du gå och äta middag?

5. *Wiederholung von Fragewörtern. Übersetzen Sie die folgenden Fragen! Fragewörter, die vorkommen können:* vad, vem, vilken, vilket, vilka, var, vart, varifrån, när, varför, hur, hur dags, hur länge, hur ofta, hur mycket, hur många, hur långt.

   a) Wer ist die Person neben Ihnen? b) Wie geht es Ihnen heute? c) Warum sind Sie heute (nicht) müde? d) Welche Sprachen sprechen Sie? e) Welcher Monat kommt nach Februar? f) Wie heißen die Wochentage auf schwedisch? g) Welches Jahr ist es jetzt? h) Woher kommen Sie? i) Wo wohnen Sie? j) Wohin fahren Sie gerne in den Urlaub? k) Wann haben Sie Geburtstag? l) Um wieviel Uhr fängt der Schwedischkurs an? m) Wie lange lernen Sie schon Schwedisch? n) Wie oft kaufen Sie Blumen? o) Wie weit ist es von Lund nach Stockholm? p) Wie viele Geschwister haben Sie? q) Was machen Sie gerne? r) Wie viel kostet eine Briefmarke *(frimärke, -t, -n)* für eine Ansichtskarte nach Deutschland?

6. *Stellen Sie die übersetzten Fragen aus Übung 5 an Ihren Nachbarn oder beantworten Sie selbst die Fragen auf schwedisch.*

7. *Pildialog. Fråga och svara enligt anvisningarna!*

A	B
Hälsa. →	Hälsa. Säg att det är vackert väder.
Håll med. Fråga om B tänker göra något särskilt i dag.	
→	Svara och berätta vad du tänker göra. Fråga om A har några särskilda planer.
Säg att du inte har det. →	Fråga om A kanske har lust att följa med dig.
Svara positivt. →	Säg att du blir glad över A's svar.
Fråga B hur dags ni ska ge er av. →	Säg att ni ses klockan X.
Säg att det säkert blir kul. Ta sedan avsked av B. →	Ta avsked av A.

12A

12A Text

1. Före middagen hos Katarina och Patrick

Klockan är halv sex på pingstaftonen. Eva kommer just ut från badrummet och ser Jonas sitta framför teven.

Eva: Jonas, har du inte tänkt göra dig i ordning snart?
Jonas: Vad menar du? Jag tänkte titta på fotboll på teve.
Eva: Har du glömt att vi ska vara hos Katarina och Patrick klockan sju? De har bjudit dit oss på middag.
Jonas: Var det i kväll? Jag trodde att det var i morgon. Då får jag skynda mig. Vad tycker du att jag ska ta på mig? Kan jag ha de här byxorna?
Eva: Nej, det tycker jag inte. Ta de nya ljusa byxorna och linnekavajen. Det ser både sportigt och elegant ut.
Jonas: Okej. Vad ska du ha på dig?
Eva: Jag tror att jag tar min svarta klänning.

Jonas: Ja, gör det. Den tycker jag om. – Kommer det några fler, förresten?

Eva: Jag tyckte att Katarina sa att Camilla också skulle komma.

Jonas: Känner jag henne?

Eva: Nej, det tror jag inte. Det är en arbetskamrat till Katarina. Hon och hennes man har just skilt sig. Jag tror att hon känner sig lite ensam för tillfället.

glömma (2a)	*vergessen*
dit	*dahin, dorthin*
ta på sig (4) [tɑː 'poː sɛj]	*(sich) anziehen*
ljus *(Adj.)* [jʉːs]	*hell*
linne	*Leinen*
kavaj, -en, -er	*Jacket, Sakko*
sportig	*sportlich*
elegant	*elegant*
ha på sig [hɑː 'poː sɛj]	*anhaben*
klänning, -en, -ar	*Kleid*
förresten	*übrigens*
känna (2a) [ˈçɛna]	*kennen; fühlen*
arbetskamrat, -en, -er	*Kollege/in*
skilja sig (skilde, skilt)	*sich scheiden lassen*
känna sig (2a)	*sich fühlen*
för tillfället	*zur Zeit*

2. Under middagen hos Katarina och Patrick

Eva: Det var hemskt gott, det här!

Camilla: Ja, det var det verkligen.

Katarina: Tycker ni? Det var roligt att höra.

Patrick: Jag har faktiskt skalat potatisen.

Camilla: Det är skönt att komma hemifrån lite grann. Det är så ensamt hemma nu, sedan Kurt flyttade. Vi har ju inga barn heller. Jag tycker att jag bara sitter och stirrar på väggarna hela kvällarna.

Jonas: Har du ingen teve? Nej, men skämt åsido, har du ingen hobby, där du träffar lite folk?

Camilla: Nej, det har jag inte. Förut räckte det med jobbet, hemmet och Kurt.

Eva: Jag tycker att du ska börja på någon kvällskurs. Jag går och läser spanska. Det är kul, och man träffar många trevliga människor.

Katarina: Ja, jag tycker att du ska börja dansa magdans. Det har jag gjort i flera år, och det har öppnat nya världar för mig.

12A

Patrick: För mig också. Kan du inte gå med i någon förening? Eller börja spela bridge?

Jonas: Tycker du om idrott? Du kan ju börja gympa eller spela badminton eller squash?

Camilla: Jag vet inte. Jag får tänka efter lite grann i lugn och ro. Men tack för alla goda råd!

hemsk	*schrecklich;* hier: *sehr*
faktiskt *(Adv.)*	*tatsächlich*
skala (1)	*schälen*
skön	*schön*
hemifrån	*von zu Hause*
sedan *(Konj.)*	*nachdem, seitdem*
flytta (1)	*ausziehen, fortziehen*
inte ... heller	*auch nicht*
stirra (1)	*starren*
skämt, -et, - [ɛmt]	*Spaß, Witz*
åsido *(Adv.)* [oː'siːduː]	*beiseite*
hobby, -n, -er	*Hobby*
där *(Rel. Adv.)*	(dort) *wo*
träffa (1)	*treffen*
folk, -et, -	*Leute*
räcka (2b)	*(aus)reichen*
kvällskurs, -en, -er	*Abendkurs*
spanska, -n	*Spanisch*
kul *(unflekt.)*	*spaßig, lustig*
dansa (1)	*tanzen*
magdans, -en, -er	*Bauchtanz*
öppna (1)	*öffnen*
värld, -en, -ar	*Welt*
förening, -en, -ar	*Verein*
bridge, -n	*Bridge*
idrott, -en, -er	*Sport*
gympa (1)	*turnen, Gymnastik treiben*
badminton, -en	*Federball, Badminton*
squash, -en	*Squash*
tänka efter (2b) [tɛŋka 'ɛftər]	*nachdenken*

12B Sprachgebrauch und Landeskunde

1. „auch“ und „auch nicht“

In einer normalen Aussage übersetzt man *auch* mit **också**. In einer verneinten Konstruktion dagegen muß man die Formen mit **inte ... heller/heller inte** *(auch nicht)* bzw. **ingen ... heller/heller ingen** *(auch kein)* verwenden:

positive Aussage	*verneinte Aussage*
Det är kul. Det är **också** kul.	Det är inte kul. Det är **inte** kul **heller**.
Jag vill gå ut i kväll. Jag vill **också** gå ut i kväll.	Jag vill inte gå ut i kväll. Jag vill **inte** gå ut i kväll **heller**.
Jag har lust att gå på bio. Jag har **också** lust att gå på bio.	Jag har ingen lust att gå på bio. Jag har **ingen** lust att gå på bio **heller**.
De har tre barn. De har **också** tre barn.	De har inga barn. De har **inga** barn **heller**.

2. Skillnaden mellan känna, känna till och känna igen

känna – *persönlich kennen:*	**Känner** du Nacka Skoglund?
känna till – *kennen:*	Nej, men jag **känner till** honom.
känna igen – *erkennen, wiedererkennen:*	Det här är ett gammalt kort på honom. **Känner** du **igen** honom?

3. Sport in Schweden

Populäre Breitensportarten in Schweden sind **längdåkning** (Skilanglauf), **orientering** (Orientierungslauf), **fotboll** (Fußball), **ridning** (Reiten) und **gymnastik**.

Klassische Breitensportveranstaltungen sind:

Vasaloppet – der *Vasalauf*, ein alljährlich am ersten Märzsonntag stattfindender Skilanglauf über die Distanz von 90 km von Sälen nach Mora in Dalarna. Hintergrund: als Gustav Vasa 1521 auf der Flucht erfuhr, daß sich die Dalkarlar einem Aufstand gegen die Dänen anschließen würden, lief er so schnell es ging von Sälen nach Mora zurück, um die Führung zu übernehmen. Das Motto des Vasaloppet ist denn auch: I fädernes spår – för framtids segrar (seger – *Sieg*).

Vättern runt – die *Vätternsee-Rundfahrt* – eine zweitägige 300 km Radtour rund um den Vättern

Vansbrosimningen – 3 km Flußschwimmen im Dalälv in der Landschaft Dalarna

Lidingö-loppet – der *Lidingö-Lauf*, 30 km Geländelauf in Stockholm; von den Teilnehmerzahlen her einer der größten Crossläufe der Welt

Stockholm Maraton – jeweils am ersten Junisamstag; ein beliebtes Laufereignis

Tjejmilen – die *Mädchenmeile*, ein 10 km Stadtlauf in Stockholm ausschließlich für Frauen

12C Grammatik

1. tänka – tycka – tro

tänka:

a) *planen, beabsichtigen, vorhaben:*

Jag **tänker** åka till Stockholm över helgen.
Tänker du gå på bio i kväll?

b) *denken (mentaler Prozeß)*

Hon **tänker** mycket när hon spelar schack.
Var det inte det jag **tänkte**! *(Das habe ich mir gleich gedacht.)*
Vad **tänker** du på?

tycka:

a) *meinen, finden*

Jag **tycker** att det är en bra film. – *Ich finde, daß das ein guter Film ist.*

b) **'tycka om** – *halten von*

Vad **'tycker** du om filmen? – *Was hältst du von dem Film?*

c) **tycka 'om** – *mögen, gern haben*

Tycker du **'om** jordgubbsglass? – *Magst du Erdbeereis?*
Han **tycker 'om** sin hund. – *Er hat seinen Hund gern.*

tro:

a) *glauben, nicht sicher wissen* (etw., das überprüfbar ist)

Jag **tror** att det är en bra film.
Ich glaube, das ist ein guter Film (aber ich habe ihn noch nicht gesehen).
Jag **tror** att jag går på bio i kväll.
Ich glaube, ich gehe heute abend ins Kino (aber ich weiß es noch nicht genau).

b) *glauben* in spirituellem Sinn:

Han **tror** på gud.
Hon **tror** på jultomten. – *Sie glaubt an den Weihnachtsmann.*

c) *jemandem etwas glauben*

Jag **tror** dig, när du säger det. – *Ich glaube dir, ...*

Im Deutschen sind die verschiedenen Bedeutungsnuancen oft nicht so streng voneinander getrennt: „Ich denke, das ist ein gutes Buch." kann bedeuten, daß man es gelesen hat, und damit seine Meinung darüber äußert. Es kann aber auch bedeuten, daß man nur von dem Buch gehört hat und aufgrund dessen glaubt, daß es ein gutes Buch sei. Im Schwedischen muß man hier streng unterscheiden und je nach Aussageabsicht **tycka** (= Meinung) oder **tro** (= Glauben) verwenden. Hier kann auf keinen Fall **tänka** verwendet werden!

2. Nebensätze mit att

Die Konjunktion **att** – *daß* leitet einen Nebensatz ein. Ein Nebensatz ist immer mit einem Hauptsatz verbunden, zu dem er eine nähere Bestimmung bildet. Er kann nie alleine stehen! Die Wortfolge des Nebensatzes unterscheidet sich von der des Hauptsatzes. Im Nebensatz gibt es kein Fundament, die erste Stelle wird von einer nebensatzeinleitenden Konjunktion **(bisatsinledare)** besetzt. An zweiter Stelle steht das Subjekt, gefolgt vom Verb und den anderen Satzteilen. (Weiteres siehe 13C1; 16C).
Jag tycker ...

bisats-inledare	S	SA	V1	V2	O	A
att	han	kanske	tänker	köpa	en bil	i år.
att	det	inte	har	regnat	–	i dag.
att	de	alltid	kan	hälsa på	oss.	
att	det	inte	är	–	en bra film.	

Bitte beachten Sie: Im Schwedischen steht kein Komma vor **att**!

3. Adverbien

Adverbien (Umstandswörter) bestimmen Verben, Adjektive, andere Adverbien oder einen ganzen Satz und bleiben selbst immer unverändert. (Zur Komparation von Adverbien siehe 14C)

a) Bestimmung eines Verbs:

Han går **långsamt**. – *Er geht langsam.*

b) Bestimmung eines Adjektivs:

Barnen är **ganska** tysta. – *Die Kinder sind ziemlich ruhig.*

c) Bestimmung eines anderen Adverbs:

Han kommer **ovanligt** sent. – *Er kommt ungewöhnlich spät.*

d) Satzadverb:

Han kommer **inte**. – *Er kommt nicht.*

Einige schwedische Adverbien sind „echte" Adverbien: **aldrig, alltid, bara, genast, förr, ibland, inte, ju, kanske, nog, ofta, redan, tyvärr, än(nu)** etc. (Ebenso die Orts- und Richtungsadverbien in 10C3.)

Andere Adverbien werden von Adjektiven abgeleitet, indem man die t-Form bildet:

Bullarna smakar **gott**.
De kommer **sent**.
Hon sjunger **vackert**.
Han arbetar **hårt**.
Det är en **ovanligt** bra film. – ... *ein ungewöhnlich guter Film*
Als Adjektiv:
(... en **ovanlig, bra** film – *ein ungewöhnlicher, guter Film*)

Bei Adjektiven auf **-lig** gibt es verschiedene Arten der Adverbbildung:

a) die t-Form:

Han talar **tydligt**.
Det är inte **möjligt**! *(möglich)*

b) Anfügen von -en:

Har ni **möjligen** tyska tidningar? *(möglicherweise)*
Han talar **tydligen** i telefon.

c) Anfügen von t + vis:

Han kommer **vanligtvis** för sent. *(gewöhnlich)*
Kan du **möjligtvis** ordna biljetter? *(vielleicht)*

Hierbei gilt es, die Bedeutungsunterschiede zu beachten. Adverbien auf **-ligt** sind normalerweise Bestimmungen der Art und Weise:

Han talar **tydligt**. – *Er spricht deutlich.*

Adverbien auf **-ligen** oder **-ligtvis** sind gewöhnlich Satzadverbien:

Han talar **tydligen** i telefon. – *Er telefoniert offensichtlich.*

4. Demonstrativpronomen

dieser/diese/dieses

	normaler Stil:	*gehobener Stil:*
Utrum:	den här boken	denna bok
Neutrum:	det här passet	detta pass
Plural:	de här böckerna	dessa böcker
	de här husen	dessa hus

Nach **den här** etc. steht das Substantiv in bestimmter Form, nach **denna** etc. in unbestimmter Form.

Ist der Gegenstand, den man hervorheben will, weiter vom Sprecher entfernt, verwendet man anstelle von den här etc. die Formen **den där, det där, de där** *(jener, jene, jenes)*:

Den här boken är min, **den där** är nog din.
Det här är mitt pass, **det där** måste vara ditt.

Anstelle von den där etc. kann man auch die entsprechende Form des Personalpronomens verwenden, die dann stärker betont wird:

Den tröjan vill jag ha, vad kostar den?

so ein/e, solch eine, solche

Utrum:	en sådan bok
Neutrum:	ett sådant svar
Plural:	sådana svar

Beispiel: **Sådana** svar är typiska för politiker.
Solche Antworten sind typisch für Politiker.

derselbe, dieselbe, dasselbe

Dieses Pronomen hat im Schwedischen nur eine Form, **samma**, gefolgt von der unbestimmten Form des Substantivs:

Jag såg **samma** film fem gånger.
Han bor i **samma** hus som jag.
Hon har **samma** kläder som igår.

Gebräuchliche Redewendungen:

Ha det så bra. – **Tack detsamma.** *Danke gleichfalls*
Vilken kaka vill du ha? – **Det gör detsamma.** *Das ist egal.*

12D Übungen

1. *Svara på frågorna*

a) När och var utspelar sig den första lilla texten? b) Vad hade Jonas tänkt göra på kvällen? c) Varför går det inte? d) Vad ska de göra hos Katarina och Patrick? e) Vad tycker Jonas om Evas svarta klänning? f) Hur tycker Eva att Jonas ska klä sig? g) Vilka gäster kommer att vara på middagen? h) Är Patrick en bra kock? i) Hur mår Camilla? j) Tycker hon om att vara hemma på kvällarna? k) Vad kan hon göra åt det? l) Varför har Camilla inte någon hobby?

2. *Översätt*

a) Willst du den ganzen Abend fernsehen? b) Ja, das hatte ich eigentlich gedacht. c) Ich glaube, es kommt ein spannender Film. d) Spaß beiseite, wir müssen uns fertig machen. e) Katarina und Patrick haben uns zum Essen eingeladen. f) Ich finde, daß diese braune Jacke nicht so hübsch ist. g) Ich mag die braune Jacke auch nicht. h) Warum nimmst du nicht das Leinenjackett? Das ist sportlich und elegant. i) Findest du, daß ich das schwarze Kleid nehmen soll? j) Solch ein Kleid habe ich auch. k) Ich finde, du solltest mit einem Bauchtanzkurs beginnen. l) Das Essen war sehr gut, vielen Dank! m) Das ist schön zu hören. n) Ich habe keine Zeit für ein Hobby. (med någon hobby) o) Ich habe auch keine Zeit.

3. *Adjektiv oder Adverb? Tragen Sie die richtige Form ein!*

a) ... natt och sov ...! (god) b) Vilken ... middag du har lagat! (god) c) Det smakar verkligen ...! (god) d) Många ... hälsningar från Erik. (kär) e) Det var ett ... besök. (kär) f) Tala ..., är du snäll! (långsam) g) De är mycket ...

(långsam) h) I går kväll kom du hem ganska ... (sen) i) Ja, det blev en ... kväll. (sen) j) Är det bra med så ... vanor? (sen) k) Hon sjunger mycket ... (hög). l) Fjällen i Sverige är ... (gammal), men inte ...... (särskild + hög). m) Har du några ... intressen? (särskild) n) Det är ett ...... hus (fin, gammal)

4a. *Übersetzen Sie die folgenden beweglichen Adverbien ins Deutsche!*

a) faktiskt b) säkert c) tydligen d) genast e) praktiskt taget f) i själva verket g) alltid h) dessutom i) förresten j) inte alls k) äntligen l) knappast m) nog n) troligen o) antagligen p) förmodligen q) väl r) absolut s) ju t) åtminstone u) inte ens

4b. *Bilden Sie Sätze aus den folgenden Wörtern und beginnen Sie mit dem unterstrichenen Wort. Beachten sie die Hauptsatzwortfolge: F V1 S SA V2 O A.*

a) köper, han, en födelsedagspresent, säkert, till dig b) antagligen, blir, det, en överraskning c) varför, ser, du, glad ut, inte alls? d) hit, genast, kan, du, komma? e) är, du, här i staden, väl, ny? f) han, berätta, orkar, en saga, inte ens g) faktiskt, jag, i Frankrike, varit, har h) har, flyttat in, det, tydligen, en ny familj, i huset bredvid vårt i) skalat, har, han, potatisen, åtminstone j) Erik, i själva verket, tänker, som grodman, arbeta k) har, någonting, du, sagt, på hela dagen, knappast l) praktiskt taget, varje dag, jag, till jobbet, cyklar

5. *Was sollte die Person Ihrer Meinung nach tun?*

Muster: Jag vet inte hur mycket klockan är.
– Jag tycker att du ska köpa dig en klocka.

a) Jag har inget att ta på mig till festen i kväll. b) Jag känner mig ensam och har tråkigt på kvällarna. c) Jag är hungrig och törstig. d) Jag stressar mycket och är nästan alltid upptagen med en massa arbete. e) Jag har ingen hobby och inga intressen heller. f) Jag orkar helt enkelt inte göra läxorna. g) Jag vill resa till Tyskland, men jag förstår inte tyska. h) Jag tänker gå till torget, men jag hittar inte här i staden.

6. *Ändra dina åsikter i uppgift 5 till imperativ och ge personen några goda råd!*

Muster: Köp dig en klocka!

7. *Välj mellan tycka – tänka – tro som huvudverb och bilda frågor av stödorden* (Stichwörter) *nedan.*

Exempel: Gud *(Gott)*? – Tror du på Gud?

a) jazz? b) åka, mormor, måndag? c) den här, röd, klänning, vacker? d) regna i morgon? e) de, gifta sig, till våren? f) klippa håret kort? g) bo, sju miljoner människor, i Norge? h) filmen, som vi ska se i kväll, bra? i) han, komma, till festen, på fredag? j) boken, som du har läst, bra? k) hon, klara, examen? l) sluta röka? m) få, många julklappar?

13A

13A Text

1 På järnvägsstationen

Katarina: Hejsan, jag skulle vilja ha en biljett till Stockholm.
Expedit: Jaha, en enkel biljett?
Katarina: Nej, en tur och returbiljett, tack.
Expedit: Har du någon rabatt?
Katarina: Nej. Vad finns det för rabatter?
Expedit: Det finns ungdomsrabatt och studeranderabatt. Pensionärer kan köpa reslustkortet billigare. De betalar bara 50 kronor för kortet.
Katarina: Nej, jag är varken ungdom, student eller pensionär. För oss i den gyllene medelåldern finns det väl inga rabatter?
Expedit: Du kan köpa ett reslustkort. Det kostar 150 kronor.
Katarina: Varför skulle jag köpa ett reslustkort?
Expedit: Därför att kortet berättigar till 25 procents rabatt.
Katarina: Och det gäller i ett år?
Expedit: Ett kalenderår. Alltså till och med den sista december i år. Ju tidigare på året man köper kortet, desto mer tjänar man på det. Och man får vara två personer per reslustkort.

Katarina: Ja, det kanske skulle löna sig. Det är ju ett tag kvar till nyår. Då ska jag be att få ett reslustkort och en tur och returbiljett till Stockholm.

Expedit: Det ska bli. När hade du tänkt resa?

Katarina: Nu på fredag, någon gång efter klockan tre.

Expedit: Det går ett tåg från Lund klockan 15.13. Det är framme i Stockholm klockan 21.53. Det är ett direkttåg, så du behöver inte byta tåg.

Katarina: Det passar alldeles utmärkt.

Expedit: Ja, men då går det tyvärr inte att använda reslustkortet.

Katarina: Varför inte?

Expedit: Därför att kortet inte gäller på fredagar och söndagar. Det får bli en vanlig biljett för 1057 kronor i stället. Vill du sitta i rökare eller icke-rökare?

Katarina: Icke-rökare, tack.

Expedit: Det tycks vara fullbokat. Det finns bara platser kvar i rökavdelningen. När vill du resa tillbaka?

Katarina: På söndag kväll någon gång. Jag har inte bestämt mig än.

Expedit: Så där ja, här är biljetterna. Då blir det 1087 kronor, tack.

Katarina: 1087 kronor? Du sa ju precis nyss att det kostar 1057 kronor! Varför kostar det plötsligt 1087 kronor?

Expedit: Jo, därför att det är obligatorisk platsbiljett på den här sträckan på fredagar, och platsbiljetten kostar 30 kronor.

Katarina: Jaha, ja.

Expedit: Här är biljetterna. Trevlig resa!

Katarina: Tack.

järnvägsstation, -en, -er [ˇjæːɳvɛːgs-staɧuːn]	*Bahnhof*
expedit, -en, -er [ɛkspe'diːt]	*Verkäufer/in*
enkel	*einfach*
tur och retur [tʉːr ɔ rɛ'tʉːr]	*hin und zurück*
rabatt, -en, -er [ra'bat]	*Ermäßigung*
studerande, -n, - [stɵ'deːrandə]	*Studierende/r*
reslustkort, -et, -	*Ermäßigungskarte für die Bahn*
billigare (*Komp. von* billig)	*billiger*
gyllene [ˇjylənə]	*golden*
medelålder, -n	*Durchschnittsalter*
i medelåldern	*in mittleren Jahren*
berättiga (1)	*berechtigen*
gälla (2a)	*gelten*
kalenderår, -et, -	*Kalenderjahr*
alltså	*also, folglich*
till och med	*(als Zeitangabe) bis zu*
ju ... desto	*je ... desto*
tjäna (1) [ˇçɛːna]	*verdienen*
per	*pro*
ett tag	*eine Weile*
nyår, -et, -	*Neujahr*
framme	*da, am Ziel*
direkttåg, -et, -	*Direktzug*

byta tåg (2b)	*umsteigen*
byta (2b)	*wechseln, tauschen*
använda (2a)	*verwenden, benutzen*
därför att *(Konj.)*	*weil*
vanlig	*gewöhnlich*
rökare, -n, -	*Raucher*
icke-rökare, -n, -	*Nichtraucher*
tyckas (*Dep.*, 2b)	*scheinen*
fullbokad (*Part. Perf. von* boka 1)	*ausgebucht*
plats, -en, -er	*Platz*
rökavdelning, -en, -ar	*Raucherabteil*
bestämma sig (2a)	*sich entscheiden*
obligatorisk [obligaˈtuːrisk]	*obligatorisch*
platsbiljett, -en, -er	*Platzkarte (Zuschlag)*
sträck|a, -an, -or	*Strecke*

2 Varför reser man till Stockholm?

Varför ska man egentligen resa till Stockholm? Man kan resa dit, därför att Stockholm är Sveriges huvudstad och största stad.

Man kan åka till Stockholm, eftersom man vill se Vasa-museet. Regalskeppet Vasa kantrade och sjönk på sin jungfrutur år 1628. Man bärgade skeppet 333 år senare, och det finns nu i museet. Eller eftersom man vill gå på Moderna museet och titta på 1900-talskonst.

Man kan bege sig till Stockholm, därför att man vill se riksdagshuset, stadshuset, kungliga slottet och vaktparaden. Eller därför att man vill vandra omkring i de smala gränderna i Gamla stan, titta på de gamla husen och folklivet och sedan äta middag på restaurang Gyllene Freden.

Kanske reser man dit, eftersom man vill besöka Skansen på Djurgården. Skansen är världens äldsta friluftsmuseum med en djurpark och gamla byggnader från hela Sverige. Eller därför att man vill vandra omkring i parken Haga och se de tre koppartälten från 1700-talet.

Man kanske tycker att Stockholm är värt ett besök, eftersom staden ligger så vackert vid vattnet. Eller eftersom det är så fint att gå omkring på Söders höjder. Eller eftersom man kan ta Waxholmsbåtarna ut till öarna i Stockholms skärgård.

varför	*warum*
huvud|stad, -staden, städer	*Hauptstadt*
störst (*Superl. zu* stor) [stœʂt]	*größte*
stad, staden, städer	*Stadt*
eftersom [ˈɛftəʂɔm]	*weil*
regalskepp, -et, -	*Flaggschiff*
kantra (1)	*kentern*
sjunka (4)	*sinken*
jungfrutur, -en, -er	*Jungfernfahrt*
bärga (1) [ˈbærja]	*bergen*
1900-talskonst, -en	*Kunst des 20. Jhs.*
konst, -en, -er [kɔnst]	*Kunst*
riksdagshus, -et	*Reichstagsgebäude*
stadshus, -et	*Stadthaus* (Stockholms Rathaus)
kunglig	*königlich*
vaktparad, -en, -er [-paˈrɑːd]	*Wachtparade*

vandra (1)	*wandern*	djurpark, -en, -er [ˈjʉːrpark]	*Tiergarten, Zoo*
smal	*schmal, eng*	byggnad, -en, -er	*Gebäude*
gränd, -en, -er	*Gasse*	koppar, -(e)n [ˈkɔpar]	*Kupfer*
Gamlastan	*Stockholmer Altstadt*	tält, -et, -	*Zelt*
folkliv, -et	*Volksleben*	1700-tal, -et	*18. Jh.* (vgl. L9B)
restaurang, -en, -er	*Restaurant*	värd *(Adj.)* [væːɖ]	*wert*
fred, -en, -er	*Frieden*	Söder	*Stadtteil von Stockholm*
äldst (*Superlativ von* gammal)	*ältest*	båt, -en, -ar	*Boot*
friluftsmuse|um, -et, -er	*Freilichtmuseum*	skärgård, -en, -ar	*Schären*

13B Sprachgebrauch und Landeskunde

Eisenbahnfahren in Schweden

Vergessen Sie nicht, beim Fahrkartenkauf als erstes einen Nummernzettel für die Warteschlange zu ziehen. Wenn Sie an der Reihe sind, wird Ihre Wartenummer zusammen mit der Nummer des Schalters angezeigt.

Die verschiedenen Zugtypen:

X 2000 – ein besonderer Hochgeschwindigkeitszug, der auf den Strecken Stockholm–Malmö, Stockholm–Göteborg und Stockholm–Oslo verkehrt.
InterCity – führt spezielle Familienwagen für Familien mit Kindern, mit Spielecke etc. Im InterCity gibt es auch Abteile für Nichtraucher, die Tiere mitführen. Ansonsten müssen Tiere im Raucherwagen mitfahren. (Berücksichtigen Sie das bei der Sitzplatzbuchung.)
InterRegio und **Regionalbahn (regionaltåg)**
Bahnbus (tågbuss) – auf gewissen Zugstrecken, die manchmal mit Bussen bedient werden.
Nachtzug (nattåg) – führt oft auch Sitzwagen 2. Klasse. In Nachtzügen im Inlandverkehr darf man keine Tiere im Schlafabteil mitführen.

Es gibt große Preisunterschiede und verschiedene Rabattklassen, je nach Zugtyp, Ermäßigungskarten und Abfahrtszeit. Danach erkundigen Sie sich am besten im Reisebüro oder auf den Bahnhöfen.

Nützliche Wörter:

spår, -et	*Gleis*	försening, -en	*Verspätung*
perrong, -en	*Bahnsteig*	konduktör, -en	*Schaffner*
könum|mer, -ret	*Wartenummer*	väntsal, -en	*Wartesaal*
avgång/avgående	*Abfahrt*	förvaringsbox, -en	*Schließfach*
ankomst/ankommande	*Ankunft*		

13C Grammatik

1. Bewegliche Adverbien – vandrande adverb

Eine Anzahl schwedischer Adverbien verändern ihren Platz in Beziehung auf das finite Verb, je nachdem, ob es sich um einen Nebensatz oder um einen Hauptsatz handelt. Diese Adverbien beinhalten oft eine Beurteilung des ganzen Satzes – Verneinung, Vermutung, Wahrscheinlichkeit etc. – daher nennt man sie auch Satzadverbien.

Im Hauptsatz mit normaler Wortfolge stehen die beweglichen Adverbien hinter dem finiten Verb (V1):

F	V1	S	vandrande adv.	V2	O/A
Jag	har	–	faktiskt	gjort	mina läxor.
Hon	ringde	–	inte.	–	–
De	kommer	–	kanske	–	till Lund.
Jag	vill	–	gärna	gå	på bio.
Vi	kan	–	säkert	låna	hans bil.

Diesen Platz im Satzgefüge behalten sie auch dann bei, wenn das Subjekt nicht im Fundament, sondern auf dem Subjektplatz steht:

F	V1	S	vandrande adv.	V2	O/A
	Vill	du	inte	göra	dina läxor?
I går	kunde	hon	inte	ringa.	–
Det	vet	du	kanske?	–	–
	Vill	du	hellre	gå	på bio?
Hans bil	kan	vi	säkert	låna.	–
I kväll	kan	vi	kanske	låna	hans bil.

Im Nebensatz steht das Adverb dagegen vor dem finiten Verb:

bisatsinledare	S	vandr. adv.	V1	V2	O/A
som	han	inte	hade	gjort.	
att	hon	bara	har	varit	på bio.
eftersom	Per	alltid	är	–	så trött.
om	de	kanske	kunde	komma	på lördag.
därför att	du	aldrig	kommer	–	för sent.

Diese Regel müssen sich Schwedischlernende gut einprägen, da hier viele Fehler gemacht werden. Als Eselsbrücke spricht man auch von der **BIFF-Regel**: **i bisats står inte före det finita verbet**! Wohlgemerkt, diese Regel gilt für alle beweglichen Adverbien, nicht nur für **inte**.

2. Die begründenden Konjunktionen därför att und eftersom

Auf die Frage **varför?** – *warum?* antwortet man in der gesprochenen Sprache wie im Deutschen oft nur mit einem Nebensatz, der mit **därför att** ... *weil* beginnt:

> Varför skulle jag köpa ett reslustkort?
> **Därför att** kortet berättigar till 25 procents rabatt.

In der Schriftsprache vermeidet man jedoch solche elliptischen Konstruktionen und verwendet lieber **eftersom** als begründende Konjunktion. Wenn der Nebensatz dem Hauptsatz vorangeht, verwendet man schriftsprachlich in jedem Falle **eftersom**:

> Man kan åka till Stockholm, **eftersom** man vill se Vasamuseet.
> **Eftersom** staden ligger så vackert, är den värd ett besök.

3. Zusammenziehung und Getrenntschreibung der verneinten Indefinitpronomina

ingen = inte någon
inget = inte något
inga = inte några

Die kürzeren, zusammengezogenen Formen **ingen, inget** und **inga** können nur in Hauptsätzen mit einfachen Verbformen (Präsens, Präteritum und Imperativ) vorkommen. In Hauptsätzen mit mehreren Verbformen und in allen Nebensätzen steht immer mindest eine Verbform zwischen den Satzadverbien und den Objekten. Deshalb können **inte ... någon, inte ... något** und **inte ... några** in diesen Fällen nicht zusammengezogen werden.

F	V1	S	vandrande adv.	V2	O/A
Jag	har	–	1) – 2) inte		1) ingen bil. 2) någon bil.
Nu	får	vi	1) – 2) inte		1) inget arbete. 2) något arbete
Han	har	–	inte	haft	någon bil.
Hon	vill	–	inte	köpa	något hus.
Vi	kan	–	inte	låna	några pengar.

bisatsinledare	S	SA	V1	V2	O/A
att	jag	inte	har		någon bil.
att	vi	inte	får		något arbete.
eftersom	han	inte	har	haft	någon bil.
om	hon	inte	vill	köpa	något hus.
därför att	vi	inte	kan	låna	några pengar.

4. Bestimmte und unbestimmte Form der Adjektive und Substantive: Sonderfälle

In den bisherigen Kapiteln haben wir gelernt, daß Adjektive in prädikativer Stellung in unbestimmter Form vor einem unbestimmten Substantiv stehen (en grön bil, ett grönt hus etc.), oder in bestimmter Form vor einem bestimmten Substantiv (den gröna bilen, det gröna huset). Nach gewissen Wörtern gibt es den dritten Fall, daß die bestimmte Form der Adjektive vor der unbestimmten Form der Substantive steht:

a) nach Genitivbestimmungen:

Det är min nya bil.
Han tycker om sin nya bil.
Det är Pers fina hus.
Det är Evas svarta hundar.

b) nach den Demonstrativpronomen **denna, detta, dessa** (vgl. 12C):

denna fina bil
detta fina hus
dessa fina bilar

c) nach **samma, nästa, följande, föregående**:

Lasse bor i samma röda hus som Maria.
Bergströms bor i nästa röda hus.
Följande dag reste de hem igen.
Jag instämmer med föregående talare.

Eine Ausnahme bildet das Adjektiv **egen, eget, egna** – *eigen*: es steht auch nach Possessivkonstruktionen in der unbestimmten Form:

Han tar sin egen bil.
Det är deras eget hus.
Vi odlar våra egna morötter i trädgården.

13D Übungen

1. *Svara på frågorna!*

a) Vad tänker Katarina göra över helgen? b) När tänker hon resa? c) Vad finns det för rabatter? d) Vilken rabatt kan Katarina få? e) Hur mycket kan hon därigenom spara? f) Gäller reslustkortet alla veckodagar? g) Vad måste man ofta köpa förutom *(außer)* tågbiljetten? h) Kan expediten ordna allt så som Katarina vill ha det? i) Vad finns på Moderna museet? j) När bärgades regalskeppet Vasa? k) Är det något särskilt med Skansen? l) Vad finns det att se där? m) Var ligger Skansen? n) Varför kallas Stockholm ibland för "Nordens Venedig"? o) Vad heter en av de mest kända restaurangerna i Gamla stan?

2. *Översätt till svenska!*

a) Einmal Stockholm hin und zurück, bitte. b) Wann wollten Sie fahren? c) Ich glaube, ich kaufe eine *Reiselustkarte*, weil ich keinen anderen Rabatt habe. d) Man kann die *Reiselustkarte* morgen leider nicht verwenden, weil sie freitags nicht gilt. e) Nächsten Samstag gelten die gleichen Preise. f) Weißt du, ob *(om)* sie am Samstag vielleicht kommen können? g) Das weiß ich nicht, weil ich sie nicht gesehen habe. h) Das ist sein neues Auto, das wir sicher leihen können. i) Dieser Zug ist um 20.34 Uhr in Stockholm. j) Der nächste Zug geht in einer halben Stunde. k) Ich komme mit dem gleichen Zug wie Per.

3. *Adjektivböjningen efter samma, denna/den här och possessiva pronomen. Översätt följande uttryck till svenska!*

Exempel: dieses rote Haus – detta röda hus/det här röda huset

a) dasselbe blaue Auge b) diese interessanten Vorlesungen c) unsere neuen Fenster d) euer alter Teppich e) dieselben grünen Äpfel f) diese langen Reisen g) dieselben kurzen Tage h) ihre (pl.) kaputten Autos i) mein kleines Kind j) seine schwedische Familie k) diese teuren Geschenke l) derselbe alte Film m) mein langer Urlaub n) dieses lange Jahr

4a. *Obestämd och bestämd form av adjektiv och substantiv. Översätt följande meningar till svenska (singular):*

a) Dein Haus ist klein. b) Das neue Haus ist klein. c) Das kleine neue Haus ist schön. d) Dieses *(detta)* schöne kleine Haus ist neu. e) Dieses *(det här)* schöne kleine Haus ist neu. f) Ein kleines schönes Haus ist neu. g) Dein eigenes kleines neues Haus ist schön. h) Dieses ist dein neues Haus. i) Ist es immer dasselbe alte Haus?

4b. *Översätt följande meningar till svenska (plural):*

a) Ihre Häuser sind klein. b) Die neuen Häuser sind klein. c) Die kleinen neuen Häuser sind schön. d) Diese *(dessa)* schönen kleinen Häuser sind neu.

e) Diese *(de här)* schönen kleinen Häuser sind neu. f) Zwei kleine schöne Häuser sind neu. g) Ihre eigenen kleinen neuen Häuser sind schön. h) Dies sind ihre neuen Häuser. i) Sind es immer dieselben alten Häuser?

5. *Skriv in passande satsadverbial i följande huvudsatser och bisatser.*

   Här följer några vandrande adverb att välja bland:

   inte, bara, också, gärna, tyvärr, naturligtvis, förstås, alltså, egentligen, i själva verket, praktiskt taget, verkligen, faktiskt, tydligen, åtminstone, dessutom, förresten, inte alls, inte ens, genast, snart, fortfarande, alltid, jämt, ofta, ibland, sällan, aldrig, redan, äntligen, knappast, kanske, nog, troligen, antagligen, förmodligen, väl, säkert, absolut, ju.

   Beispiel: Hon ringer nog, eftersom hon gärna vil åka hem.

   a) Hon ringer, eftersom hon vill åka hem nu. b) Vi reser till Göteborg, eftersom vi tänker gå på Liseberg och roa oss. c) Hon köper en tågbiljett, eftersom hon tycker om att åka tåg. d) Ni går på restaurang, eftersom ni tycker om att äta ute. e) Hon promenerar i Gamla stan, eftersom hon vill slippa biltrafiken. f) Eftersom vi tänker ge oss ut i skärgården, löser vi en biljett till Waxholmsbåtarna. g) Han tittar på regalskeppet Vasa, eftersom han är intresserad av gamla fartyg. h) Eftersom man måste ha en sittplatsbiljett, får man betala 30 kronor extra. i) Det tycks vara fullbokat, eftersom alla ska åka på semester.

6. *Das Schwedische bevorzugt im Gegensatz zum Deutschen die Wortfolge mit den adverbialen Bestimmungen des Raums vor den adverbialen Bestimmungen der Zeit. Übersetzen Sie bitte die folgenden Sätze ins Schwedische!*

   a) Ich fahre morgen nach Stockholm. b) Wir sind jetzt hier. c) Wir wandern den ganzen Tag im Park Haga herum. d) Wir können übers Wochenende zu den Inseln in den Stockholmer Schären fahren. e) Das Schiff kenterte und sank im Jahre 1628 in der Ostsee *(Östersjön)*. f) Wollen wir heute abend zu Katarina und Patrick gehen? g) Er wohnt zur Zeit bei seinen Eltern. h) Er fährt jeden Tag um halb neun von zu Hause weg. i) Sie sitzt die ganzen Abende allein zu Hause. j) Ich komme in ein paar Jahren wieder nach Schweden. k) Ich werde nach dem Gymnasium nach Australien ziehen. l) Ich habe fünf Stunden im Auto gesessen.

7. *Was paßt zusammen? Bilden Sie bitte Wortpaare und übersetzen Sie sie!*

a) tjuv och	tillbaka
b) ebb och	polis
c) dag och	dit
d) ut och	retur
e) damer och	där
f) från och	gamla

g) fram och	flod
h) tur och	till
i) kvinnor och	klave
j) unga och	barn
k) hit och	herrar
l) här och	in
m) krona och	natt

8. *Bilden Sie Sätze, in denen die Ausdrücke aus Übung 7 vorkommen!*

9. *Någon sitter redan på Katarinas plats. Skriv en dialog, där hon försöker få personen att lämna hennes plats. Nyttiga uttryck:* ledig *(frei)*, upptagen *(besetzt)*, konduktör, -en, -er *(Schaffner)*

10. *Du får besök från Sverige. Vad råder du dina gäster att titta på i din hemstad? Gör ett så omväxlande och trevligt veckoslutsprogram som möjligt för dina gäster!*

14A

14A Text

Vad är störst, bäst och vackrast i Sverige?

1) Öland är Sveriges näst största ö. Den tredje största ön ligger vid västkusten och heter Orust. Men vad heter den största ön?

2) Den sydligaste platsen i Sverige är Smygehuk i Skåne. Sveriges nordligaste punkt är Treriksröset. Vilka tre riken gränsar till varandra vid Treriksröset?

3) Det näst högsta berget i Sverige heter Sarektjåkka. Det högsta berget i Sverige når 2.111 meter över havsytan. Vilket berg är det?

4) Mälaren är Sveriges tredje största sjö. Vättern är ännu större än Mälaren. Men vilken sjö är allra störst?

5) Stockholm är Sveriges största stad. Malmö är den tredje största staden. Vilken stad är större än Malmö, men mindre än Stockholm?

6) Den kallaste månaden under året i Sverige är februari. Vilken månad är den varmaste?

7) Augusti brukar vara den regnigaste månaden. Under vilken månad brukar det vara som torrast?

8) Den kortaste sommaren har man vid Riksgränsen i norr. Där är sommaren bara 32 dagar. Men var har man den längsta vintern?

9) Några av de djur som löper störst risk att bli utrotade i Sverige är utter, varg, gråsäl, fjällgås, pilgrimsfalk och tofslärka. Vilket av de här djuren är allra sällsyntast?

10) Gotland är det tredje minsta landskapet. Blekinge är mindre än Gotland. Vad heter Sveriges minsta landskap?

11) Det bor ganska många människor i Skåne, men Västergötland har fler invånare än Skåne. Vilket landskap har flest invånare?

12) Vad kallas den vackraste flickan i Sverige?

13) Vilket är det viktigaste telefonnumret i Sverige?

14) Var är det ljusast i Sverige under sommaren?

15) Var finns de äldsta inskrifterna i Sverige?

16) Norr om Norrköping ligger en av Europas största djurparker. Där finns en vidsträckt safaripark, som man kan åka igenom med buss eller egen bil. Där finns bl. a. älgar, sebror, giraffer, tigrar och lejon. Men vad heter djurparken?

(De flesta uppgifterna är hämtade ur *Sverigefakta*)

Svar:

1) Gotland 2) Norge, Sverige och Finland 3) Kebnekaise 4) Vänern 5) Göteborg 6) juli 7) mars 8) Det har man också vid riksgränsen. Där varar vintern i 207 dagar. 9) Vargen är sällsyntast. 1994 räknade man med att det fanns 20–25 vargar i landet. 10) Öland 11) Uppland 12) Fröken Sverige 13) Det är nog larmnumret 112 till ambulans och brandkår. 14) Det är ljusast norr om polcirkeln. Där är solen uppe hela dygnet. Ju längre norrut, desto fler dygn med midnattssol. I Abisko har man midnattssol från 12/6 till 4/7 och vid Riksgränsen från 26/5 till 18/7. 15) De finns på runstenarna. Den längsta runinskriften finns på Rökstenen vid Vättern. 16) Kolmården

störst (*Superl. von* stor)	*am größten*
näst- *(Adv.)*	*nächst-, zweit-*
västkust, -en, -er	*Westküste*
sydlig	*südlich*
plats, -en, -er	*Ort, Platz*
nordlig	*nördlich*
punkt, -en, -er	*Punkt*
Treriksröset	*„Dreireichsgrenzmal"*
röse, -t, -n	*Grenzmal; Steinhaufen*
rike, -t, -n	*Reich*
gränsa (1)	*grenzen*
Norge ['nɔrjə]	*Norwegen*
Finland	*Finnland*
hög	*hoch*
berg, -et, - [bærj]	*Berg*
havsyt|a, -an, -or	*Meeresspiegel*
sjö, -n, -ar [ɧøː]	*(Binnen)See*
allra *(Adv.)*	*aller-*
större (*Komp. von* stor)	*größer*
mindre (*Komp. von* liten)	*kleiner*
månad, -en, -er	*Monat*
varm	*warm*
regnig [ˇrɛŋni(g)]	*regnerisch*
torr	*trocken*
kort [kɔrʈ]	*kurz*
gräns, -en, -er	*Grenze*
norr (om)	*nördlich (von)*
längst (*Superl. von* lång)	*längst*
vint|er, -ern, -rar	*Winter*
löpa (2b)	*laufen*
löpa risk (2b)	*Gefahr laufen*
risk, -en, -er	*Risiko, Gefahr*
utrotad (*Part. Perf. von* utrota 1)	*ausgerottet*
utt|er, -ern, -rar	*Otter*
varg, -en, -ar [varj]	*Wolf*
gråsäl, -en, -ar	*Graurobbe*
fjäll|gås, -gåsen, -gäss	*Wildgansart*
pilgrimsfalk, -en, -ar	*Wanderfalke*
tofslärk|a, -an, -or	*Haubenlerche*
sällsynt *(Adj.)*	*selten*
räkna (1)	*rechnen*
minst (*Superl. von* liten)	*kleinst*
landskap, -et, -	*Landschaft*
invånare, -n, -	*Einwohner*
flest (*Superl. von* många)	*am meisten*
kallas (*Passiv von* kalla, 1)	*genannt werden*
frök|en, -en, -nar	*Fräulein*
viktig	*wichtig*
larmnum|mer, -ret, -mer	*Alarmnummer, Notruf*
ambulans, -en, -er [ambu'lans]	*Krankenwagen*
brandkår, -en, -er	*Feuerwehr*
polcirk|el, -eln, -lar	*Polarkreis*
uppe	*auf*
dygn, -et, - [dyŋn]	*Tag und Nacht*
längre (*Komp. von* lång)	*länger*
midnattssol, -en	*Mitternachtssonne*
äldsta (*Superl. von* gammal)	*ältest/e/r*
inskrift, -en, -er	*Inschrift*
runsten, -en, -ar	*Runenstein*
run|a, -an, -or	*Rune*
vidsträckt (*Part. Perf. von* sträcka 2b)	*weit, ausgedehnt*
safaripark, -en, -er	*Safaripark*
buss, -en, -ar	*Bus*
bl. a. (bland annat)	*u. a.*
älg, -en, -ar [ɛlj]	*Elch*
sebr|a, -an, -or	*Zebra*
giraff, -en, -er [ɧi'raf]	*Giraffe*
tig|er, -ern, -rar ['tiːgər]	*Tiger*
lejon, -et, -	*Löwe*

14B Sprachgebrauch und Landeskunde

Schweden bedeckt eine Fläche von ca. 450 000 km² und ist damit rund 20% größer als Deutschland. Es besteht aus den drei großen Landesteilen **Götaland** (Südschweden), **Svealand** (Mittelschweden) und **Norrland** (Nordschweden). Von dieser Grobeinteilung abgesehen, gliedert sich das Land in 25 **landskap** *(Landschaften)*, mit je eigenen Wahrzeichen und Traditionen: Trachten, Landschaftsliedern, -blumen und -tieren etc. Viele Schweden identifizieren sich stark mit diesen Landschaften. Man empfindet sich z. B. als „småländning“, „skåning“ oder „värmländning“ und schreibt auch den Einwohnern der verschiedenen Landschaften (und der zwei größten Städte Stockholm und Göteborg) verschiedene Eigenschaften zu.

Götaland	**Svealand**	**Norrland**
Skåne	Södermanland	Gästrikland
Blekinge	Närke	Hälsingland
Halland	Värmland	Härjedalen
Småland	Västmanland	Medelpad
Västergötland	Uppland	Jämtland
Östergötland	Dalarna	Ångermanland
Bohuslän		Västerbotten
Dalsland		Lappland
Öland		Norrbotten
Gotland		

Früher einmal hatten die Landschaften eine administrative und politische Bedeutung. Heutzutage fallen die Landschaftsgrenzen jedoch nicht immer mit denen der schwedischen Verwaltungsprovinzen **(län)** zusammen.

14C Grammatik

1. Steigerung der Adjektive

a) Regelmäßig: Komparativ und Superlativ werden durch Anhängen der Endungen **-are** bzw. **-ast** gebildet. Adjektive, die auf unbetontes -el, -en, -er enden, verlieren das e vor der Komparativ- und Superlativendung:

Positiv	*Komparativ*	*Superlativ*
ful	ful**are**	ful**ast**
vacker	vackr**are**	vackr**ast**
varm	varm**are**	varm**ast**
dyr	dyr**are**	dyr**ast**
billig	billig**are**	billig**ast**
lätt	lätt**are**	lätt**ast**
svår	svår**are**	svår**ast**
enkel	enkl**are**	enkl**ast**
galen	galn**are**	galn**ast**

b) Einige Adjektive haben Umlaut in den Steigerungsformen und hängen nur **re-** und **-st** an:

Positiv	*Komparativ*	*Superlativ*	
stor	stör**re**	stör**st**	*groß*
grov	gröv**re**	gröv**st**	*grob*
hög	hög**re**	hög**st**	*hoch*
lång	läng**re**	läng**st**	*lang*
låg	läg**re**	läg**st**	*niedrig*
ung	yng**re**	yng**st**	*jung*
tung	tyng**re**	tyng**st**	*schwer*
få	fär**re**		*wenig(e)*

c) Folgende Adjektive werden unregelmäßig gesteigert:

Positiv	*Komparativ*	*Superlativ*	
gammal	äldre	äldst	*alt*
många	fler/a	flest	*viele*
mycket	mer/a	mest	*viel*
liten	mindre	minst	*klein*
dålig	{ sämre	{ sämst	*schlecht*
	{ värre	{ värst	*schlimm*
god/bra	{ bättre	{ bäst	*gut*
	{ godare	{ godast	

Anmerkung:

godare, godast werden nur im Zusammenhang mit Geschmackseindrücken verwendet:

Det här vinet är **godare** än det där.
aber: Vitt vin passar **bättre** till fisk än rödvin.

sämre, sämst = weniger von einer guten Eigenschaft,
värre, värst = mehr von einer schlechten Eigenschaft:

Han har ett **dåligt** betyg, men hon har ett **sämre**.
Kriminaliteten är **värre** i städerna än på landsbygden.

d) Adjektive auf **isk**, sowie die Präsens- und Perfektpartizipien auf **-ande, -ende** und **-ad** werden mit **mer/a** und **mest** gesteigert:

praktisk – mer/a praktisk – mest praktisk
strålande – mer/a strålande – mest strålande
förstående – mer/a förstående – mest förstående
interesserad – mer/a interesserad – mest interesserad

2. Vergleich

a) Das Vergleichswort beim Komparativ ist **än** – *als*:

Han är större **än** jag.
Det här brödet är billigare **än** det där.
En fågel i handen är bättre **än** tio i skogen.

b) Das Vergleichswort beim Positiv ist **som** – *wie*:

Han är lika stor **som** jag. *gleich ... wie*
Hon kör lika fort **som** han.

c) *noch größer* – **ännu större**
immer größer – **allt större** oder **större och större**

3. Steigerung der Adverbien

a) Von Adjektiven abgeleitete Adverbien haben die gleichen Komparativ- und Superlativformen wie die Adjektive:

Han talar **långsamt/långsammare/långsammast**.

b) Auch einige andere Adverbien können gesteigert werden:

Positiv	*Komparativ*	*Superlativ*	
bra	bättre	bäst	*gut*
väl	bättre	bäst	*gut; wohl, genau*
fort	fortare	fortast	*schnell*
gärna	hellre	helst	*gerne*
illa	sämre	sämst	*schlecht*
illa	värre	värst	*schlimm*
mycket	mer/a	mest	*viel*
nära	närmare	närmast	*nah*
ofta	oftare	oftast	*oft*

14D Übungen

1. *Welche Eigenschaften werden den Tieren zugeschrieben? Kombinieren Sie die Adjektive links mit den Vergleichen rechts!*

a) arg	som en myra
b) flitig	som en varg
c) hungrig	som en hare
d) listig	som ett lamm
e) stark	som en uggla
f) modig	som en mus
g) hal	som en hund
h) fattig	som en björn
i) liten	som ett bi
j) envis	som ett lejon
k) klok	som en gris
l) rädd	som en räv
m) smutsig	som en ål
n) glad	som en åsna
o) trogen	som en lärka
p) from	som en kyrkråtta

2. *Schreiben Sie die Komparativformen der Adjektive in Klammern!*

a) Järn är ... än bomull. (tung) b) Sommaren är ... än vintern. (varm) c) Vintern är ... än sommaren. (kall) d) I Sverige är betyget 1 ... än betyget 5. (dålig) e) Lördagar är ... än måndagar. (bra) f) Barn är ... än vuxna. (liten) g) Sverige är ... än Tyskland. (stor) h) Norrmännen är ... än svenskarna. (få) i) Tyskarna är ... än svenskarna. (många) j) Kriminaliteten är ... i storstäderna än på landet. (dålig) k) Mount Everest är ... än Kebnekaise. (hög) l) Paul är ... än Emma. (gammal) m) Hundra är ... än femtio. (mycket)

3. *Schreiben Sie die unbestimmten Superlativformen der Adjektive in Klammern!*

a) Jag tycker ... om pannkakor med hallonsylt. (bra)
b) Anders är ... av alla i klassen. (lång)
c) Eva är ... av alla flickorna. (trevlig)
d) Vad väger ..., ett kilo bomull eller ett kilo järn? (liten)
e) Trafikproblemen är ... i Stockholm. (stor)
f) Vilken klänning kostar ...? (mycket)
g) Du var ... på provet i dag. (dålig)

4. *Schreiben sie die bestimmten Superlativformen der Adjektive in Klammern!*

a) Per bor i det ... huset. (hög) b) Svens ... byxor är blå. (gammal) c) Tar du den ... klänningen på dig? (fin) d) De ... barn tycker om glass. (många) e) Vilken är världens ... mur? (lång) f) Vilken är den ... bok du läst? (bra) g) Köpte du de ... biljetterna? (billig)

5. *In Fragewortfragen mit Präposition steht die Präposition meist am Ende der Frage. Eine Wortfolge mit der Präposition vor dem Fragewort ist durchaus möglich, wird aber als sehr schriftsprachlich empfunden:*

   Mit wem (Pl.) warst du im Kino? – Vilka var du på bio med?
   – Med vilka var du på bio?

   Bilden Sie Fragen nach dem Muster:
   Jag ringde till Pernilla. Vem ringde du till?

   a) Jag ropar på de andra. b) Jag handlar mat till hela familjen. c) Jag tittar på varorna. d) Jag vaknar av klockradion. e) Jag somnar till vacker musik. f) Jag kör till mormor. g) Jag köper presenter till min lillebror. h) Jag ska hälsa från Katarina. i) Jag talar med dig. j) Jag läser i tidningen. k) Jag åker med bilen. l) Jag är intresserad av trädgårdsskötsel. m) Jag hälsar på vänner och släktingar. n) Jag lekte i sanden. o) Jag sätter mig hos Paul. p) Jag berättar en saga för honom. q) Jag går omkring i trädgården. r) De kommer med alla möjliga saker. s) Jag hör talas om Visby. t) Flickan är förälskad i kungen.

6. *Wiederholungsübung zu einigen Verben der 2. Konjugation, die ein wenig von der Hauptregel abweichen. Schreiben Sie die Präsens-, Präteritum-, Supinum- und Imperativformen der folgenden Verben auf! Geben Sie auch an, in welchen Formen die Verben abweichen und warum! (Siehe 8C)*

   a) köra b) sända c) gifta d) lära e) tåla f) använda g) känna h) hyra i) höra j) föra k) tända l) röra m) anlända n) hända o) tända p) lyfta q) förstöra r) beröra

7. *Utgå från text 14A och skriv så många liknande frågor som möjligt om Tyskland, Österrike, Schweiz. För gruppundervisning: Ställ sedan frågorna till varandra i gruppen, enskilt eller som en lagtävling.*

8. *Dialog. Varför ska man besöka din hemstad och inte din grannes? Välj olika städer. Försök finna så många och goda argument som möjligt för din stad. Försök sedan övertyga varandra om att den egna staden är mest värd ett besök. Vid självstudier: Gör reklam för din hemstad – vad är trevligast, bäst, vackrast i staden?*

15A Text

1 Fråga efter vägen

Katarina har varit i Stockholm förut, men det var för ganska länge sedan. Nu hittar hon inte riktigt, utan måste fråga några fotgängare om vägen:

Katarina: Förlåt mig, finns det någon post här i närheten?
En man: Oj, det vet jag inte. Jag hittar inte heller här.
Katarina: Tack i alla fall.

Katarina: Ursäkta, vet du var posten ligger?
En kvinna: Ja, om du går den här gatan rakt fram och sedan tar den andra tvärgatan till höger, så ligger posten där på höger sida.
Katarina: Först rakt fram och sedan andra tvärgatan till höger. Tack så mycket. Nu hittar jag säkert.

Katarina: Förlåt, jag letar efter hotell Horn. Det ska ligga på Södergatan.

En ung man: Södergatan känner jag till. Du får gå den här gatan rakt fram till trafikljusen. Där tar du till vänster. Efter ytterligare ett par kvarter ser du ett systembolag. Där tar du till höger. Sedan går du den gatan rakt fram en halv kilometer ungefär, tills du kommer till ett apotek. Där börjar Södergatan.

Katarina: Oj, oj, oj. Då tar jag nog hellre en taxi.

Mannen: Det finns en taxistation här precis runt hörnet.

Katarina: Tack ska du ha.

hitta (1)	*finden; den Weg finden, sich auskennen*
riktig	*richtig*
utan *(Konj.)*	*sondern*
fotgängare, -n, - [ˈfu:tjɛŋarə]	*Fußgänger*
förlåta (4) [fœ:ˈ[o:ta]	*entschuldigen, verzeihen*
post, -en	*Postamt*
i alla fall	*jedenfalls*
ursäkta (1) [ˈʉ:ʂɛkta]	*entschuldigen*
gat|a, -an, -or	*Straße*
rakt fram	*geradeaus*
andra	*zweite/r*
tvärgat|a, -an, -or	*Querstraße*
till höger	*(nach) rechts*
sid|a, -an, -or	*Seite*
hotell, -et, - [ho:ˈtɛl]	*Hotel*
känna till (2a) [çɛna ˈtil]	*kennen*
trafikljus, -et, - [traˈfi:kjʉ:s]	*Ampel*
till vänster	*nach links*
ytterligare	*ferner, weiter; noch*
kvarter, -et, - [kvaˈʈe:r]	*(Wohn-)Viertel, Häuserblock*
systembolag, -et, -	*Staatl. Monopolgeschäft f. Alkohol*
kilomet|er, -ern, -rar [çiluˈme:tər]	*Kilometer*
tills (= till dess)	*bis*
apotek, -et, - [apuˈte:k]	*Apotheke*
taxi, -n, -	*Taxi*
taxistation, -en, -er	*Taxistand*

2 På bilverkstaden

Jonas och Eva har tänkt bila upp till Värmland och stanna där ett par veckor kring midsommar. De har hyrt en liten stuga inte långt ifrån byn, där Mats och Mona bor. Jonas har mycket att göra, och därför har han bett Eva att åka in till bilverkstaden och lämna in bilen för översyn. Det finns en del fel på den, som man kanske måste åtgärda. Han har talat om för Eva, vad hon ska påpeka för bilmekanikern.

Mekanikern: Är det någonting särskilt, som jag ska titta på?

Eva: Ja, min man sa att ljuddämparen inte var riktigt bra.

Mekanikern: Ja, det hördes på lång väg. Jag ska se, om den går att laga. Det är kanske fel på hela avgassystemet.

Eva: Oj då. Det hoppas jag verkligen inte. Min man sa också att du skulle kolla kylarvattnet, oljan och lufttrycket i däcken.

Mekanikern: Det ska bli. Någonting mer?

Eva: Han undrade, om det kanske kunde vara något fel på kopplingen. Han tyckte att den verkade lite sliten. Och så sa han att du skulle ta och kontrollera bromsarna, när du ändå höll på.

Mekanikern: Vet du, jag tror att jag tar och går igenom hela bilen för säkerhets skull. Är det inte bäst?

Eva: Jo, det är nog lika bra det. Hur lång tid kommer det att ta?

Mekanikern: Du kan komma och hämta bilen igen efter klockan tre i morgon eftermiddag.

Eva: Bra. Vad kommer det att kosta?

Mekanikern: Det kan jag inte säga nu. Det beror på om vi måste byta ut någonting. I så fall kan det nog bli ganska dyrt.

Eva: Jaha. Ja, det är väl ingenting att göra åt. Vi behöver ju bilen. Hej då.

Mekanikern: Hej, hej.

bilverk|stad, -staden, -städer	*Autowerkstatt*
bila (1)	*Auto fahren*
kring *(Prep.)*	*um*
midsom|mar, -maren, -rar	*Mittsommer*
där *(Rel. Adv.)*	*wo*
lämna 'in (1)	*abgeben, abliefern*
översyn, -en, -er [ˇøːvəʂyːn]	*Überprüfung*
fel, -et, -	*Fehler, Mangel*
åtgärda (1) [ˇoːtjæːɖa]	*Maßnahmen treffen*
påpeka (1)	*auf etw. hinweisen*
bilmekaniker, -n, -	*Automechaniker*
ljuddämpare, -n, -	*Schalldämpfer*
höras (*Dep.*, 2a)	*gehört werden*
laga (1)	*reparieren*
avgassystem, -et, -	*Auspuffsystem*
hoppas (*Dep.*, 1)	*hoffen*
kolla (1)	*kontrollieren*
kylarvatt|en, -net [ˇçyːlarvatən]	*Kühlwasser*
olj|a, -an, -or	*Öl*
lufttryck, -et, -	*Luftdruck*
däck, -et, -	*Reifen*
undra (1)	*wissen wollen*
koppling, -en, -ar	*Kupplung*
sliten (*Part. Perf. von* slita, 4)	*abgenutzt*
ta och ...	*(wird nicht übersetzt)*
kontrollera (1) [kɔntrɔˈleːra]	*kontrollieren, überprüfen*
broms, -en, -ar	*Bremse*
ändå	*ohnehin*
hålla på (4) [hɔla ˈpoː]	*dabei sein etwas zu tun*
igenom [iˈjeːnɔm]	*durch*
lika	*gleich*
bero på (3) [bəˈruː ˈpoː]	*ankommen auf*
byta ut (2b) [byːta ˈʉːt]	*auswechseln*
i så fall	*in diesem Fall; dann*
dyr	*teuer*
inte göra något åt (5) [jœːra noːgɔt ˈoːt]	*nichts dazu tun*

15B Sprachgebrauch und Landeskunde

Rund ums Auto

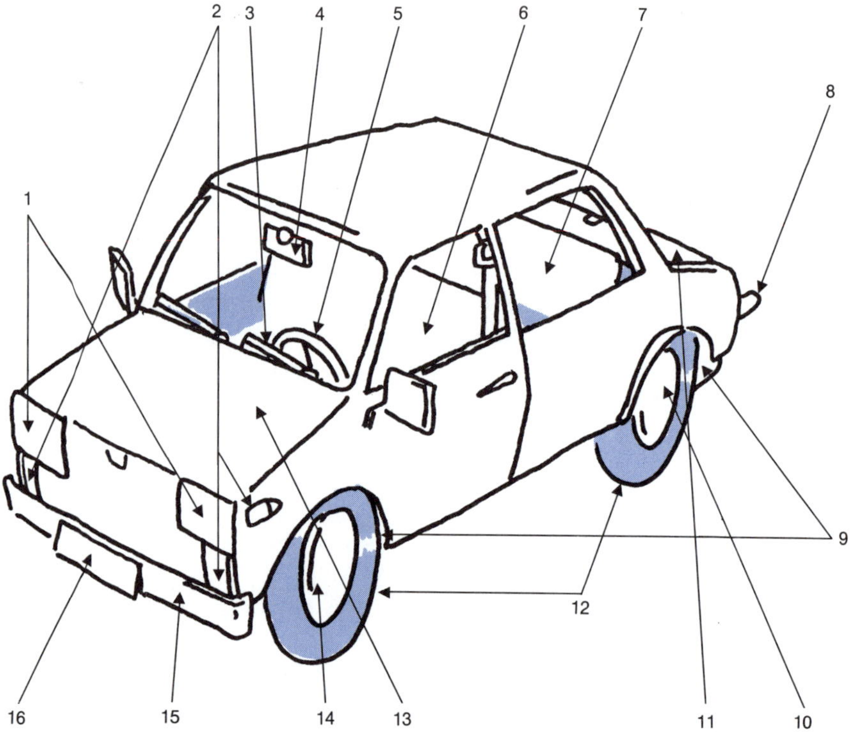

1 – strålkastare, -n, -

2 – blinkljus, -et, -

3 – vindrutetorkare, -n, -

4 – backspeg|el, -eln, -lar

5 – ratt, -en, -ar

6 – framsäte, -t, -n

7 – baksäte, -t, -n

8 – avgasrör, -et, -

9 – stänkskärm, -en, -ar

10 – bakhjul, -et, -

11 – bagagelucka, -n

12 – däck, -et, -

13 – motorhuv, -en, -ar

14 – framhjul, -et, -

15 – stötfångare, -n, -

16 – nummerplåt, -en, -ar

15C Grammatik

1. Indirekte Rede

Im Schwedischen gibt es keinen Konjunktiv in der indirekten Rede. Bei Aussagen verwendet man **att** – *daß*, bei Fragen **om** – *ob*.

Vi tar bilen. – Vi bestämmer **att vi tar bilen**.
Jag var i Malmö i går. – Han sa **att han var i Malmö i går**.
Kommer du med? – Hon frågar, **om han kommer med**.
Har ni gjort era läxor? – Hon undrar, **om vi har gjort våra läxor**.
Jag har gjort mina läxor. – Han säger **att han har gjort sina läxor**.
Min mamma bor där. – Hon säger **att hennes mamma bor där**.
Är du inte klar snart? – Hon undrar, **om jag inte är klar snart**.
Det är ingenting att göra åt. – Hon säger **att det inte är någonting att göra åt**.

2. Tempuskongruenz

Die schwedischen Verbtempora gliedern sich in zwei Zeitebenen: eine Gegenwartsebene mit Perfekt, Präsens und Futur, und eine Vergangenheitsebene mit Plusquamperfekt, Präteritum und Futur 2 (Futur des Präteritums). Tempuskongruenz bedeutet, daß man innerhalb eines Satzes (oder auch eines Abschnitts) sehr ungerne zwischen diesen Ebenen wechselt und zur Bezeichnung von Vorzeitigkeit, Gleichzeitigkeit bzw. Nachzeitigkeit die zur Verfügung stehenden Tempora der jeweiligen Ebene verwendet.

a) Gegenwartsebene:

Jag undrar, om hon redan har kommit hem.	(vorzeitig)
Jag undrar, om det är hon, som kommer där.	(gleichzeitig)
Jag undrar, om hon tänker komma hem i kväll.	(nachzeitig)

b) Vergangenheitsebene:

Jag undrade, om hon redan hade kommit hem.	(vorzeitig)
Jag undrade, om det var hon, som kom där.	(gleichzeitig)
Jag undrade, om hon skulle komma hem på kvällen.	(nachzeitig)

15D Übungen

1. *Svara på frågorna*

a) Vart vill Katarina först? b) Varför hittar hon inte? c) Hur gör Katarina för att hitta till Södergatan? d) Vad letar hon efter där? e) Hur tänker Bergmans komma upp till Värmland? f) Vad ska de göra där? g) Vad är problemet? h) Vad gör de alltså? i) Vad är det för fel på bilen? j) Vad ska man kolla, innan man gör en längre resa med bilen? k) Vad tycker Jonas om kopplingen i sin bil? l) Vad vill han att mekanikern dessutom ska kolla? m) Kan Eva genast köra hem igen? n) Vad beror det på, hur mycket översynen kommer att kosta?

2. *Översätt*

a) Entschuldigung, wo ist die nächste Post? b) Ich kenne mich hier nicht aus. c) Gleich um die Ecke ist eine Bäckerei. d) Ich suche das Alkoholgeschäft. e) Gehen Sie diese Straße geradeaus und an der nächsten Ecke nach links. f) Gibt es hier in der Nähe ein Hotel? g) Ja, auf der Södergata ist das Hotel Horn. h) Wie komme ich dahin? i) An der Ampel biegen Sie nach rechts ab. Nach einem Häuserblock sehen Sie das Hotel. j) Ich glaube, ich nehme lieber den Bus. k) Gehen Sie an der dritten Querstraße nach rechts, dort ist eine Haltestelle. l) Kannst du den Wagen zur Überholung bringen? m) Ich glaube, die Kupplung ist ein bißchen verschlissen. n) Er sagte, daß Sie auch die Bremsen nachprüfen sollen. o) Er fragte sich, ob sie nach dem Kühlwasser geschaut hatte. p) Man konnte hören, daß der Schalldämpfer nicht ganz in Ordnung war. q) Ich hoffe wirklich, daß es nicht so teuer wird. r) Es kommt darauf an, ob wir die Bremsen austauschen müssen.

3. *Ändern Sie die direkte Rede in die indirekte:*

Beispiel: Eva säger: Lund är en liten stad.
Eva säger att Lund är en liten stad.

a) Uno skriver: Kursen är svår.
b) Ida tycker: Pojken är trevlig.
c) Hon säger: Min bil är bra.
d) Vi säger: Vi har trevliga kamrater.
e) De tycker: Vädret är fint.
f) Eva säger: Jag är trött.
g) Åke skriver: Jag studerar franska.
h) Uno tycker: Flickan är vacker.
i) De säger: Vi är trötta.
j) Åke säger: Min bil är ny.
k) Pojkarna säger: Våra böcker är nya.
l) Ni säger: Våra stolar är gröna.

m) Eva skriver: Min mamma är sjuk.
n) De säger: Vårt hus är nytt.
o) Hon säger: Jag är sjuk.
p) Flickan tycker: Min nya bok är inte rolig.
q) Flickorna tycker: Det är kul att gå på bio.
r) Maria anser: Det är intressant att studera svenska.
s) Pelle påstår: Det är inte billigt i Tyskland.
t) Markus utropar: Jag tycker att kriminalromaner är spännande!
u) Pernilla anser: Bilen är inte särskilt dyr.
v) Peter säger: Det finns inget intressant på teve.
x) Marianne säger: Jag har inga pengar kvar.
y) Anders säger: Jag har aldrig några pengar.
z) Evy säger: Jag läser alltid romaner på kvällarna.

4. *Repetition av de oregelbundna verben* göra, lägga, säga, sälja, sätta, veta *och* vilja. *Översätt meningarna till svenska!*

a) Legtest du die Ansichtskarte auf den Tisch? b) Nein, ich habe sie nicht auf den Tisch gelegt. c) Verkauftest du den Wagen? d) Ja, ich habe ihn gerade verkauft. e) Wolltest du nicht den Film sehen? f) Nein, das habe ich nie gewollt! g) Setzte er sich auf die Parkbank? h) Nein, er hat sich noch nicht (hin)gesetzt. i) Wußtest du, daß er Tennis spielt? j) Ja, das habe ich immer gewußt. k) Was machtest du eigentlich gestern? l) Was hast du heute gemacht? m) Sagtest du, daß er angerufen hatte? n) Ich glaube, daß ich es gesagt habe.

5. *Läsförståelseövning. Vilket djur gör vad?*

a) katten	sjunger, kvittrar eller flyger
b) hunden	jamar, spinner eller skjuter rygg
c) hästen	kacklar och lägger ägg
d) kon	simmar i vattnet och andas med gälar
e) fågeln	skäller, morrar eller viftar på svansen
f) björnen	råmar i ladugården, idisslar och ger mjölk
g) vargen	grymtar och bökar i jorden med trynet
h) fisken	brummar och går i ide på vintern
i) tuppen	springer ensam i skogen eller ylar mot månen
j) hönan	bräker, ger ull och betar gräs på ängen
k) grisen	gal: Kuckeliku! Klockan är sju!
l) fåret	gnäggar, skrittar, travar och galopperar

6. *Pildialog: Vägbeskrivning. A har fått fel på bilen och måste uppsöka en verkstad. Han frågar B om vägen. Gör en dialog enligt anvisningarna!*

Nya ord: störa (2a) *stören,* trakt, -en, -er *Gegend,* uttrycka (2b) *ausdrücken,* medkänsl|a, -an, -or *Mitgefühl*

A	B
Hälsa.	
	Hälsa.
Be om ursäkt för att du stör. Säg att du har fått fel på bilen.	
	Uttryck medkänsla.
Fråga om B känner till trakten.	
	Svara jakande *(bejahend)*.
Fråga om det finns någon verkstad i närheten.	
	Svara jakande.
Fråga hur långt det är till verkstaden.	
	Svara.
Fråga hur man tar sig dit.	
	Beskriv vägen.
Upprepa *(wiederholen)* vägbeskrivningen.	
	Önska A lycka till.
Tacka för hjälpen och ta adjö.	
	Svara att det inte var något att tacka för och ta sedan adjö.

7. *Pildialog: På bilverkstaden. A är kund och B är bilmekaniker.*

Nya ord: medan *während,* kafé, -(e)t, -er *Café,* konditori, -et, -er *Konditorei,* skyldig *schuldig,* förvåning, -en *Erstaunen,* svävande *schwebend, unbestimmt*

A	B
Hälsa. Säg att din bil har gått sönder.	
	Hälsa. Fråga vad det är för fel.
Svara att du tror att det är något fel på ...	
	Säg att du ska titta efter.
Fråga hur lång tid det kommer att ta.	
	Svara.
Fråga vad det kommer att kosta.	
	Svara svävande.
Fråga om det finns någonstans där du kan dricka kaffe, medan du väntar på att bilen ska bli färdig.	
	Svara och beskriv vägen till kafét/konditoriet/restaurangen.
Säg adjö.	
	Adjö.

– En stund senare. –

A	B
Hälsa. Fråga om bilen är färdig.	
	Svara jakande.
Fråga vad det var som var sönder.	
	Svara.
Fråga hur mycket du är skyldig.	
	Svara.
Uttryck förvåning över summan. Fråga om det verkligen stämmer.	
	Svara jakande och förklara varför.
Betala.	
	Tacka, önska en lycklig resa, säg adjö.
Tacka också och säg adjö.	

8. *Vägbeskrivning*

Förklara för din granne hur man tar sig från utgångspunkten (x) till Hotell Borg. *Använd* till höger, till vänster, rakt fram.

Einige nützliche Vokabeln:

övergångsställe, -t, -n	*Fußgängerüberweg*
stoppskylt, -en, -ar	*Stoppschild*
park, -en, -er	*Park*
mack, -en, -ar	*Tankstelle*
(gatu)korsning, -en, -ar	*(Straßen-)Kreuzung*

16A Text

Hos doktorn

Pernilla hade mått dåligt i flera dagar. Först trodde hon att det bara var en vanlig förkylning, som skulle gå över om hon vilade sig, drack te med honung och åt extra mycket C-vitaminer. Men när inga huskurer hjälpte och hon bara mådde sämre och sämre, ringde hon och beställde tid hos sin husläkare. Hon fick en tid klockan tre på eftermiddagen samma dag.

Hos husläkaren gick hon först till anmälningsdisken, lämnade fram sin patientbricka och betalade patientavgiften. Sedan satte hon sig i väntrummet. Där satt några till, som heller inte verkade må särskilt bra. Det var visserligen sommar, men tydligen var det ändå förkylnings- och influensatider. Alla hostade, nös och snöt sig. ''Om jag inte var sjuk innan, så skulle jag väl bli det här'', tänkte Pernilla. Till slut blev det i alla fall hennes tur. Sköterskan kom och ropade upp henne, och Pernilla fick gå in i undersökningsrummet och vänta där. Efter ett par minuter kom läkaren.

Läkaren: Jaha, hur var det här då?
Pernilla: Jag mår inte alls bra. Jag har feber, 38 grader, lite ont i öronen och väldigt ont i halsen.
Läkaren: Hur länge har du varit sjuk?

16 A

Pernilla: Det började i förrgår, så det har hållit på i tre dagar snart.

Läkaren: Ja, då får vi ta och titta lite närmare på dig. Gapa, räck ut tungan och säg ahh!

Läkaren tittade i halsen och i öronen på Pernilla. Han kände på hennes lymfkörtlar och lyssnade på hennes lungor. Det visade sig att Pernilla hade halsfluss. Hon fick ett recept på penicillin, som hon skulle gå med till apoteket. Hon skulle äta penicillin i 10 dagar. Sedan skulle hon förhoppningsvis vara frisk igen.

Pernilla: Det var ju skönt att det inte var någonting värre. Nu hinner jag säkert bli frisk till i morgon, när jag ska gå på teatern och se Cullbergbaletten.

Läkaren: Det vill jag bestämt avråda ifrån. I ditt tillstånd är det mindre lämpligt med teaterbesök. Halsfluss kan ge en hel del följdsjukdomar, om man inte sköter sig ordentligt. Stanna du hemma i sängen i stället!

Pernilla: Fy sjutton! Jag som hade glatt mig så åt föreställningen! Varför ska just jag ha en sådan otur?

Läkaren: Åja, min unga dam, det finns faktiskt värre sjukdomar än halsfluss.

Pernilla: Ja, det gör väl det. Men just nu känner jag mig ganska eländig. Tack i alla fall. Adjö då.

Läkaren: Adjö, och krya på dig!

doktor, -n, -er	*Arzt, Doktor*
dålig	*schlecht*
förkylning, -en, -ar [fœːˈçylniŋ]	*Erkältung*
gå över (4) [goː ˈøːvər]	*vorübergehen*
vila sig (1)	*sich ausruhen*
honung, -en	*Honig*
extra	*extra*
C-vitamin, -en, -er	*Vitamin C*
huskur, -en, -er	*Hausmittel*
sämre (*Komp.* von dålig)	*schlechter*
beställa tid (2a)	*einen Termin vereinbaren*
husläkare, -n, -	*Hausarzt*
anmälningsdisk, -en, -er	*Anmeldetheke*
lämna fram (1) [lɛmna ˈfram]	*überreichen*
lämna (1)	*lassen; übergeben*
patientbrick|a, -an, -or [pa(t)siˈɛnt-]	*Patientenkarte*
betala (1)	*bezahlen*
patientavgift, -en, -er	*Patientengebühr*
väntrum, -met, -	*Wartezimmer*
tydligen (*Adv.*)	*anscheinend*
influens|a, -an, -or	*Grippe*
hosta (1) [ˈhusta]	*husten*
nysa, nös/nyste, nyst	*niesen*
snyta sig (4)	*die Nase putzen*
innan	*früher; bevor*
vara någons tur	*an der Reihe sein*
skötersk|a, -an, -or [ˈɧøːtəʂka]	*Krankenschwester*
ropa upp (1) [ruːpa ˈəp]	*aufrufen*
undersökningsrum, -met, - [ˈəndəʂøːkniŋsrəm]	*Untersuchungsraum*

feber, -n	*Fieber*
grad, -en, -er	*Grad*
ha ont [hɑː unt]	*Schmerzen haben*
öra, -t, öron	*Ohr*
väldig	*gewaltig, mächtig, sehr*
hals, -en, -ar	*Hals*
hålla på (4) [hɔla 'poː]	*dauern*
hålla (4)	*halten*
närmare (*Komp. von* nära)	*näher*
gapa (1) [ˈgɑːpa]	*den Mund aufmachen*
räcka (2b)	*reichen*
tung|a, -an, -or	*Zunge*
lymfkört|el, -eln, -lar [ˈlymfçøʈəl]	*Lymphdrüse*
lung|a, -an, -or	*Lunge*
halsfluss, -en	*Mandelentzündung*
recept, -et, - [reːˈsɛpt]	*Rezept*
penicillin, -et [pɛnisiˈliːn]	*Penicillin*
förhoppningsvis	*hoffentlich*
värre (*Komp. von* dålig)	*schlimmer*
teat|er, -ern, -rar [tɛˈɑːtər]	*Theater*
balett, -en, -er	*Ballett*
bestämt (*Adv. von* bestämd)	*bestimmt, resolut*
avråda (2a)	*abraten*
tillstånd, -et, -	*Zustand*
lämplig	*geeignet, passend*
följd, -en, -er	*Folge*
sjukdom, -en, -ar [ˈʉːkdɔm]	*Krankheit*
om *(Konj.)*	*wenn*
sköta (om) sig (2b)	*sich pflegen*
ordentlig [ɔˈɖɛntli(g)]	*ordentlich*
fy sjutton!	*pfui Teufel!*
glädja sig åt något (5)	*sich auf etwas freuen*
föreställning, -en, -ar	*Vorstellung*
otur, -en	*Unglück, Pech*
åja	*naja*
ung	*jung*
dam, -en, -er	*Dame*
faktiskt *(Adv.)*	*tatsächlich, faktisch*
eländig	*elend*
krya på sig (1)	*wieder gesund werden*
krya på dig!	*gute Besserung!*

16B Sprachgebrauch und Landeskunde

1. Körperteile – kroppsdelar

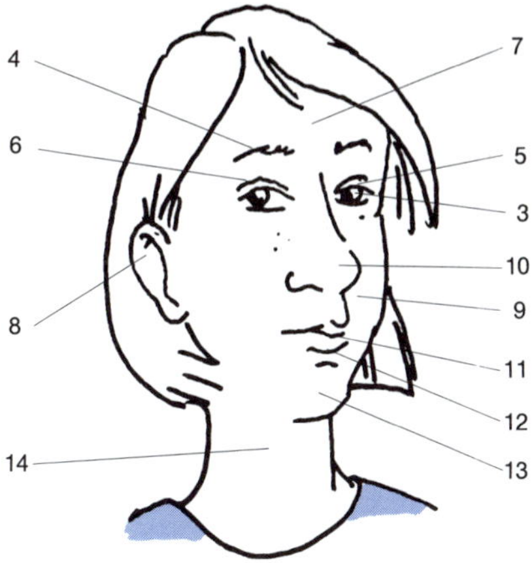

1) huvud, -et, - [ˈhʉvʉd] *Kopf*
2) ansikte, -t, -n [ˈansiktə] *Gesicht*
3) öga, -t, ögon [ˈøːga] *Auge*
4) ögonbryn, -et, - [ˈøːgɔnbryːn] *Augenbraue*
5) ögonfrans, -en, -ar [ˈøːgɔnfrans] *Wimper*
6) ögonlock, -et, - [ˈøːgɔnlɔk] *Augenlid*
7) pann|a, -an, -or [ˈpana] *Stirn*
8) öra, -t, öron [ˈœːra] *Ohr*
9) kind, -en, -er [çind] *Wange*
10) näs|a, -an, -or [ˈnɛːsa] *Nase*
11) mun, -nen, -nar [mɵn] *Mund*
12) läpp, -en, -ar [lɛp] *Lippe*
13) hak|a, -an, -or [ˈhɑːka] *Kinn*
14) hals, -en, -ar [hals] *Hals*

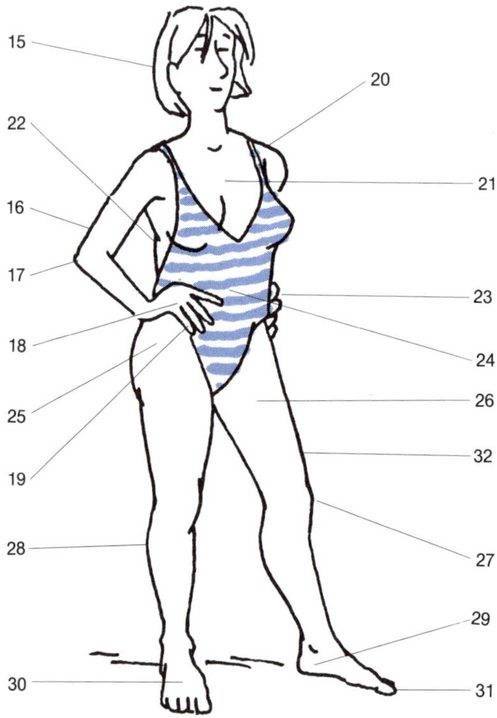

15) hår, -et, - [hoːr] *Haar*
16) arm, -en, -ar [arm] *Arm*
17) armbåg|e, -en, -ar [ˇarmboːgə] *Ellenbogen*
18) hand, -en, händer [hand] *Hand*
19) fing|er, -ret, -rar [fiŋər] *Finger*
20) ax|el, -eln, -lar [aksəl] *Schulter*
21) bröst, -et, - [brøst] *Brust*
22) rygg, -en, -ar [ryg] *Rücken*
23) midj|a, -an, -or [ˇmiːdja] *Taille*
24) mag|e, -en, -ar [ˇmɑːgə] *Magen*
25) stjärt, -en, -ar [ɧæʈ] *Hinterteil*
26) lår, -et, - [loːr] *Oberschenkel*
27) knä, -et, -n [knɛː] *Knie*
28) vad, -en, -er [vɑːd] *Wade*
29) häl, -en, -ar [hɛːl] *Ferse*
30) fot, -en, fötter [fuːt] *Fuß*
31) tå, -n, -r [toː] *Zehe*
32) ben, -et, - [beːn] *Bein*

2. Krankheiten und Beschwerden – sjukdomar och krämpor

Jag har ont i armen/foten/ryggen/magen/öronen ...
Jag har huvudvärk/tandvärk. *(Kopf-/Zahnschmerzen)*
Jag är förkyld. – *erkältet*
Jag har feber/frossa. – *Fieber/Schüttelfrost*
Jag har influensa/maginfluensa. – *Grippe/Darmgrippe*
Jag har öroninflammation/halsfluss. – *Ohren-/Mandelentzündung*
Jag är deprimerad – *deprimiert*
Jag har brutit handen/armen/foten – *den Arm/das Bein/den Fuß gebrochen*
Jag har stukat handen ... – *die Hand ... verstaucht*
Axeln har gått ur led – *Die Schulter ist ausgerenkt.*

16C Grammatik

1. Nebensatzeinleitende Konjunktionen

Sie haben in den vergangenen Lektionen schon einige Nebensatzkonstruktionen kennengelernt (vgl. 12C2, 13C1). Hier folgt eine Übersicht der gewöhnlichsten Konjunktionen, die Nebensätze einleiten:

allgemein einleitend:	**att**	Jag tror **att** jag måste gå.	*daß*
zeitlich:	**när; då** **innan** **medan** **tills** **inte ... förrän**	De tackade för maten, **när/då** de var färdiga. Jag måste till affären, **innan** de stänger. Han sjunger alltid, **medan** han duschar. Jag väntar här, **tills** du är färdig. Jag går **inte, förrän** du är klar.	*als, wenn* *bevor* *während* *bis* *nicht ... bevor*
begründend:	**därför att** **eftersom**	Jag klarade mina läxor i dag, **därför att/eftersom** de inte var så svåra.	*weil*
relativ: *(Mit Relativpronomen und relativen Adverbien)*	**som** **(vilken,** **vilket,** **vilka)** **vilket** **vars** **där** **dit**	Per, **som** är sjuk, går till läkaren. (Hunden, **som/vilken** ... Huset, **som/vilket** ... Barnen, **som/vilka** ...) Per är sjuk, **vilket** är synd. Barnen, **vars** föräldrar sover, leker ute. Jag går till torget, **där** marknaden är. Här är parken, **dit** vi alltid gick förr.	*der* *(der,* *das,* *die)* *was* *deren* *wo* *wohin*

allgemein einleitend:	**att**	Jag tror **att** jag måste gå.	*daß*
indirekt fragend: *Fragewörter:*	**om** **vad** **vart** **varför** **när** **vem** **varifrån** **hur**	Jag undrar **om** du kanske kan hjälpa mig. Han undrar **vad** hon heter. Hon frågar **vart** vi ska resa. De vill veta **varför** vi inte gick ut. Tala om **när** du kommer. Vet du **vem** som uppfann telefonen? Jag vet inte **varifrån** vinet kommer. De undrar **hur** mycket klockan är.	*ob* *wie* *wohin* *warum* *wann* *wer/n/m* *woher* *wie*
bedingend:	**om**	Jag följer med, **om** jag får tid.	*falls, wenn*
einräumend:	**fastän** **trots att**	Per idrottar, **fastän** han är sjuk. Jonas äter, **trots att** han är mätt.	*obwohl* *obwohl*
den Zweck angebend:	**för att**	Han satte in en annons **för att** hyra en sommarstuga.	*um ... zu*
die Folge angebend:	**så att**	Han åt for mycket choklad, **så att** han blev ganska tjock.	*so daß*

Beachten Sie die Stellung der Satzadverbien im Nebensatz (BIFF-Regel, vgl. 12C2). Wie im Deutschen ändert sich die Wortfolge im Hauptsatz, wenn der Nebensatz vorangeht *(Inversion)*:

Jag går, om han kommer. – *Ich gehe, wenn er kommt.* (HS + NS)
Om han kommer, **går jag**. – *Wenn er kommt, gehe ich.* (NS + HS)

2. Konjunktionen, die Sätze derselben Art verbinden:

Folgende Konjunktionen verbinden immer Satzteile und Sätze derselben Art (entweder zwei Hauptsätze oder zwei Nebensätze):

och	*und*
samt	*und, sowie* (formal)
men	*aber*
eller	*oder*
utan	*sondern*
för	*denn*
ty	*denn* (formal)
både ... och	*sowohl ... als auch*
antingen ... eller	*entweder ... oder*
varken ... eller	*weder ... noch*

16D Übungen

1. *Svara på frågorna:*

a) Hur mådde Pernilla? b) Hur hade hon försökt kurera sin förkylning? c) Varför ringde hon till husläkaren? d) Varför hjälpte inte hennes huskurer? e) Vad tror man ibland, när man kommer in i väntrummet hos en läkare? f) Vilka var Pernillas symptom? g) Vad kollade doktorn? h) Vad skrev han sedan ut? i) Varför måste man vara försiktig med halsfluss? j) Då blev Pernilla väl glad? k) Vad betalar man varje gång man går till läkaren?

2. *Översätt:*

a) Na, wie geht's uns denn heute? b) Ich fühle mich ziemlich schlecht und habe 39,7 °C Fieber. c) Ich glaube, daß ich heute nicht zur Arbeit gehen kann. d) Ich glaube nicht, daß ich heute zur Arbeit gehen kann. e) Ich habe starke Halsschmerzen. f) Ich bin eine Woche zu Hause geblieben, als ich eine Mandelentzündung hatte. g) Gute Besserung! h) Ich frage mich, warum sie heute nicht kommt. i) Sie kommt heute nicht, weil sie Kopfschmerzen hat. j) Weißt du, ob er heute abend zu Hause ist? k) Sie nahm nicht den Wagen, weil Per ihn hatte. l) Wir können nicht fahren, bevor er fertig ist.

3. *Finden Sie die passende Antwort zu der jeweiligen Frage:*

Fråga	Svar
a) – Gjorde det mycket ont?	– Jag har huvudvärk.
b) – Hur mår du?	– Jag skar mig i handen med en kniv.
c) – Vad är ditt problem?	– Tack, jag har det bara bra.
d) – Vad har hänt med din hand?	– Jag mår inte särskilt bra. Jag har influensa.
e) – Har du skadat dig i fingret?	– Det är inte så bra. Hon är mycket förkyld.
f) – Hur har du det?	– Nej, jag mår fortfarande ganska dåligt.
g) – Hur är det med Maria?	– Ja, jag vill gärna ha några tabletter mot värken.
h) – Har du väldigt ont?	– Nej, det var inte så farligt.
i) – Har du blivit frisk igen?	– Ja, jag har skurit mig i fingret.

4. *Sätt in* att *eller* om*:*

Indirekte Rede wird im Schwedischen mit att *(daß) eingeleitet, in Fragen mit* om *(ob). Setzen Sie das entsprechende Wort ein:*

a) Pernilla säger ... hon har ont i halsen. b) Läkaren vill veta, ... det gör ont, när hon äter. c) Pernilla svarar ... det gör ont. d) Läkaren ser efter ... hennes hals är röd. e) Läkaren frågar, ... Pernilla också har feber. f) Pernilla säger ... hon inte har tagit tempen (= temperaturen). g) Läkaren undrar, ... Pernilla har ont på några andra ställen. h) Pernilla säger ... hon har ont i huvudet också. i) Läkaren säger ... Pernilla har influensa och ... hon ska ta det lugnt ett par dagar. j) Pernilla frågar, ... hon inte ska ta någon medicin. k) Läkaren säger ... hon bara ska ta några huvudvärkstabletter.

5a. *Ge personerna ett gott råd!*
Jag tycker att du ska ...

Beispiel: Min axel gör hemskt ont och jag kan inte röra på armen.
– Jag tycker att du ska göra ett förband för armen och sedan åka till doktorn.

a) Jag är väldigt trött, har huvudvärk och orkar nästan ingenting. b) Jag nyser, näsan rinner, och jag hostar hela tiden. c) Jag har ont i magen och mår illa. d) Jag är så orolig och kan inte sova på nätterna. e) Jag har ont i huvudet. f) Jag fryser så förskräckligt. g) Jag har lite ont i öronen och väldigt ont i halsen. h) Jag kan inte stödja på foten, och den är väldigt svullen.

5b. *Vilka sjukdomar och krämpor lider personerna i 5a av? Nyttiga ord hittar du i 16B2.*
Jag tror att ...

6a. *Stellen Sie in folgenden Beispielen die Nebensätze den Hauptsätzen voran!*

Muster: Hon cyklar, när hon har tid. – När hon har tid, cyklar hon.

a) Hon går till doktorn, när hon är sjuk. b) Jag duschar, innan jag äter frukost. c) Hon läser tidningen, medan hon dricker kaffe. d) De leker, tills lektionen börjar. e) Du måste äta upp din spenat, om du är hungrig. f) Jag vill dricka mer, eftersom jag är törstig. g) Hon ringde till honom, fastän jag tyckte om honom. h) De har två bilar, trots att de bor mitt i centrum. i) Han läser flitigt, så att han ska lära sig allt. j) Jag visste att det var så lätt.

6b. *Fügen Sie in den Sätzen von Übung 6a die folgenden beweglichen Adverbien ein! Beachten Sie dabei die Haupt- und Nebensatzwortfolge:*

Muster: aldrig ... inte – Hon cyklar aldrig, när hon inte har tid.

a) sällan ... inte b) alltid ... – c) ofta ... – d) ibland ... – e) inte ... inte f) inte ... inte g) alltid ... inte h) inte ... inte i) aldrig ... inte j) inte ... inte

7. *Wiederholungsübung zu einigen Verben, die alle auf langen betonten Vokal enden. Sie gehören der 3., 4. oder 5. Konjugation an. Bilden Sie die Präsens-, Präteritum- und Supinumformen!*

a) bli b) be c) bege d) bo e) dra f) dö g) få h) förstå i) ge j) gå k) ha l) le m) må n) nå o) ro p) se q) slå r) stå s) sy t) ta u) tro

8. *Übersetzen Sie die folgenden Sätze ins Schwedische! Die Verbformen aus Übung 7 können dabei helfen.*

a) Als ich krank wurde, wählte *(slå)* ich die Nummer meines Arztes. b) Ich bat ihn um einen Termin, weil ich mich gar nicht wohl fühlte. c) Bevor ich mich auf den Weg machte, sah ich mich im Spiegel an. d) Ich nahm den Bus zu ihm, weil ich nicht zu Fuß gehen wollte. e) Die Fahrt dauerte lange, weil er ziemlich weit weg wohnte. f) Der Arzt glaubte, daß ich eine Grippe hatte. g) Er lächelte, während er mir ein Rezept gab. h) Nachdem ich die Tabletten eine Woche lang genommen hatte, wurde ich wieder gesund.

9. *Improvisera en egen dialog mellan en läkare och en patient.*

17A

17A Text

En fjällvandring

När terminen hade slutat i början av juni, reste Per tillsammans med Anna och Jens till Lappland och vandrade Kungsleden. Här berättar han om vandringen:

Vi hade fått en hel del bra tips genom Claes Grundstens bok *Vandra Kungsleden*. Där hade vi bl. a. läst att man skulle ha så lite som möjligt att bära och att man inte borde stressa fram utan ta det lugnt ett par dagar här och där under vandringen. Genom boken visste vi också var Svenska Turistföreningens övernattningsstugor låg och var det fanns proviant att köpa, så att vi inte behövde släpa på mer packning än nödvändigt.

Vi kom resande med tåget till hållplatsen Abisko turist på eftermiddagen. På natten sov vi på turiststationen. Morgonen därpå satte vi igång med vår vandring längs Kungsleden. Första etappen gick från Abisko till Abiskojaure. Vi befann oss hela tiden inom Abisko nationalpark. Runt omkring oss fanns grönskande fjällbjörkar, och i bakgrunden såg vi fjällen hela dagen. Stigen var bred och gick till en början längs ett brett vattendrag. Vi åt vår matsäck vid en sjö. Det tog oss ungefär fem timmar att komma fram till Abiskojaure.

Nästa dag lämnade vi nationalparken och björkskogen bakom oss. Leden steg och vägen var ibland ganska brant. Vi kom upp i ett öppet fjällandskap. Vi gick genom en dal och kunde njuta av den betagande utsikten över sjöar och fjäll. Vi såg betande renar och flygande fåglar och hade användning för våra kikare. På kvällen nådde vi Alesjaure. Stugorna låg vackert på berget. När vi kom fram, slog doften av färska, hembakade bullar emot oss. Det var härligt!

Vi var glada över att vi hade bestämt oss för att ta det lugnt några dagar under fjällturen. Därför stannade vi i tre nätter i Alesjaure. Vi badade i iskallt vatten, svettades i bastun och utbytte vandrarerfarenheter med gästerna och personalen på vandrarhemmet. Det var också skönt att kunna göra dagsutflykter i närheten utan tunga ryggsäckar. Vi provianterade i Alesjaure, innan vi vandrade vidare.

Den följande dagsturen var inte lika ansträngande som vandringen till Alesjaure. Vi gick genom en karg terräng med höga fjälltoppar framför oss. Vi fick vada över vattendrag på några platser. Den sista biten upp till stugan var brant, men vandringen fram till Tjäktja tog inte mer än en halv dag.

Den sjunde dagen fick vi njuta av en fantastisk utsikt över Tjäktjapasset. Vi befann oss nu 1150 meter över havet. Sedan gick leden brant nedför, och det var en jobbig sträcka! Det dröjde länge innan vi såg övernattningsstugorna, men till slut dök Sälka upp framför oss. På kvällen grillade vi korv och stekte äpplen vid elden.

Den åttonde dagens vandring var lättare än under föregående dag. Vi kom vandrande genom en öppen dal fram till Singi. Stugorna låg mitt i dalen på en sluttning. Majestätiska fjäll omgav oss. Vi blev sittande ute länge och njöt av stillheten. På natten sov vi gott och drömde om Kebnekaise.

Vi vandrade på en slingrande stig längs en bred å hela den nionde dagen. Vi rastade vid en strand och upptäckte bl. a. fjällsippor. På eftermiddagen kom vi åter in i fjällbjörkskogen. Skogen öppnade sig kring en sjö. Höga fjäll speglade sig i vattenytan. Det var så vackert och stilla. Vi såg älgar och många renar. Vi köpte proviant och stannade i två nätter i Kaitumjaure.

Den näst sista dagen nådde vi Sjaunja naturreservat och sov i Tesajaure. Under vandringens sista dag passerade vi genom Stora Sjöfallets nationalpark. Vi fick börja dagen med att ro över Tesajaure. Sedan gick stigen länge uppför, men därefter brant nedför. När vi kom fram till Vakkotavare, var vi både stolta och trötta.

Vi reste söderut med en oförglömig upplevelse i bagaget. Dessutom hade vi följt den viktigaste regeln för fjällvandring: Vi lämnade inget annat än fotspår och vi tog inget annat än fotografier!

fjällvandring, -en, -ar	*Bergwanderung*
början *(unveränderl.)*	*Beginn*
Kungsleden	*Wanderroute: „der Königsweg“*
bära (4)	*tragen*
Svenska Turistföreningen	*entspricht dem Alpenverein*
övernattningsstug|a, -an, -or	*Übernachtungshütte*
proviant, -en [pruvi'ant]	*Proviant*
så att *(Konj.)*	*damit*
släpa (1)	*schleppen*
packning, -en, -ar	*Packung*
nödvändig	*notwendig*
resande (*Part. Präs. von* resa)	*reisend, angereist* (s. 17C1d)
hållplats, -en, -er	*Haltestelle*
turist, -en, -er [tɵ'rist]	*Tourist*
turiststation, -en, -er	*Berghütte*
etapp, -en, -er [ɛ'tap]	*Etappe*
befinna sig (4)	*sich befinden*
inom	*innerhalb*
nationalpark, -en, -er [natʃu'nɑːlpark]	*Nationalpark*
grönskande (*Part. Präs. von* grönska, 1)	*grünend, grün*
fjällbjörk, -en, -ar	*Gebirgsbirke*
bakgrund, -en, -er	*Hintergrund*
fjäll, -et	*Berg, Gebirge*
stig, -en, -ar	*Pfad*
bred	*breit*
vattendrag, -et, -	*Gewässer*
matsäck, -en, -ar [ˈmatsɛk]	*Proviant*

björk, -en, -ar	*Birke*
led, -en, -er	*Weg, Route*
stiga (4)	*steigen*
brant	*steil*
dal, -en, -ar	*Tal*
betagande (*Part. Präs. von* betaga, 4)	*überwältigend, entzückend*
utsikt, -en, -er	*Aussicht*
betande (*Part. Präs. von* beta, 1)	*weidend*
ren, -en, -ar	*Rentier*
flygande (*Part. Präs. von* flyga, 4)	*fliegend*
användning, -en, -ar	*Verwendung, Gebrauch*
kikare, -n, - [ˈçiːkarə]	*Fernglas*
doft, -en, -er [dɔft]	*Duft*
hembakad (*Part. Präs. von* baka, 1)	*hausgemacht*
emot [ɛ'muːt]	*gegen, entgegen*
tur, -en, -er	*Ausflug, Tour, Fahrt*
iskall	*eiskalt*
svettas (*Deponens*, 1)	*schwitzen*
bastu, -n, -r	*Sauna*
utbyta (2b)	*austauschen*
erfarenhet, -en, -er	*Erfahrung*
gäst, -en, -er	*Gast*
personal, -en, -er [pæʂu'nɑːl]	*Personal*
vandrarhem, -met, -	*Jugendherberge*
utflykt, -en, -er	*Ausflug*
tung	*schwer*
ryggsäck, -en, -ar	*Rucksack*
proviantera (1) [pruvian'teːra]	*(ver)proviantieren*

ansträngande (*Part. Präs. von* ansträngа, 2a)	*anstrengend*
karg [karj]	*karg*
terräng, -en, -er [tɛ'rɛŋ]	*Gelände, Terrain*
topp, -en, -ar [tɔp]	*Gipfel, Spitze*
vada (1)	*waten*
fantastisk	*phantastisch*
nedför	*her-, hinab, -unter, abwärts*
jobbig	*anstrengend*
sträck|a, -an, -or	*Strecke*
dröja (2a)	*dauern, währen*
övernattning, -en, -ar	*Übernachtung*
grilla (1)	*grillen*
steka (2b)	*braten*
eld, -en, -ar	*Feuer*
lätt	*leicht, einfach*
föregående (*Part. Präs. von* föregå, 4)	*vorhergehend*
öppen	*offen*
sluttning, -en, -ar	*Abhang, Hang*
majestätisk	*majestätisch*
omge (5)	*umgeben*
sittande (*Part. Präs. von* sitta, 4)	*sitzend*

stillhet, -en	*Stille*
slingrande (*Part. Präs. von* slingra, 1)	*winden, schlingen*
å, -n, -ar	*Fluß*
rasta (1)	*rasten*
upptäcka (2b)	*entdecken*
fjällsipp|a, -an, -or	*Buschwindröschen*
åter	*wieder*
spegla (1) sig	*sich spiegeln*
yt|a, -an, -or	*Oberfläche*
naturreservat, -et, -	*Naturschutzgebiet*
fall, -et, -	*Fall*
ro (3) [ru:]	*rudern*
uppför	*her-, hinauf, aufwärts*
stolt	*stolz*
söderut	*nach Süden, südwärts*
oförglömlig	*unvergeßlich*
upplevelse, -n, -r	*Erlebnis*
bagage, -t [ba'gɑ:ʃ]	*Gepäck*
dessutom	*außerdem*
reg|el, -eln, -ler [ˇre:gəl]	*Regel*
fotspår, -et, -	*Fußspur*
fotografi, -et, -er	*Foto*

17B Sprachgebrauch und Landeskunde

1. Nützliche Wendungen und Wörter:

Wo ist der nächste Zeltplatz/die nächste Jugendherberge?
Var är närmaste tältplats/vandrarhem?

Darf ich hier zelten?
Får jag tälta här?

Was kostet hier das Zelten?
Vad kostar det att tälta här?

Was kostet es pro Person/Zelt/Wohnwagen?
Vad kostar det per person/tält/husvagn?

Zelten verboten!
Förbjudet att tälta!

Wo kann ich etwas zum Essen einkaufen?
Var kan jag köpa något att äta?

Kann ich dort ... bekommen/leihen/mieten?
Kan jag få/låna/hyra ... där?

tält, -et, -	*Zelt*	kudd|e, -en, -ar	*Kissen*
sovsäck, -en, -ar	*Schlafsack*	lakan, -et, -	*Laken*
säng, -en, -ar	*Bett*	luftmadrass, -en, -er	*Luftmatratze*
sängkläder *(Pl)*	*Bettwäsche*	liggunderlag, -et, -en	*Iso-Matte*
täcke, -t, -n	*Decke*	husvagn, -en, -ar	*Wohnwagen*
madrass, -en, -er	*Matratze*	husbil, -en, -ar	*Wohnmobil*

2. Allemansrätten – das Jedermannsrecht

Das Jedermannsrecht in Schweden beschreibt die Rechte und Pflichten eines jeden der Natur gegenüber:

Laut *Allemansrätten* darf man sich zu Fuß frei in Wald und Flur bewegen, Beeren und Pilze sammeln und Blumen pflücken, soweit sie nicht unter Naturschutz stehen. Man darf eine Nacht auf fremder Leute Grund und Boden zelten. (Man sollte sich allerdings außer Hör- und Sichtweite von den Häusern aufhalten.)

Man darf selbstverständlich nicht das eingezäunte Grundstück anderer Menschen betreten. Man darf keine Felder mit wachsender Saat überqueren. Man muß Gattertüren hinter sich schließen, damit das Vieh nicht wegläuft. Man darf keine Bäume und Büsche fällen und auch keine Äste lebender Bäume und Büsche abhauen. Man darf kein Feuer auf Felsen machen, da diese zerspringen können. Man darf keinen Abfall in der Natur liegenlassen. Wenn das Wild Junge hat, müssen Hunde an der Leine bleiben.

Im Jedermannsrecht ist kein Jagdrecht einbegriffen. Man darf auch keine Vogeleier sammeln. Wer angeln möchte, sollte sich vor Ort nach Angellizenzen erkundigen.

17C Grammatik

1. Partizip Präsens

Man bildet das Präsenspartizip durch Anfügen der Endung **-ende** an den Stamm von Verben, die auf betonten Vokal enden (Konjugation 3 und Kurzverben der 4. Konjugation):

gå**ende** – *gehend*
bo**ende** – *wohnend*

Bei allen anderen Verben wird **-ande** angefügt:

tal**ande** – *redend*
kör**ande** – *fahrend*
spring**ande** – *laufend*

Das Präsenspartizip wird nicht flektiert. Es wird verwendet:

a) als Adjektiv:

en **talande** tystnad – *ein beredtes Schweigen*
med **darrande** röst – *mit zitternder Stimme*
två **flygande** tefat – *zwei fliegende Untertassen*

b) als Adverb:

Vädret var **strålande** vackert. – ... *strahlend schön.*

c) zur Substantivierung von Verben:

Han har mitt fulla **förtroende**. – ... *mein volles Vertrauen.*
en **ordförande** – *Vorsitzender, Präsident*

(Die Neutrumformen gehören zur 4. Deklination, die Utrumformen zur 5. Deklination, vgl. L3C.)

d) nach den Verben **komma** und **gå**:

Hunden kom **springande**. – *Der Hund kam gelaufen.*
Han kom **körande** på vägen. – *Er kam ... gefahren.*

2. Der Infinitiv mit und ohne att

Nach modalen Hilfsverben sowie **bruka, tänka** und **behöva** steht der Infinitiv ohne **att** (vgl. 7C3):

Jag måste **gå** nu.
Kan du inte **hämta** barnen?
Jag brukar alltid **gympa** på fredagar.
Tänker du **flytta** till Danmark?
De har så mycket pengar att de inte behöver **arbeta**.

Wenn der Infinitiv dagegen das Subjekt oder Objekt eines Satzes ist oder durch eine Präposition bestimmt ist, steht er mit **att**:

Att gå på bio är min hobby.
Det är bra **att läsa** en bok när man inte kan sova.
De älskar **att cykla**.

Hon funderar på **att sluta** röka.
Tänk på **att ta** med pengar, när du går och handlar.
Genom **att cykla** till jobbet, lyckades han med **att gå** ner fem kilo.

17D Übungen

1. *Svara på frågorna:*

a) Vad gjorde Per under sommarlovet? b) Var började de med vandringen och hur kom de dit? c) Hur ska man förhålla sig på en lång vandring? d) Vilken är den viktigaste regeln i en så känslig natur? e) Behöver man ta med proviant för hela vandringen? f) Vad finns det för djur i Lappland som inte finns i Tyskland? g) Vad är det för träd som växer i sådana karga fjällregioner?

2. *Översätt till svenska!*

a) Wir kamen mit dem Zug angereist. b) Das Wetter war strahlend schön und wir sahen fünf Rentiere. c) Wir wollten in Hütten übernachten. d) Man sollte so wenig Gepäck wie möglich mitnehmen und den Proviant in den Hütten kaufen. e) Es ist besser, die Wanderung ruhig angehen zu lassen. f) Die nächste Tagestour wird nicht so anstrengend. g) Wir sahen fliegende Vögel, grünende Birken und grasende Rentiere. h) Wir blieben zwei Nächte in der Hütte und unternahmen Tagesausflüge. i) Am folgenden Tag hatten wir eine schwerere Wanderung vor uns als am vorhergehenden Tag. j) Auf einem gewundenen Pfad ging es aufwärts. k) Aufwärts ist es nicht so anstrengend wie steil abwärts. l) Sie hat mein volles Vertrauen.

3. *Ändra från presens particip till relativsatser:*

ett flygande tefat = ett tefat, som flyger

a) en sjungande fågel b) ett strålande solsken c) en leende människa d) ett lutande torn e) ett lockande erbjudande f) en grönskande björk g) ett blånande berg h) en dundrande huvudvärk i) ett lekande barn j) en betande ren k) en slingrande stig l) en undersökande journalist m) en svidande kritik n) ett sårande uttalande o) ett smittande skratt

4. *Ändra från relativsatser till presens particip-uttryck: ett tefat, som flyger = ett flygande tefat*

a) en man, som går b) ett ljus, som brinner c) en kyckling, som lever d) en författare, som skriver e) en människa, som tänker f) en publik, som läser g) ett skepp, som flyter h) en båt, som gungar i) en människa, som tror j) en fontän, som sprutar k) ett huvud, som värker l) en bil, som rullar m) en tystnad, som talar n) en blick, som menar (något)

5. *Bilden Sie das Partizip Präsens der Verben in Klammern!*

a) Hans föredrag var ... (glänsa, 2b) b) Mannen kom ... över gatan. (gå, 4) c) Han har ett mycket märkligt ... (bete, 3) d) Var myggen ...? (irritera, 1) e) Det var ju ett ... besked. (lugna, 1) f) Är du ... av kaffe? (bero, 3) g) Min bror är alltid så ... (förstå, 4) h) Du ska röra ut pulvret i ... vatten. (koka, 1) i) Det kom många ... till fjällstationen. (resa, 2b) j) Över sjön kom en man ... (ro, 3) k) Hon berättade något mycket ... (förvåna, 1) l) Måste du alltid vara så ...? (beskydda, 1) m) Vi reste dit igen ... år. (följa, 2a) n) Titta på ... sida! (föregå, 4)

6. *Übersetzen Sie folgende Ausdrücke:*

a) tysktalande människor b) hårresande berättelser c) ett gående bord d) en ensamstående förälder e) en vuxenstuderande f) vilseledande propaganda g) jourhavande läkare h) välsittande kläder i) ett tidskrävande arbete j) en skrattretande historia k) en småleende charmör l) en fredsälskande nation m) en öldrickande turist n) ett skräckinjagande utseende o) ett öronbedövande oväsen

7. *Infinitivuttryck med eller utan „att"?*

a) Det är nyttigt ... cykla. b) Hon måste ... fråga några fotgängare om vägen. c) Jag tänker ... åka hem nu. d) Det tog ungefär fem timmar ... komma fram till Abiskojaure. e) Har du inte tänkt ... göra dig i ordning nu? f) Tåget måste ... komma först. g) Vi bestämde oss för ... ta det lugnt. h) Det var också skönt ... kunna göra utflykter i närheten. i) Vi fick ... börja dagen med ... ro över Tesajaure. j) Vi behöver inte ... släpa på så mycket packning. k) Kan du ... njuta av den vackra utsikten? l) Jonas har mycket ... göra. m) Hur lång tid kommer det ... ta? n) Vi får ... ta och ... titta lite närmare på dig. o) Sedan skulle hon förhoppningsvis ... vara frisk igen. p) Vad kommer det ... kosta? q) En del djur löper stor risk ... bli utrotade. r) De har tänkt ... bila upp till Värmland. s) Det vill jag bestämt ... avråda ifrån. t) Det var kul ... se dig. u) Jag ska be ... få ett reslustkort. v) Tycker du om ... spela piano? x) Det var roligt ... höra. y) Kan du inte ... svara i telefonen? z) Han brukar ... komma hem vid tiotiden. å) Det är skönt ... komma hemifrån ibland. ä) Jag tycker om ... ta långa skogspromenader. ö) Erik planerar ... bo i en röd stuga på landet.

8. *Wortschatzübung. In welche Gruppen gehören die folgenden Wörter? Es sollen jeweils sechs Wörter pro Gruppe sein.*

en gräsklippare, en ratt, en skottkärra, hostmedicin, ett segel, bestick, huvudvärkstabletter, diskmedel, en räfsa, en sextant, en koppling, en frys, penicillin, en blomsterrabatt, ett kylskåp, en radar, en strålkastare, en spis, en vinbärsbuske, en åra, backspegel, febertermometer, en flytväst, ett fruktträd, tandkräm, en ugn, säkerhetsbälten, hjul, plåster, en kompass

rubriker: i bilen, i båten, på apoteket, i köket, i trädgården

9. *Repetition av starka verb, bisatsordföljd, reflexiv- och possessivpronomen. Ändra följande meningar till preteritum och indirekt tal.*

Exempel: Min bil går inte. – Han sa att hans bil inte gick.

a) Är min mamma hemma? b) Jag ger mig iväg. c) Det blir femtio kronor jämnt. d) Jag ber inte min bror om hjälp. e) De dricker alltid te. f) Jag ligger i min säng och drar mig. g) Får du tag på dem? h) Jag flyger aldrig. i) Min lillasyster fryser naturligtvis. j) Jag tar min väska och går. k) Min lektion håller på i 45 minuter. l) Min bror och jag hinner sällan göra våra läxor. m) Min katt kommer ofta hem sent. n) Jag låter faktiskt min bror låna bilen. o) Här sitter vi och njuter. p) Solen skiner och mina små barn leker ute.

18A Text

Små och stora Sverige-nyheter och väder

Efter en stor ungdomsfest i östra Göteborg natten till i dag greps sjutton ungdomar misstänkta för narkotikabrott. Vid festen gjordes beslag av drogerna ecstasy och LSD, men polisen vill inte avslöja hur mycket narkotika det gäller.

Totalt nio av flygbolaget SAS utrikesavgångar från Sverige kommer att ställas in i morgon till följd av strejken bland SAS' danska kabinpersonal, som inleddes natten till i dag.

En 35-årig kvinnlig ekonomichef i ett internationellt kosmetikaföretag åtalades på onsdagen för att ha svindlat sin arbetsgivare på nära åtta miljoner kronor.

Ickerökare ska få företräde till jobb inom barnomsorgen i Markaryd. Det har kommunens kultur- och utbildningsnämnd beslutat. Bland sökande med likvärdig kompetens ska ickerökare anses vara bättre meriterade för arbete med barn.

Bilarna hyrdes, skyltarna byttes och färden gick till Ryssland. Här hemma anmäldes bilarna som stulna. Nu har sex män dömts till fängelse för bilbedrägerierna.

Spår av en nästan 8000 år gammal boplats har upptäckts på åtta meters djup i havet utanför Landskrona i Skåne. Boplatsen uppges vara den äldsta och en av de mest välbevarade boplatser som har hittats under havets yta.

På fredagskvällen krossades en fönsterruta i ett vardagsrum i Sigtuna. In genom fönstret flög en rovfågel och slog klorna i katten Misse. Till slut kunde dock katten räddas och rovfågeln motas ut ur huset.

En tvåårig pojke rymde från sitt daghem och upptäcktes på stadens huvudled. Efter dörrknacking i området lyckades man hitta hans mamma på hennes arbetsplats.

En stor brugd på cirka 12 meter har siktats på västkusten. Brugden är en haj, som äter plankton och är världens näst största fisk.

Vädret i dag:

I Götaland kommer solen att dominera i dag, men det blir mest molnigt i Norrland och fram på dagen även i Svealand. Det blir uppehåll utom i fjällen och allra längst i norr. Götaland och södra Svealand får mellan fjorton och sjutton grader. Norra Svealand och södra Norrland får tio till femton grader, och norra Norrland får åtta till tolv grader.

fest, -en, -er	*Fest, Feier*
östra *(Adj.)*	*östlich*
gripas (*Passiv von* gripa, 4)	*verhaftet werden*
misstänkt (*Part. Prät. von* misstänka, 2b)	*verdächtig*
narkotika *(Pl.)* [nar'ko:tika]	*Rauschgift*
brott, -et, -	*Verbrechen*
beslag, -et, - [bə'slɑ:g]	*Beschlag*
drog, -en, -er [dro:g]	*Droge*
avslöja (1)	*enthüllen, aufdecken*

---

flygbolag, -et, -	*Fluggesellschaft*
utrikesavgång, -en, -ar	*Auslandsflug*
ställas in (*Passiv von* ställa in, 2b)	*eingestellt werden*
till följd av	*infolge von*
strejk, -en, -er	*Streik*
dansk *(Adj.)*	*dänisch*
kabinpersonal, -en, -er	*Kabinenpersonal*
inledas (*Passiv von* inleda, 2a)	*eingeleitet werden*

-årig	*-jährig*
kvinnlig	*weiblich*
ekonomi, -n, -er [ɛkɔno:'mi:]	*Wirtschaft, Haushalt*
chef, -en, -er [ʃe:f]	*Chef*
internationell [intəɳatʃu'nɛl]	*international*
kosmetikaföretag, -et, -	*Kosmetikunternehmen*
åtalas (*Passiv von* åtala, 1)	*verklagt werden*
svindla (1)	*schwindeln, betrügen*
arbetsgivare, -n, -	*Arbeitgeber*
nära	*beinahe; nahe*

ickerökare	*Nichtraucher*
företräde, -t, -n	*Vorzug*
barnomsorg, -en	*Kinderbetreuung*
kommun, -en, -er [kɔ'mʉːn]	*Gemeinde, Kommune*
kultur, -en, -er [kɵl'tʉːr]	*Kultur*
utbildning, -en, -ar	*(Aus-)Bildung*
nämnd, -en, -er	*Amt, Ausschuß*
besluta (1)	*beschließen*
bland	*unter*
sökande, -n, -	*Bewerber*
likvärdig	*gleichwertig*
kompetens, -en	*Kompetenz*
anses (*Passiv von* anse, 4)	*angesehen werden*
bättre (*Komp. von* bra)	*besser*
meriterad (*Part. Perf. von* meritera, 1)	*qualifiziert*

---

skylt, -en, -ar [ɧylt]	*Schild*
bytas (*Passiv von* byta, 2b)	*ausgetauscht werden*
färd, -en, -er	*Fahrt*
Ryssland (n)	*Rußland*
anmälas (*Passiv von* anmäla, 2a)	*angemeldet, angezeigt werden*
stulen (*Part. Perf. von* stjäla, 4)	*gestohlen*
dömas (*Passiv von* döma, 2a)	*verurteilt werden*
fängelse, -t, -r	*Gefängnis*
bedrägeri, -et, -er	*Betrügerei*

---

boplats, -en, -er	*Siedlungsplatz*
upptäckas (*Passiv von* upptäcka, 2b)	*entdeckt werden*
djup, -et, -	*Tiefe*
hav, -et, -	*Meer*
uppges (*Passiv von* uppge, 4)	*angegeben werden*
äldst (*Superlativ von* gammal)	*älteste*
välbevarad (*Part. Perf.*)	*gut erhalten*
hittas (*Passiv von* hitta, 1)	*gefunden werden*

krossas (*Passiv von* krossa, 1)	*zerschlagen werden*
fönsterrut|a, -an, -or	*Fensterscheibe*
rovfåg|el, -eln, -lar [ruːv-]	*Raubvogel*
klo, -n, -r [kluː]	*Klaue; Schere* (bei Schalentieren)
dock	*jedoch*
räddas (*Passiv von* rädda, 1)	*gerettet werden*
motas (*Passiv von* mota, 1) [ˇmuːtas]	*getrieben werden*

---

rymma (2a)	*(ent-)fliehen*
daghem, -met, -	*Kindertagesstätte*
upptäckas (*Passiv von* upptäcka, 2b)	*entdeckt werden*
huvudled, -en, -er	*Hauptstraße*
dörrknackning, -en, -ar	*Türklopfen*
område, -t, -n	*Gebiet*
lyckas (*Deponens*, 1)	*gelingen*
arbetsplats, -en, -er	*Arbeitsplatz*

---

brugd, -en, -ar	*Walhai*
siktas (*Passiv von* sikta, 1)	*gezielt werden*
haj, -en, -ar	*Hai*
plankton, -et	*Plankton*
fisk, -en, -ar	*Fisch*

Götaland	*südlichster der drei Teile Schwedens*
dominera (1)	*dominieren, überwiegen*
molnig [ˇmoːlni(g)]	*wolkig, bewölkt*
Norrland	*nördlichster der drei Teile Schwedens*
fram på dagen	*später am Tage*
Svealand	*mittlerer der drei Teile Schwedens*
uppehåll, -et, -	*Unterbrechung, Pause*
uppehållsväd|er, -ret	*niederschlagsfreies Wetter*
utom	*außer*
i norr	*im Norden*

18B

18B Sprachgebrauch und Landeskunde

Das Wetter

Einige wichtige Wettersymbole:

halkvarning
Glatteisgefahr!

underkylt regn
überfrierende Nässe

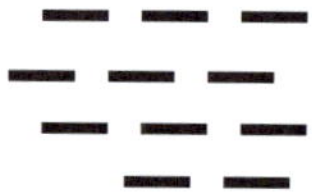

dimma
Nebel

klart
heiter

åska
Gewitter

duggregn
Nieselregen

snöbyar
Schneeschauer

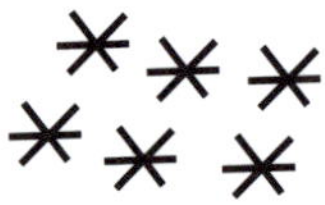

snö
Schnee

Väder och vind

a) Vind:	jämn vind	*stetiger Wind*
	byig vind	*böiger Wind*
	svag vind	*schwacher Wind*
	lätt vind	*leichter Wind*
	måttlig vind	*mäßiger Wind*
	frisk vind	*frischer Wind*
	hård vind	*starker Wind*
	kuling vind	*stürmischer Wind*
	storm	*Sturm*

b) Temperatur:

Substantiv		*Verb*		*Adjektiv*	
frost	*Frost*	det fryser	*es friert*	frostig	*frostig*
köld	*Kälte*	det är kallt	*es ist kalt*	kall	*kalt*
kyla	*Kälte*	det är kyligt	*es ist kühl*	kylig	*kühl*
tö(väder)	*Tauwetter*	det töar	*es taut*	–	
mildväder	*Tauwetter*	det är milt	*es taut/es ist mild*	mild	*mild*
värme	*Wärme*	det är varmt	*es ist warm*	varm	*warm*
hetta	*Hitze*	det är hett	*es ist heiß*	het	*heiß*

c) Nederbörd *Niederschlag*:

Substantiv		*Verb*		*Adjektiv*	
ett moln	*Wolke*	det blir molnigt	*es bewölkt sich*	molnig	*bewölkt*
–		det mulnar på	*es bewölkt sich*	mulen	*bedeckt*
regn	*Regen*	det regnar	*es regnet*	regnig	
regnskur	*Regenschauer*				
åska	*Donner*	det åskar	*es donnert*		
åskväder	*Gewitter*				
blixt	*Blitz*	det blixtrar	*es blitzt*		
snö	*Schnee*	det snöar	*es schneit*	snöig	
snöby	*Schneeschauer*				
is	*Eis*	det fryser (på)	*es friert*	isig	
dimma	*Nebel*	det är dimmigt	*es ist neblig*	dimmig	
hagel	*Hagel*	det haglar	*es hagelt*		
torka	*Trockenheit*	det är torrt	*es ist trocken*	torr	*trocken*
väta	*Feuchtigkeit*	det är vått	*es ist naß*	våt	*naß*

d) Solen skiner. *Die Sonne scheint.*
Det är vackert/fint/strålande väder.
Det regnar och blåser. *(ist windig)*
Det är dåligt väder.

e) Väderutsikterna för söndagen den 23 oktober:

Måttlig sydvind.
Mulet och en del regn.
Till kvällen uppehåll. *(niederschlagsfrei)*
Temperatur: 4–8 grader.

18C Grammatik

1. Die s-Formen des Verbs

Man erhält die s-Formen des Verbs durch Anfügen eines -s an das flektierte Verb bzw. den Infinitiv. Im Präsens fällt dabei das -r bzw. -er der Präsensendung weg.

Klasse	*Infinitiv:*	*Präsens:*	*Präteritum:*	*Perfekt:*
1	hoppas	hoppas	hoppades	har hoppats
2a	stängas	stängs	stängdes	har stängts
2b	mötas	möts	möttes	har mötts
3	sys	sys	syddes	har sytts
4	ses	ses	sågs	har setts
5	göras	görs	gjordes	har gjorts

Die s-Formen verwendet man:

a) in reziproker Bedeutung (Subjekt im Plural) – *einander*:

Vi **träffades** klockan sju. – *Wir trafen uns um 7 Uhr.*
Vi **ses** i morgon. – *Wir sehen uns morgen.*
De **kysstes** till avsked. – *Sie küßten sich (= einander) zum Abschied.*

b) als reguläre Formen bei bestimmten Verben, die nur in den s-Formen vorkommen (sogenannte Deponentien):

Vi **hoppas** att vi vinner matchen i morgon. –
Wir hoffen, daß wir das Spiel morgen gewinnen werden.

Jag **minns** inte vad han heter. – *Ich erinnere mich nicht, wie er heißt.*

Hon **trivdes** bra i Lund. – *Sie fühlte sich wohl in Lund.*

Luften var så rökig, att han inte kunde **andas**. –
Die Luft war so verraucht, daß er nicht atmen konnte.

Hon **lyckas** med allt. – *Ihr gelingt alles.*

Vi **lyckades** hitta vägen. – *Es gelang uns, den Weg zu finden.*

Andere Deponentien sind:

avundas (1) – *beneiden*
finnas (4) – *existieren*
lyckas (1) – *glücken, gelingen*
skämmas (2a) – *sich schämen*
töras (5) – *wagen*
umgås (4) – *verkehren*

fattas (1) – *fehlen*
kräkas (2b) – *erbrechen*
låtsas (1) – *so tun als ob*
svettas (1) – *schwitzen*
vistas (1) – *verweilen*
åldras (1) – *altern*

c) als Passiv:

Man bildet das Passiv mit der s-Form der Verben in allen Zeitformen:

Mannen ...		**... till sjukhuset.**
Infinitiv	**måste föras**	*muß gebracht werden.*
Präsens	**förs**	*wird gebracht*
Präteritum	**fördes**	*wurde gebracht*
Perfekt	**har förts**	*ist gebracht worden*
Plusquamperfekt	**hade förts**	*war gebracht worden*

Meist verwendet man Passivkonstruktionen, wenn es unklar oder unwichtig ist, wer etwas tut, oder wenn man das aktive Subjekt nicht nennen will:

Affären **öppnas** kl. 8.30.
Dörren **stängs** kl. 18.30.
Potatisen **skalas** och **skärs** i tunna skivor.

Man kann aber auch im Passiv angeben, wer eine Handlung ausführt:

Mannen fördes till sjukhuset **av ambulansen**.
Han gratulerades **av alla**.
Dörrarna stängs **av tågpersonalen**.
Ungdomarna greps **av polisen**.

2. Transitive und intransitive Formen

Zu einigen transitiven Verben (i. e. Verben, die ein Akkusativobjekt verlangen) kann durch Bildung der s-Form eine intransitive Form gebildet werden. In dieser Form kann man das Verb ohne Objekt verwenden:

Beispiel	*transitiv (mit Akk. Obj.)*	*intransitiv (ohne Objekt)*
slå (4) *schlagen*	Han slår mig. *Er schlägt mich.*	Han slåss.
krama (1) *umarmen*	Hon kramar honom. *Sie umarmt ihn.*	Hon kramas.
bita (4) *beißen*	Hunden biter brevbäraren. *Der Hund beißt den Briefträger.*	Hunden bits.

Andere Verben, die durch die s-Form intransitiviert werden können, sind: kittla (1) *kitzeln*, knuffa (1) *stoßen*, lura (1) *beschwindeln*, nypa (4) *kneifen*, pussa (1) *küssen*, sparka (1) *treten*.

18D Übungen

1. *Svara på textfrågorna!*

a) Varför greps sjutton ungdomar i Göteborg? b) Vad var det, som polisen beslagtog? c) Varför kommer SAS att ställa in några av sina utrikesavgångar? d) Vad åtalades den 35-åriga ekonomichefen för? e) I vilken bransch jobbade hon? f) Varför ska ickerökare lättare få jobb inom barnomsorgen, tror du? g) Hur lyckades bedragarna få över de stulna bilarna till Ryssland? h) Varför är boplatsen utanför Landskrona speciell? i) Lyckades rovfågeln försvinna med katten Misse? j) Hur kom fågeln in i lägenheten? k) Hur fick man tag på tvååringens mamma? l) Är alla hajar rovfiskar? m) Hur kommer vädret att bli i Svealand? n) Var kommer det att regna? o) Hur varmt kommer det ungefär att vara i Lund, Göteborg och Haparanda?

2. *Översätt till svenska!*

a) Die Polizei hat siebzehn Jugendliche festgenommen. b) Auf dem Fest wurden Drogen beschlagnahmt. c) In Dänemark streikt das Flugpersonal der SAS, und deshalb sind neun Auslandsflüge eingestellt worden. d) Der Arbeitgeber wurde um drei Millionen Kronen betrogen. e) Die Autos werden gemietet, die Schilder werden ausgetauscht und dann werden die Autos als gestohlen gemeldet. f) Ein hungriger Raubvogel wurde aus dem Wohnzimmer getrieben. g) Endlich wurde der zweijährige Junge auf der Hauptstraße entdeckt. h) Man fand seine Mutter an ihrem Arbeitsplatz. i) An der Westküste Schwedens ist ein Walhai gesichtet worden. j) Der Walhai ist der zweitgrößte Fisch der Welt und ernährt sich von Plankton. k) Das Wetter heute: Es wird meist bewölkt, aber niederschlagsfrei. l) Die Temperaturen im südlichen Schweden erreichen (wörtl.: Südschweden bekommt) dreizehn bis sechzehn Grad.

3. *Übersetzen Sie die folgenden Sätze! Es kommen dabei Verbformen vor, die immer auf -s enden.* (andas, avundas, fattas, finnas, hoppas, kräkas, lyckas, låtsas, minnas, skämmas, svettas, trivas, tordas, vistas, umgås, åldras)

a) Er kann nicht atmen. b) Ich beneide dich ein bißchen. c) Fehlt jemand heute? d) Das hoffe ich wirklich nicht. e) Er hat eine Darmgrippe und muß sich immer wieder erbrechen. f) Er täuscht vor, krank zu sein. g) Es gelang mir, die Theaterkarten zu bekommen. h) Kannst du dich noch an unseren ersten Urlaub erinnern? i) Schäme dich! j) Fühlst du dich wohl in dieser Stadt? k) Bei dieser Hitze schwitze ich. l) Ich traue mich nicht, nach Hause zu gehen. m) Dann soll man sich im Freien aufhalten. n) Verkehrst du mit diesen Leuten? o) Ja, wir wollen gemeinsam alt werden.

4. *Ändern Sie die folgenden transitiven Verbformen in intransitive Formen mit -s (d. h. Formen ohne direktes Objekt)!*

Beispiel: Hunden biter alla hela tiden. = Hunden bits hela tiden.

a) Den ohövlige mannen knuffar alla. b) Storasystern kittlade sina småsyskon. c) Bondfångaren lurade oss. d) Man ska väl inte slå sina barn! e) Är det verkligen tillåtet att sparka sina motståndare i judo? f) Du nöp mig, så att jag fick ett blåmärke. g) Pussade den där mannen dig på kinden? h) Ja, och till avsked kramade han mig.

5. *Übersetzen Sie die folgenden Sätze und verwenden Sie dabei die reziproken s-Formen!*

a) Wir trafen uns gestern in der Stadt. b) Wir sehen uns am Freitag. c) Wir hören voneinander nächste Woche. d) Sie küßten sich vor dem Haus. e) Warum umarmt ihr euch immer? f) Wir müssen einen Platz vereinbaren, wo wir uns begegnen können.

6. *Ändra från aktiva satser med* man, de, någon *som subjekt till passiva satser utan agent! Subjektet ska stå på fundaments- eller subjektsplats.*

a) Man ska alltid låsa ytterdörren. b) Man får inte plocka fridlysta blommor. c) Någon har stulit 50 kronor. d) Man kan växla pengar på posten och på banken. e) Man har byggt ett nytt varuhus i centrum. f) De har fört den sjuke mannen till lasarettet. g) Någon har tappat den här handväskan på gatan. h) De ska välja en ny president i november. i) Man kan se ubåtar i Stockholms skärgård. j) I huvudstaden dementerar man emellertid dessa påståenden.

7. *Ändra följande aktiva satser till passiva satser med agent. Agenten ska stå på adverbialsplats.*

a) I morgon ställer flygbolaget in flera utrikesavgångar. b) Tidningen publicerade en intressant artikel. c) Nobelpristagaren mottog priset i torsdags. d) Försäkringen betalar ut pengarna. e) Ministern invigde den nya nationalparken i förrgår. f) Statsministern höll ett tal. g) Flera miljoner människor hade sett olympiaden. h) Förra veckan såg några fiskare på Västkusten en 12 meter lång fisk.

8. *Wiederholung von Nebensätzen. Siehe die Aufstellung in 16C. Übersetzen Sie bitte ins Schwedische!*

a) Er fragt, ob du heute zu Besuch kommst. b) Du antwortest, daß du gerne kommst. c) Er will wissen, wann er dich abholen kann. d) Du wunderst dich, wieso er dich abholen will. e) Ich warte, während du das Essen kochst. f) Bevor ich zu meiner Mutter fahre, rufe ich an. g) Wir müssen warten, bis der Zug hier ist. h) Ich gehe nicht, bevor du mir alles erzählt hast. i) Er spielt gerne Klavier *(piano, -t, -n)*, weil er Musik liebt. j) Obwohl er oft Sport sieht, haßt *(hata, 1)* er Fußball. k) Um klug *(klok)* zu werden, liest er alle Bücher. l) Die Freunde, die heute hier sind, kommen aus Norwegen *(Norge)*.

9. *Para ihop delarna, så att det blir riktiga ordspråk! Finns det några liknande ordspråk på tyska?*

a) Man ska inte sälja skinnet,	förrän man är över bäcken
b) Man ska inte gråta	i säcken
c) Man ska inte köpa grisen	när man sitter i glashus
d) Man ska inte kasta sten,	i sjön
e) Man ska inte väcka den björn	ner över sin vrede
f) Man ska aldrig säga	efter vatten
g) Man ska inte kasta pengarna	över spilld mjölk
h) Man ska inte låta solen gå	aldrig
i) Man ska inte gå över ån	som sover
j) Man ska inte ropa "hej",	förrän björnen är skjuten

19A Text

1 Midsommarafton

På midsommaraftonen plockar Emma och Hanna massor med ängsblommor: blåklint, prästkragar, klöver och smörblommor. Sedan hjälper Eva och Mona dem att binda kransar att sätta i håret. Jonas vill inte ha någon krans, men Mats blir glad över sin. Smyckade med blomsterkransar går de sedan iväg till hembygdsgården, där man redan har rest en stor midsommarstång. Den är klädd med björklöv och prydd med blommor.

Så småningom sätter ringdansen i gång. Någon spelar gitarr, en annan dragspel, och alla sjunger med. Emma tycker bäst om ''Små grodorna'', eftersom alla ser så roliga ut, när de hoppar omkring med händerna i sidorna och kväker som grodor:

Små grodorna, små grodorna är lustiga att se,
små grodorna, små grodorna är lustiga att se,
ej svansar, ej svansar, ej öron hava de,
ej svansar, ej svansar, ej öron hava de.
Koackackack, koackackack, koackackackacka.
koackackack, koackackack, koackackackacka.

Efter ett par timmars dans och lek kring midsommarstången går de hem igen. Några grannar kommer över, och det blir knytkalas. Man dukar långbord i trädgården. På bordet står tallrikar, bestick, glas och flera vaser med nyplockade ängsblommor.

Vid husväggen har man ställt upp ett bord med midsommarmaten. Där står hela härligheten uppdukad. Där finns alla möjliga sorters inlagd sill, rökt ål, gravad lax, fyllda ägghalvor och Janssons frestelse. Bredvid fisken står stora brödkorgar med hembakade limpor, små rosenbröd och runda knäckebröd. Smöret ligger upprullat i vackra små kulor, och på ostbrickan tronar lagrad cheddar och gammaldags hemgjord ost. På bordet finns också hemlagade köttbullar, härlig dillkokt nypotatis, kall gräddfil, små skålar med klippt gräslök och stora skålar med blandad grönsallad.

Barnen dricker läsk, medan de flesta vuxna dricker öl och kryddat brännvin. Till snapsen sjunger man ''Helan går''.

Helan går, sjung hopp faderallan lallan lej.
Helan går, sjung hopp faderallan lej.
Och den som inte helan tar, han heller inte halvan får.
Helan går! (och här dricker alla)
Sjung hopp faderallan lej!

Efter maten smakar det gott med nyplockade jordgubbar med vispad grädde och en kopp nybryggt kaffe. Det är den ljusaste kvällen på året, och man kan sitta ute länge och prata. Kanske kan man gå iväg till Folkets park lite senare på kvällen. Barnen får vara uppe hur länge de vill. Det är ju bara midsommarafton en gång om året.

plocka (1)	*pflücken, sammeln*
äng, -en, -ar	*Wiese*
blåklint, -en, -ar	*Kornblume*
prästkrag|e, -en, -ar	*Margerite*
klöver, -n, -	*Klee*
smörblomm|a, -an, -or	*Butterblume*
binda (4)	*winden, binden*
krans, -en, -ar	*Kranz*
smyckad (*Part. Perf. von* smycka, 1)	*geschmückt*
hembygdsgård, -en, -ar	*Heimathof*
rest (*Part. Perf. von* resa, 2b)	*aufgestellt*
stång, -en, stänger	*Stange*
klädd (*Part. Perf. von* klä, 3)	*gekleidet*
prydd (*Part. Perf. von* pryda, 2a)	*geschmückt*
så småningom	*allmählich, nach und nach*
ringdans, -en, -er	*Reigentanz*
i gång	*in Gang*
gitarr, -en, -er [ji'tar]	*Gitarre*
en annan	*ein anderer, ein zweiter*
dragspel, -et, -	*Ziehharmonika*
grod|a, -an, -or [ˇgru:da]	*Frosch*
hoppa (1)	*springen*
hand, -en, händer	*Hand*
kväka (2b)	*quaken*
lustig	*lustig, komisch*
ej	*nicht*
svans, -en, -ar	*Schwanz*
hava = ha	*haben*
lek, -en, -ar	*Spiel*
grann|e, -en, -ar	*Nachbar(in)*
knytkalas, -et, -	*Party, zu der jeder etw. mitbringt*
långbord, -et, -	*langer Tisch*
tallrik, -en, -ar	*Teller*
bestick, -et, -	*Besteck*
nyplockad (*Part. Perf. von* plocka, 1)	*frisch gepflückt*
ställa upp (2a)	*aufstellen*
härlighet, -en, -er	*Herrlichkeit*
uppdukad (*Part. Perf. von* duka, 1)	*aufgedeckt*
sort, -en, -er [sɔʈ]	*Sorte, Art*
inlagd (*Part. Perf. von* lägga in, 5)	*eingelegt*

rökt (*Part. Perf. von* röka, 2b) — *geräuchert*
ål, -en, -ar — *Aal*
gravad (*Part. Perf. von* grava, 1) — *mit Gewürzen u. Salz konserviert*
lax, -en, -ar — *Lachs*
fylld (*Part. Perf. von* fylla, 2a) — *gefüllt*
ägghalv|a, -an, -or — *Eihälfte*
Janssons frestelse — *„Janssons Versuchung"*
fisk, -en, -ar — *Fisch*
korg, -en, -ar [kɔrj] — *Korb*
rosenbröd, -et, - [ˈruːsənbrøːd] — *kleine Brötchen*
rund — *rund*
upprullat (*Part. Perf. von* rulla upp, 2a) — *aufgerollt*
kul|a, -an, -or — *Kugel*
ostbrick|a, -an, -or [ˈustbrika] — *Käseplatte*
trona (1) [ˈtruːna] — *thronen*
lagrad (*Part. Perf. von* lagra, 1) — *gelagert*
gammaldags — *altmodisch, nach trad. Art*
hemgjord [ˈhɛmjuːɖ] (*Part. Perf.*, 5) — *hausgemacht*
köttbull|e, -en, -ar [çøtbɵlə] — *Frikadelle*
dillkokt [ˈdilkukt] (*Part. Perf. von* koka, 1/2b) — *mit Dill gekocht*
nypotatis, -en, -ar — *neue Kartoffeln*
gräddfil, -en — *Schmand*
skål, -en, -ar — *Schale*
klippt (*Part. Perf. von* klippa, 2b) — *geschnitten*
gräslök, -en, -ar — *Schnittlauch*
blandad (*Part. Perf. von* blanda, 1) — *gemischt*
grönsallad, -en, -er — *grüner Salat*
vuxen, *Pl.* vuxna — *Erwachsene/r*
vuxen *(Adj.)* — *erwachsen*
kryddad (*Part. Perf. von* krydda, 1) — *gewürzt*
brännvin, -et — *Schnaps*
snaps, -en, -ar — *Schnaps*
helan — *„der Ganze"*
halvan — *„der Halbe"*
smaka (1) — *schmecken*
nyskördad [nyːɧœːɖad] (*Part. Perf. von* skörda, 1) — *frisch geerntet*
jordgubb|e, -en, -ar [ˈjuːɖgɵbə] — *Erdbeere*
vispad (*Part. Perf. von* vispa, 1) — *geschlagen*
grädde, -n — *Sahne*
nybryggd (*Part. Perf. von* brygga, 2a) — *frisch gebrüht*
Folkets park — *kommunaler Treffpunkt*

2 Janssons frestelse

ca 10 potatisar
20 ansjovisfiléer
ansjovisspad
2 gula lökar
3 dl grädde (eller grädde och mjölk)
1 msk ströbröd
1 msk smör eller margarin

Skala potatisen och skär den i strimlor. Skala och skiva eller hacka löken och fräs den mjuk i lite margarin. Varva potatis, ansjovisfiléer och lök i en smord, eldfast form. Börja och sluta med potatis. Häll över ansjovisspadet och drygt hälften av grädden. Strö över ströbrödet. Ställ in formen i 200 °C ugn i ca 40 minuter. Häll på resten av grädden och grädda i ytterligare ca 10 minuter.

ansjovis, -en, -ar [an'ɧu:vis]	*Anchovis*
filé, -n, -er [fi'le:]	*Filet*
spad, -et	*Saft, Soße*
dl = deciliter	*Deziliter*
msk = matsked, -en, -ar	*Eßlöffel*
ströbröd, -et	*Paniermehl*
skära (4) [ˇɧæ:ra]	*schneiden*
striml|a, -an, -or	*Streifen*
skiva (1) [ˇɧi:va]	*in Scheiben schneiden*
hacka (1)	*hacken*
fräsa (2b)	*anbraten*
mjuk	*weich*
varva (1)	*schichten*
smord [smu:ɖ] (*Part. Perf. von* smörja, 5)	*eingeschmiert*
eldfast	*feuerfest*
form, -en, -ar [fɔrm]	*Form*
hälla (2a)	*gießen*
hälft, -en, -er	*Hälfte*
strö (3)	*streuen*
ugn, -en, -ar [ɵŋn]	*Ofen*
grädda (1)	*im Ofen backen*
ytterligare	*noch, zusätzlich*

19B Sprachgebrauch und Landeskunde

Schwedisches Essen

Eine Vielfalt von schwedischen Gerichten gibt es bei dem *smörgåsbord*, das auf verschiedene Art eingelegte Heringe *(inlagd sill)*, aber auch warme Gerichte bietet. Eine üppige Variante des *smörgåsbord* ist das *julbord* (Weihnachtstisch), das viele

Restaurants im Dezember anbieten. Im August finden sowohl *surströmmings-* als auch *kräftpremiär* (Krebs-) statt. *Kräftpremiär* ist der Beginn der Krebssaison und ein beliebtes Fest: man ißt, wenn möglich, im Freien, auf einer mit Laternen geschmückten Veranda o. ä. Beim Essen trägt man kleine Hüte und Schlabberlätze. Als Beilage wird Brot und Käse gegessen und Bier und Schnaps getrunken (ein Schnaps zu jeder Schere!). *Surströmming* (gegorener und gesäuerter Hering) ist eine nordschwedische Spezialität. Diejenigen, die *surströmming* mögen, essen ihn mit *tunnbröd* (dünnes Fladenbrot), *gräddfil* (Schmand), Zwiebeln und Mandelkartoffeln. Dazu trinkt man meist Milch.

19C Grammatik

1. Das Partizip Perfekt

Das Partizip Perfekt ist eine Verbform, die wie ein Adjektiv verwendet wird. Es hat den gleichen Stammvokal wie das Supinum und wird ansonsten folgendermaßen gebildet:

Verb	*Konjugationsgruppe:*	*Partizip Perfekt*	
baka	1	baka + **d/t/de**	*gebacken*
stänga höra	2a	stäng + **d/t/da** hör + **d/t/da**	*geschlossen* *gehört*
läsa köpa	2b	läs + **t/t/ta** köp + **t/t/ta**	*gelesen* *gekauft*
sy	3	sy + **dd/tt/dda**	*genäht*
skriva springa komma	4	skriv + **en/et/na** sprung + **en/et/na** komm + **en/et/na**	*geschrieben* *gelaufen* *gekommen*
göra säga	5	gjor + **d/t/da** sag + **d/t/da**	*getan* *gesagt*

19C

Da das **Partizip Perfekt** wie ein **Adjektiv** verwendet wird, erhält es auch die gleichen Endungen wie ein Adjektiv, d. h.: beim Neutrum wird ein **-t** angehängt, im Plural und in der bestimmten Form ein **-a**.

	unbestimmte Form	*unbestimmte Form*	*bestimmte Form*
utr.	Flaskan är fylld.	en fylld flaska	den fylld**a** flaskan
neutr.	Glaset är fyll**t**.	ett fyll**t** glas	det fylld**a** glaset
Pl.	Glasen är fylld**a**.	två fylld**a** glas	de fylld**a** glasen

Zur Erinnerung: Das **Supinum** bleibt immer unverändert:

Han har **fyllt** flaskan/glaset/glasen.

Ähnlich wie bei der Adjektivflexion (s. 5C2) gibt es einige Besonderheiten zu beachten:

– die unbestimmte Form und die Pluralform erhalten wie bei den Adjektiven die Endung **-a**. Endet allerdings das Partizip auf -ad lautet die Endung dagegen **-e**:

en bak**ad** kaka → den bakad**e** kakan
två bakad**e** kakor

– endet das Partizip Perfekt im Utrum auf Konsonant + d oder Konsonant + t, fällt dieses d oder t vor der Neutrumendung:

stäng**d** +**t** → stäng**t**
hör**d** +**t** → hör**t**

– endet das Partizip Perfekt im Utrum auf -dd, wird dies im Neutrum zu -tt:

sy**dd** +**tt** → sy**tt**
bebo**dd** +**tt** → bebo**tt** *(bewohnt)*

– Partizipien auf unbetontes -en verlieren das n vor -t:

skriv**en** +**t** → skrive**t**
bortsprung**en** +**t** → bortsprunge**t** *(entlaufen)*

– im Plural verlieren sie das -e:

skrivn**a** brev – *geschriebene Briefe*
bortsprungn**a** katter – *entlaufene Katzen*

2. Passiv mit bliva/vara + Partizip Perfekt

Neben den s-Formen (s. 18C) kann das Passiv auch mit entsprechenden Formen von **bliva** *werden* und **vara** plus Partizip Perfekt umschrieben werden. Die Umschreibung mit **vara** betont das Ergebnis oder den Zustand, die Umschreibung mit **bliva** eher den Verlauf.

Bilen **är såld**.	*bzw.*	**blir såld**
Huset **är reparerat**.		**blir reparerat**
Dörrarna **är stängda**.		**blir stängda**

Claudia och Volker **blir hämtade** vid stationen.
Min cykel **blev stulen** medan jag var inne i affären.
När jag kom ut, såg jag att cykeln **var stulen**.

Mit den entsprechenden Formen von **bliva** und **vara** können alle Zeiten gebildet werden: **blir såld, blev såld, har blivit såld ...**

3. Partizip Perfekt bei zusammengesetzten Verben

Bei einem Verb mit Partikel wird im Partizip Perfekt die Partikel nach vorne gezogen und mit dem Verb zusammen geschrieben:

Alla **tycker om** henne.	→ Hon är mycket **omtyckt**.
Eva **satte på** kaffet.	→ Kaffet är **påsatt**.
De **åt upp** alla pannkakor.	→ Pannkakorna blev **uppätna**.

Ähnlich auch bei Zusammensetzungen wie:

Hon har nyligen klippt sig.	→ Hon är **nyklippt**.
Hon har själv bakat brödet.	→ Brödet är **hembakat**.

19D Übungen

1. *Svara på frågorna!*

a) Vad är det för särskilt med midsommaraftonen? b) Hur är många människor prydda på midsommaraftonen? c) Varifrån kommer kransarna? d) Vad är det som grodor inte har? e) Hurdan ser midsommarstången ut? f) Vad finns det på hembygdsgården och varför går alla dit? g) Hur fortsätter midsommarfirandet sedan? h) Hur ser det ut i trädgården? i) Vad gör svenskarna ibland, innan de dricker en snaps? j) Vad för sorts mat äter man på midsommaraftonen? k) Vad finns det för metoder för att konservera fisk? l) Vilka olika brödsorter är nämnda i texten? m) Vad kan man få till efterrätt? n) Hur ofta firar man midsommar?

2. *Översätt till svenska!*

a) Am 24. Juni ist Mittsommer. b) Das ist die hellste Nacht des Jahres und man feiert den ganzen Tag bis spät in die Nacht. c) Die Mädchen pflücken Butterblumen, Margeriten und Kornblumen und winden Kränze. d) Die Mittsommerstange ist mit Birkenlaub und Blumen geschmückt. e) Jemand spielt Ziehharmonika und alle singen und tanzen um die Mittsommerstange herum. f) Im Garten hat man einen langen Tisch gedeckt. g) Der gedeckte Tisch sieht sehr festlich *(festligt)* aus. h) Es gibt geräucherten Aal und eingelegten Hering. i) Dazu ißt man neue Kartoffeln und grünen Salat. j) Zum Nachtisch gibt es frisch gebrühten Kaffee und frischgepflückte Erdbeeren. k) Die Erwachsenen trinken Bier und gewürzten Schnaps. l) Die Kinder dürfen so lange aufbleiben, wie sie wollen.

3. *Ändra följande verb ur konjugation 1, 2a, 2b och 3 från perfekt till perfekt particip.*

Exempel: Han har köpt kläder. Kläderna är köpta.

a) Han har packat väskan. b) De har köpt presenterna. c) Jag har putsat fönstret. d) Du har stängt dörren. e) Han har filmat barnen. f) Han har delat kakan. g) Hon har klippt gräset. h) Vi har bearbetat manuskriptet. i) De har lagat maten. j) Han har diskat disken. k) Jag har städat lägenheten. l) Hon har plockat hallonen. m) Du har tvättat kläderna. n) Jag har sytt kjolen. o) De har stekt fisken.

4. *Ändra från perfekt particip till relativsatser:*

ett bakat bröd = ett bröd, som någon har bakat

a) ett dukat bord b) rökt ål c) gravad lax d) fyllda ägghalvor e) lagrad ost f) klippt gräslök g) blandad grönsallad h) plockade blommor i) bundna kransar j) skuren potatis k) skalad lök l) en smord form m) vispad grädde n) kryddat brännvin o) fyllda glas p) en stängd dörr q) ett skrivet brev r) en (o-)bjuden gäst

5. *Ändra från relativsatser till sammansatta perfekt participformer:* ett bröd, som någon har bakat själv = ett hembakat bröd

a) en roman, som nyligen har blivit översatt b) en person, som nyligen har klippt sig c) ett arbete, som man har klarat av d) en person, som har klätt på sig

e) ost, som man har gjort själv f) en bil, som man har kört om g) jordgubbar, som man nyss har plockat h) ett vin, som man har gjort själv i) kaffe, som man nyss har bryggt j) ett ansikte, som man känner väl k) en person, som man tycker om l) ett telefonnummer, som man har skrivit upp m) en bil, som har parkerat fel n) en midsommarstång, som man har klätt med blomster o) sill, som man har lagt in p) potatis, som man har kokt med dill q) ett recept, som någon har skrivit upp

6. *Bilden Sie das Partizip Perfekt zu den Verben in Klammern!*

a) Den här bilen är ... (stjäla, 4). b) Vet du någonting om ... bilar? (begagna, 1). c) Det är ... att röka här. (förbjuda, 4). d) Varför är det inte ... (tillåta, 4)? e) På skylten står det "rökning ..." (förbjuda, 4). f) Mannen därborta är den ... (anklaga, 1). g) Fönstren är ... (putsa, 1). h) Katten har varit ... i tre dagar (försvinna, 4). i) Jag vill ha två ... korvar med bröd, tack (steka, 2b). j) Jag blev ... hela tiden (avbryta, 4). k) Blev du ... till utbildningen (anta, 4)? l) Tycker du om ... fläsk med löksås (steka, 2b)? m) Böckerna är ... från engelska till franska (översätta, 5). n) Är brödet ... (hem + baka, 1)? o) Hans pass är ... (stjäla, 4). p) Huset är ... (sälja, 4). q) Vi är ... på festen (bjuda, 4). r) Nu är övningen ... (göra, 5).

7. *Ändra följande meningar från s-passiv till passiv med bliva!*

Exempel: Huset byggs av en byggmästare. – Huset blir byggt av en byggmästare.

a) Artikeln publiceras i flera morgontidningar. b) Sjutton ungdomar grips av polisen. c) Flyget ställs in på grund av strejken. d) Utställningen öppnas av kungen. e) Uppgifterna görs varje dag. f) Riksdagsvalen hålls vart fjärde år. g) Dikterna skrivs av en känd författare.

8. *Ändra nu meningarna i uppgift 7 till preteritum, perfekt och futurum, både med s-passivum och omskrivning med bliva!*

Exempel 1, preteritum: Huset byggdes av en byggmästare. – Huset blev byggt av en byggmästare.

Exempel 2, perfekt: Huset har byggts av en byggmästare. – Huset har blivit byggt av en byggmästare.

Exempel 3, futurum: Huset kommer att byggas av en byggmästare. – Huset kommer att bli byggt av en byggmästare.

9. *Zusatzübung: Lesen Sie die folgende Speisekarte durch, und stellen Sie sich ein Menü zusammen:*

Den glade sjömatrosen

Matsedel

Förrätter:

Ostgratinerad löksoppa med rostat bröd
Basilikakryddad tomatsoppa med franskbröd
Smörgås med gravad eller rökt lax

Fiskrätter:

Fisk- och skaldjurssoppa med aioli och bröd
Kokt gädda med pepparrotssås och kokt potatis
Pocherad laxforell med hollandaisesås och kokt potatis
Färsk stekt makrillfilé med tomat, purjolök och stekt potatis

Kötträtter:

Köttbullar med gräddsås, lingonsylt och potatismos
Ugnsstekt falukorv med potatismos, senap och ketchup
Stekt fläsk med löksås och kokt potatis
Bakad potatis med skinka, bacon och dragon i ädelostsås
Grillad kyckling med gurksallad och pommes frites
Oxfilé med bearnaisesås, pommes frites och grönsaker

Desserter:

Saffranspannkakor med vispgrädde och hallonsylt
Hemlagad ostkaka med grädde och jordgubbssylt
Äppelkaka med vaniljsås

matsed|el, -eln, -lar	*Speisekarte*
förrätt, -en, -er	*Vorspeise*
gratinera (1) [grati'ne:ra]	*überbacken, gratinieren*
lök, -en, -ar	*Zwiebel*
sopp|a, -an, -or [ˈsɔpa]	*Suppe*
rosta (1) [ˈrɔsta]	*rösten, toasten*
krydda (1)	*würzen*
franskbröd, -et, -	*Weißbrot*
smörgås, -en, -ar	*belegtes Brot*
gravad lax, -en, -ar	*marinierter Lachs*
rökt lax	*Räucherlachs*
fiskrätt, -en, -er	*Fischgericht*
skaldjur, -et, -	*Krustentier*
aioli	*Knoblauchmayonnaise*
kokt (*Part. Perf. von* koka)	*gekocht*
gädd|a, -an, -or	*Hecht*
pepparrot, -en	*Meerrettich*
sås, -en, -er	*Soße*
pochera (1) [pɔ'çe:ra]	*pochieren*
forell, -en, -er [fɔ'rɛl]	*Forelle*
färsk [fæʂk]	*frisch*
makrill, -en, -ar	*Makrele*
filé, -n, -er [fi'le:]	*Filet*
purjolök, -en, -ar [ˈpɵrjulø:k]	*Lauch, Porree*
kött, -et [çøt]	*Fleisch*
kötträtt, -en, -er	*Fleischgericht*
köttbull|e, -en, -ar	*Hackfleischbällchen*
lingonsylt, -en, -er	*Preiselbeerkompott*
sylt, -en, -er	*Eingemachtes, Kompott*
potatismos, -et [-mu:s]	*Kartoffelbrei*
ugnsstekt (*Part. Perf. zu* steka *s. u.*)	*ofengebacken*
falukorv, -en, -ar	*Fleischwurst*
senap, -en	*Senf*
steka (2b)	*braten, schmoren*
fläsk, -et	*Speck; Schweinefleisch*
baka (1)	*backen*
skink|a, -an, -or	*Schinken*
dragon, -en [dra'gu:n]	*Estragon*
ädelost, -en, -ar	*Edelschimmelkäse*
grilla (1)	*grillen*
kyckling, -en, -ar	*Hähnchen*
oxfilé, -n, -er [ˈuksfile:]	*Rinderfilet*
grönsaker *(Pl.)*	*Gemüse*
dessert, -en, -er [dɛ'sæ:r]	*Nachtisch, Dessert*
saffranspannkak|a, -an, -or	*Safranpfannkuchen*
vispgrädde, -n	*Schlagsahne*
hallon, -et, -	*Himbeere*
ostkak|a, -an, -or	*schwed. Käsekuchen*
jordgubb|e, -en, -ar	*Erdbeere*
äppelkak|a, -an, -or	*Apfelkuchen*

10. *Übung für den Gruppenunterricht: Spielen Sie folgende Situation mit verteilten Rollen durch! (Für Selbstlerner: Schreiben Sie einen Dialog!)*

A: Gäst
B: Kypare

A kommer in på en restaurang. Han/Hon vill gärna ha något att äta och ber om matsedeln. Genom någon form av felplanering finns visserligen alla förrätter och desserter, men bland huvudrätterna finns bara fiskrätter. Kyparen (B) känner sig ansvarig för restaurangens rykte och vill inte berätta om felplaneringen. I stället försöker han övertala gästen att välja en fiskrätt. Hur går det?

20A

20A Text

Kalmar slott

Per reste inte raka vägen ner till Lund efter fjällvandringen längs Kungsleden. Han gjorde ett uppehåll i Stockholm, och sedan reste han över till Gotland några dagar. Därefter tog han vägen över Öland tillbaka till fastlandet och stannade till i Kalmar, där han bl. a. tittade på Kalmar slott. De här uppgifterna hittade han i broschyren *Kalmar slott och Kalmar läns museum. En vägledning av Dagmar Selling.*

Under de oroliga tiderna i slutet av 1100-talet härjade sjörövarflottor från öster och sydöst i Östersjön. Det var därför som man byggde försvarstorn på strategiska och utsatta platser längs den svenska kusten. Ett sådant rundtorn byggdes på Öland, där Borgholms slottsruin ligger i dag. Ett annat torn uppfördes på en udde i sundet mellan fastlandet och Öland, och det är detta torn, som utgör kärnan i Kalmar slott.

Men det är inte bara slottet, som har en lång historia. Kalmar sund omtalas på en runsten från 1000-talet vid Ärja i Södermanland. Staden Kalmar förekommer på en arabisk världskarta från 1154 och i dansken

Saxo Grammaticus' verk från slutet av 1100-talet. Isländningen Snorri Sturluson berättar i sina Konungasagor från början av 1200-talet om härjningar i Kalmar och om kristnandet av Småland under 1120-talet.

Runt försvarstornet vid Kalmar sund byggdes flera byggnader under kung Magnus Ladulås i slutet av 1200-talet. Det var denna borg som blev Sveriges starkaste och modernaste fästning under medeltiden.

Kalmar var en viktig handelsstad med en stor hamn, då för tiden dubbelt så stor som i dag. Det kom många fartyg, inte minst från de tyska hansestäderna. Genom Kalmarunionen blev Sverige, Danmark och Norge ett rike under drottning Margareta i slutet av 1300-talet. På Kalmar slott kröntes också Margaretas systerson Erik av Pommern till svensk kung i början av 1400-talet.

Unionen mellan Sverige, Danmark och Norge gick i kras, men Kalmar och Kalmar slott fortsatte att spela en viktig roll fram till slutet av 1600-talet. Det berodde bland annat på stadens läge vid ostkusten och vid Kalmar sund mellan fastlandet och Öland. Under de många oroligheterna mellan Sverige och Danmark i slutet av medeltiden och början av nyare tiden utgjorde Kalmar en betydelsefull gränsstad i södra Sverige. På den tiden tillhörde landskapen Skåne och Blekinge inte Sverige utan Danmark. Det var följaktligen Småland som var Sveriges sydligaste landskap. Kalmar var av stor strategisk betydelse och kallades ''rikets nyckel''.

Under Gustav Vasa och hans söner Erik XIV och Johan III förstärktes och förskönades Kalmar slott på 1500-talet. Det blev ett ståtligt renässanspalats. Under kriget mot Danmark 1611–1613 föll slottet i danskarnas händer, och staden Kalmar brann ned. När den nybyggda staden också brann ned, uppförde man ett tredje Kalmar lite längre bort.

Från och med år 1658 tillhörde Skåne och Blekinge Sverige, och Kalmar låg inte längre vid landets sydgräns. Det var nu som förfallets tid kom för Kalmar slott. Den medeltida befästningen och vasatidens palats blev spannmålsmagasin, brännvinsbränneri och häkte. Slottets inredning blev till stor del förstörd. År 1810 föreslog biskopen i Kalmar att man skulle riva slottets murar och torn och använda stenen till någonting bättre. Så blev det lyckligtvis inte, och i mitten av 1850-talet började man restaurera slottet. När arbetena var färdiga år 1939, hade slottet åter vallgrav med vindbrygga och borggård med fasadbemålning från slutet av 1500-talet.

uppehåll, -et, -	*Aufenthalt*
stanna till (1) [stana 'til]	*Kurzaufenthalt machen*
slott, -et, -	*Schloß*
uppgift, -en, -er [ˇɵpjift]	*Angabe*
broschyr, -en, -er [brɔ'ʃyr]	*Prospekt*
län, -et, -	*Regierungsbezirk*
museum, museet, museer [mɵˇseːɵm]	*Museum*
vägledning, -en, -ar	*Führung; Anleitung*
härja (1)	*verheeren, verwüsten*
sjörövare, -n, -	*Seeräuber*
flott|a, -an, -or	*Flotte, Kriegsmarine*
försvarstorn, -et, -	*Verteidigungsturm*
strategisk	*strategisch*
utsatt (*Part. Perf. von* utsätta, 5)	*ausgesetzt*
kust, -en, -er	*Küste*
uppföras (*Passiv*, 2a)	*aufgeführt werden*
udd|e, -en, -ar	*Landzunge*
sund, -et, -	*Meerenge*
utgöra (5)	*ausmachen*
kärn|a, -an, -or	*Kern*
histori|a, -en, -er [his'tuːria]	*Geschichte*
omtalas (*Passiv*, 1)	*erwähnt werden*
förekomma (4)	*vorkommen*
arabisk	*arabisch*
världskart|a, -an, -or	*Weltkarte*
dansk, -en, -ar	*Däne*
verk, -et, -	*Werk*
isländning, -en, -ar	*Isländer*
konung, -en, -ar (=kung)	*König*
härjning, -en, -ar	*Verheerung, Verwüstung*
kristnande, -t	*Christianisierung*
borg, -en, -ar [bɔrj]	*Burg*
fästning, -en, -ar	*Festung*
medeltid, -en	*Mittelalter*
handel, -n	*Handel*
då för tiden	*damals*
dubbel	*doppel*
fartyg, -et, -	*Schiff, Fahrzeug*
hanse|stad, -staden, -städer	*Hansestadt*
union, -en, -er [ɵni'uːn]	*Union*
drottning, -en, -ar	*Königin*
krönas (*Passiv*, 2b)	*gekrönt werden*
syster|son, -sonen, -söner	*Neffe*
gå i kras (4)	*in Stücke gehen, zerspringen*
bero på (3) [bɛ'ruː po]	*beruhen auf, ankommen auf*
läge, -t, -n [lɛːgə]	*Lage*
orolighet, -en, -er [ˇuːruːli(g)heːt]	*Unruhe*
betydelsefull	*bedeutend*
på den tiden	*damals, zu jener Zeit*
tillhöra (2a)	*gehören zu*
följaktligen	*folglich*
betydelse, -n, -r	*Bedeutung*
nyck|el, -eln, -lar	*Schlüssel*
förstärkas (*Passiv*, 2b)	*verstärkt werden*
förskönas (*Passiv*, 1) [fœːˇɧøːnas]	*verschönert werden*
ståtlig	*stattlich, prachtvoll*
renässanspalats, -et, -	*Renaissancepalast*
falla (4)	*fallen*
brinna ned (4)	*niederbrennen*
nybyggd (*Part. Perf. von* bygga, 2a)	*neugebaut*
uppföra (2a)	*aufführen*
förfall, -et, -	*Verfall*
medeltida (*Adj.*)	*mittelalterlich*
befästning, -en, -ar	*Befestigung*
vasatiden	Zeit d. Vasaregenten, 1521–1654
spannmålsmagasin, -et, -	*Getreidespeicher*
brännvinsbränneri, -et, -er	*Schnapsbrennerei*
häkte, -t, -n	*Gefängnis, Arrest*
inredning, -en, -ar	*Einrichtung*
förstörd (*Part. Perf. von* förstöra, 2a)	*zerstört*
föreslå (4)	*vorschlagen*
biskop, -en, -ar	*Bischof*
riva (4)	*abreißen*
lyckligtvis	*glücklicherweise*
restaurera (1) [rɛstau'reːra]	*wiederherstellen*
vallgrav, -en, -ar	*Wallgraben*
vindbrygg|a, -an, -or	*Zugbrücke*
borggård, -en, -ar [bɔrjgoːɖ]	*Burghof*
fasadbemålning, -en, -ar	*Fassadenbemalung*

20B Sprachgebrauch und Landeskunde

Die schwedischen Runensteine

Schweden hat mit ca. 3500 Runeninschriften die größte Zahl an Runendenkmälern in ganz Skandinavien. Viele dieser Inschriften sind gut sichtbar auf mehr oder weniger großen Steinen angebracht, auf die an den Straßen hingewiesen wird. Die Sitte des Runensteinsetzens breitete sich etwa ab 800 von Dänemark aus weiter in den Norden aus. Viele Steine sind dem Gedenken an verstorbene Familienangehörige gewidmet und wurden von den Familien bei einem Runenritzer in Auftrag gegeben, der die Inschrift am Schluß mit seinem Namen signierte. Andere Steine nennen z. B. die Erbauer von Wegen, Brücken und Thingplätzen oder geben Auskunft über den Grenzverlauf von Familienbesitz.

Oft geben diese Steine auch Zeugnis von den Fahrten der Wikinger und Kaufleute: so ist z. B. von einem *Ulv* die Rede, der dreimal dabei war, als skandinavische Heerfahrer und Könige in England den Tribut, das *Danegeld*, eintrieben. Viele Steine sind für einzelne Teilnehmer an der Expedition von *Ingvar dem Weitgereisten* aufgestellt worden. Die Reise führte sie ca. um die Mitte des 11. Jahrhunderts bis nach Kleinasien *(Serkland)*, wo alle Mitglieder der Expedition den Tod fanden. Ein anderer Stein erwähnt vier Fahrtziele, die ungefähr die ganze damals bekannte Welt umspannten: Griechenland, Jerusalem, Island, Serkland.

Der Runenstein von Rök (am Vätternsee) trägt die längste bekannte Runeninschrift. Sie umfaßt ca. 750 Zeichen, darunter auch Runen aus der älteren Runenreihe und verschiedene Arten von „Geheim“runen. Auf diesem Stein steht auch eine Strophe in eddischem Versmaß –

das älteste Stück schwedischer Poesie. (Die Abbildung zeigt die Vorderseite des Steins, der mit über zwei Metern Höhe ein imposantes Ausmaß erreicht.)

Eine Besonderheit Schwedens sind die Bildsteine von Gotland, die es nur dort gibt und die man zum größten Teil in *Gotlands fornsal* in Visby bewundern kann.

20C Grammatik

1. Emphatische Umschreibung

Die emphatische Umschreibung dient der Hervorhebung eines Satzgliedes, das man besonders betonen möchte. Dieses Satzglied wird abgespalten und in einem eigenen Satz vorangestellt, der mit „det är/var" eingeleitet wird. Man verwendet dabei Präsens auf der Gegenwartsebene und Präteritum auf der Vergangenheitsebene. Daran wird die eigentliche Aussage in einem Relativsatz angeschlossen:

Per reser hem. – Det är **Per**, som reser hem.
Paul har träffat **honom**. – Det är **honom**, (som) Paul har träffat.
Per hälsade på Paul. – Det var **Per**, som hälsade på Paul.
Anna hade bakat **en kaka**. – Det var **en kaka**, (som) Anna hade bakat.

Das Relativpronomen kann ausgelassen werden, wenn es nicht das Subjekt ist.

2. Emphatische Umschreibung in Fragesätzen

Auch in Fragesätzen kommt die emphatische Umschreibung häufig vor:

Vem går nere på stranden? – **Vem** är det, som går nere på stranden?
Vad hände i bageriet? – **Vad** var det, som hände i bageriet?
Vad har din bil **för färg**? – **Vad** är det **för färg**, (som) din bil har?
När ska ni resa? – **När** är det, (som) ni ska resa?
Kom de hit **i går**? – Var det **i går**, (som) de kom hit?
Flög du **till Spanien**? – Var det **till Spanien**, (som) du flög?

Besonders in der gesprochenen Sprache ist die emphatische Umschreibung häufig.

3. Platzhalterzwang in Nebensätzen

Da die Wortfolge im Schwedischen u. a. angibt, ob ein Satzglied Subjekt oder Objekt ist, darf der Subjektplatz in Nebensätzen nicht unbesetzt bleiben. Wenn der Nebensatzeinleiter gleichzeitig Subjekt ist, wie bei bestimmten indirekten Fragen, muß auf dem Subjektplatz der Platzhalter **som** stehen:

Vem såg Per?
Gissa, **vem som** såg Per! – *Rate, wer Per sah!* (vem = Subj.)
Gissa, **vem** Per såg! – *Rate, wen Per sah!* (vem = Obj.)

Vad hände Mats i Paris?
Jag vet inte alls, **vad som** hände Mats! (vad = Subj.)
Jag vet inte alls, **vad** du menar! (vad = Obj.)

Vilken bok är bäst?
Hon undrar, **vilken bok som** är bäst! (vilken bok = Subj.)
Hon undrar, **vilken bok** jag läser. (vilken bok = Obj.)

20D Übungen

1. *Svara på frågorna!*

a) Vilka uppehåll gjorde Per på resan från Lappland till Lund? b) Tittade han på någon särskild sevärdhet i Kalmar? c) Hur fick han veta så mycket om slottet? d) Under vilket århundrade härjade sjörövare i Östersjön? e) Vad gjorde befolkningen för att skydda sig mot sjörövarnas härjningar? f) Vad var Borgholms slottsruin ursprungligen? g) Var är Kalmar slott beläget? h) När och var omtalas Kalmar sund för första gången? i) När blev Småland kristet? j) Vem var det som regerade, när Kalmar slott blev Sveriges starkaste och modernaste fästning? k) Vad hette monarken, som enade Sverige, Danmark och Norge till ett rike? l) I vilket släktskapsförhållande stod Margareta till Erik, om han var hennes systerson? m) Varför var Kalmar av stor strategisk betydelse fram till 1658? n) Hur förändrades Sverige 1658? o) Vad innebar denna förändring för Kalmar? p) Vad föreslog biskopen i Kalmar år 1810? q) När började restaureringen av Kalmar slott och hur länge pågick den?

2. *Översätt till svenska!*

a) Wollen wir einen Kurzaufenthalt auf dieser Landzunge zwischen dem Festland und Öland machen? b) Ja, und danach können wir einen längeren Aufenthalt an der Westküste machen. c) Ist dies ein Ort, der eine lange Geschichte hat? d) Am Anfang des 14. Jahrhunderts war Kalmar eine wichtige Handels- und Hafenstadt. e) Unter Königin Margareta wurden Schweden, Norwegen und Dänemark Ende des 14. Jahrhunderts ein Reich. f) Welche Landschaft war die südlichste Landschaft Schwedens am Ende des Mittelalters? g) Was war es, was der Bischof in Kalmar im Jahre 1810 vorschlug? h) Er wollte, daß das Kalmarer Schloß abgerissen werden sollte, damit man die Steine besser verwenden könnte. i) Glücklicherweise wurde das Schloß statt dessen restauriert.

3. *En frågesport om berömda svenskar. Ändra följande frågor till emfatiska frågor!*

Exempel 1: Vem uppfann dynamiten – Vem var det som uppfann dynamiten?
Exempel 2: Vem har uppfunnit dynamiten – Vem är det som har uppfunnit dynamiten?

a) Vem skrev dramat ”Fröken Julie” och romanen ”Röda rummet”? b) Vem har vunnit Wimbledon i tennis fem gånger? c) Vem gifte sig med Karl XVI Gustaf 1976? d) Vem har skrivit om Emil i Lönneberga, bröderna Lejonhjärta och barnen på Bråkmakargatan? e) Vilken akademi delar ut Nobelpriset? f) Vilken flicka kommer på morgonen den 13 december och lyser upp mörkret i Sverige? g) Vem har regisserat filmerna ”Det sjunde inseglet”, ”Sommarnattens leende” och ”Fanny och Alexander”? h) Vilken svensk statsminister blev skjuten på öppen gata i Stockholm den 28 februari 1986? i) Vilket möbelvaruhus grundades av Ingvar Kamprad?

4. *Besvara nu frågorna i föregående övning med emfatisk omskrivning.*

Exempel 1: Det var Alfred Nobel som uppfann dynamiten.
Exempel 2: Det är Alfred Nobel som har uppfunnit dynamiten.

5. *Ändra svaren i föregående uppgift till ja/nej-frågor:*

Exempel 1: Var det Alfred Nobel som uppfann dynamiten?
Exempel 2: Är det Alfred Nobel som har uppfunnit dynamiten?

6a. *Du hör inte det understrukna. Gör frågor enligt exemplen!*

Exempel 1: Sjörövarna härjade i Östersjön.
Vad gjorde de i Östersjön?
Exempel 2: Sjörövarna härjade i Östersjön.
Vilka härjade i Östersjön?

a) Sjörövarna kom från öster och sydöst. b) Svenskarna byggde försvarstorn längs kusten. c) Borgholms slottsruin var från början ett rundtorn. d) Kalmar sund omtalas på en runsten från 1000-talet. e) Magnus Ladulås' borg blev Sveriges starkaste fästning under medeltiden. f) Magnus Ladulås' borg blev Sveriges starkaste fästning under medeltiden. g) I Kalmarunionen ingick Sverige, Norge och Danmark. h) Drottning Margareta styrde över tre länder. i) På Kalmar slott kröntes Erik av Pommern till svensk kung. j) På 1500-talet tillhörde Skåne och Blekinge Danmark. k) Småland var Sveriges sydligaste landskap. l) Kalmar kallades ”rikets nyckel”. m) I mitten av 1800-talet började man restaurera slottet.

6b. *Gör om frågorna i 6a till frågor med emfatiska omskrivningar!*

Exempel 1: Vad gjorde de i Östersjön?
Vad var det (som) de gjorde i Östersjön?
Exempel 2: Vilka härjade i Östersjön?
Vilka var det som härjade i Östersjön?

7. *Fyll i verben som passar till de understrukna substantiven!*

a) Han har alltid fina kläder. Men vad ska jag ... på mig? b) Nu måste vi ..., så att arbetet blir färdigt. c) Det finns så många blommor, som ... i parkerna på våren. d) Behöver du mycket sömn? – Ja, jag ... minst åtta timmar per natt. e) Den här berättelsen ... lyckligt. Nu är sagan slut. f) Vad ska kunskaper vara bra till? – Vadå? Det är väl alltid bra att ... något! g) Vem har ... den här byggnaden? h) Nu ska vi ... en riktigt rolig dans! i) En domare ... brottslingar.

8. *Vilket talesätt väljer du som kommentar till meningarna?*

a) Pappan var alltid duktig i fotboll, och nu spelar sonen i landslaget *(Nationalmannschaft)*. b) Jag hade länge hört rykten om att Kurt och Camilla inte trivdes så bra ihop, och nu har de skilt sig. c) Harald och Monica har samma åsikter och samma smak, och de verkar mycket lyckliga ihop. d) När jag berättade för Krister att jag hade varit på bio med Peter, packade Krister sin väska och försvann ur mitt liv. e) Nu har Linda varit på semester i tre veckor, och vi har inte hört ett ord ifrån henne. f) Han har inte ett rött öre *(keinen roten Heller)*, men han har massor av goda idéer. g) Det är härligt att uppleva nya platser, men det är ändå alltid skönt att komma hem igen. h) Jag tänkte bara titta in och se om du var hemma, men jag kanske kommer olämpligt? i) Nu har Per och Pernilla känt varandra i ett halvår, men ingenting händer. Pernilla kan kanske inte glömma sin förra pojkvän. j) Jag pluggar svenska varje dag, men jag förstår ändå inte allt jag läser och hör. k) Jag är så ledsen. Jag blir nog aldrig glad igen. l) August förlorade sitt arbete, och i stället anställdes Konrad.

- Tiden läker alla sår.
- Kär gäst är alltid välkommen.
- Gammal kärlek rostar aldrig.
- Rom byggdes inte på en dag.
- Den enes död, den andres bröd.
- Inga nyheter är goda nyheter.
- Bättre brödlös än rådlös.
- Äpplet faller inte långt från trädet.
- Ingen rök utan eld.
- Lika barn leka bäst.
- Borta bra, hemma bäst.
- Tala är silver, tiga är guld.

21A

21A Text

Folktro

Förr i världen ansåg många människor att världen var befolkad av fler varelser än bara människor och djur. Det fanns de som tyckte att det inte kunde skada att man kände till lite om de underjordiska eller om andra makter, så att man höll sig väl med dem och inte utmanade ödet.

Om en man gick ensam i skogen, så kunde det hända att han såg en vacker flicka framför sig. Hon var kanske naken och bara höljd i sitt långa hår. Om hon vinkade åt den ensamme vandraren att komma med henne, skulle han ta sig i akt. Han fick absolut inte följa efter henne. Det var Skogsrået, och hon lockade männen att gå vilse i skogen. En del hittade aldrig hem igen. Det gick dock att känna igen Skogsrået. Om hon vände sig om, skulle han kunna se att hennes rygg var ihålig som ett träkar.

Om en kvinna kom gående ensam ner till bäcken, så kunde det hända att hon såg en vacker naken man vid vattnet. Han satt och spelade alldeles gudomligt på sin fiol. Hans långa hår hängde ner i ansiktet på honom. Så länge han spelade för henne, var hon som trollbunden av honom. Näcken var hans namn. Hans dragningskraft var livsfarlig. Om hon inte lyckades komma ur förtrollningen, så skulle hon komma att dras ner i djupet till honom och drunkna i bäcken.

I skogen bodde många andra väsen. När det var dimma, kunde man se älvorna dansa på ängarna. Man var tvungen att se upp med trollen, så att de inte rövade bort nyfödda människobarn. Man fick akta sig för jättarna, så att de inte träffade en med stora stenar, när de försökte krossa kyrkorna och tysta den förhatliga klockklangen. Man fick inte hälla ut hett vatten på marken, för då kunde man skada alverna.

Varje gård på landet hade en hustomte. Om man höll sig väl med honom, hjälpte han gårdsfolket och var till stor nytta. Det var viktigt att man inte glömde ge honom julgröt på julaftonen. Men om man retade honom (som Nils Holgerson gjorde), spred han olycka och nöd över gården.

På midsommaraftonen var luften full av övernaturliga väsen. Om en flicka ville se sin tillkommande, skulle hon plocka sju olika sorters blommor och hoppa över sju gärdesgårdar. Sedan skulle hon lägga blommorna under huvudkudden. I drömmen skulle hon sedan se den, som hon skulle komma att gifta sig med. Men om hon drömde om ett begravningståg, skulle hon själv komma att dö, innan året var till ända.

Det låter hemskt, inte sant? Det är ju tur att vi inte tror på skrock i dag! Eller? Läser du veckans horoskop? Betyder det otur, om en svart katt går över vägen? Hjälper det att säga: ''Peppar, peppar, ta i trä!'' eller ''Tvi, tvi!''? Går du under stegar? Lägger du nycklarna på bordet? Tror du att det blir en lyckad middag, om man är tretton kring bordet?

förr i världen	*früher*
folktro, -n [ˈfɔlktruː]	*Volksglauben*
anse (4)	*meinen*
befolkad [ˈbəfɔlkad] (*Part. Perf. von* befolka, 1)	*bevölkert*
varelse, -n, -r	*Wesen*
ting, -et, -	*Ding*
blott [blɔt]	*bloß*
skada (1)	*schaden*
underjordisk	*unterirdisch*
utmana (1)	*herausfordern*
öde, -t, -n	*Schicksal*
naken	*nackt*
höljd (*Part. Perf. von* hölja, 2a)	*gehüllt*
vinka (1)	*winken*
vandrare, -n, -	*Wanderer*
ta sig i akt (4)	*sich in acht nehmen*
absolut inte [absɔˈlʉːt]	*keinesfalls*
Skogsrå, -et	*Waldfrau*
locka (1)	*locken*
gå vilse (4)	*sich verirren*
dock	*jedoch*
känna igen [ˈçɛna iˈjɛn] (2a)	*(wieder)erkennen*
vända sig om (2a) [vɛnda sɛj ˈɔm]	*sich umdrehen*
ihålig	*hohl*
träkar, -et, -	*Holztrog*
gående (*Part. Pres. von* gå)	*gehend*
bäck, -en, -ar	*Bach*
hända (2a)	*geschehen*
gudomlig [gʉˈduːmlig]	*göttlich*
fiol, -en, -er	*Geige*
ansikte, -t, -n	*Gesicht*
trollbunden (*Part. Perf. von* trollbinda, 4)	*verzaubert*
Näcken	*der Neck*
dragningskraft, -en, -er	*Anziehungskraft*
livsfarlig	*lebensgefährlich*
lyckas (*Deponens*, 1)	*gelingen*
ur	*aus*
förtrollning, -en, -ar	*Verzauberung*
dra (4)	*ziehen*
djup, -et, - [jʉːp]	*Tiefe*
drunkna (1)	*ertrinken*
väsen, - (*Neutr.*), -	*Wesen*
dimm|a, -an, -or	*Nebel*
älv|a, -an, -or	*Elfe*
äng, -en, -ar	*Wiese*
hälla ut (2a) [hɛla ˈʉːt]	*ausgießen*
mark, -en, -er	*Boden, Erde*
skada (1)	*schaden*
alv, -en, -er	*Albe*
tvungen (*Part. Perf. von* tvinga, 4)	*gezwungen*
se upp med något	*mit etwas aufpassen*
troll, -et, -	*Troll, Kobold*
så att (*Konj.*)	*damit*
röva (1)	*rauben*
människobarn, -et, -	*Menschenkind*
akta sig för något (1)	*sich vor etw. in acht nehmen*
jätt|e, -en, -ar	*Riese*
träffa (1)	*treffen*
krossa (1) [ˈkrɔsa]	*zerschlagen, zertrümmern*
tysta (1)	*zum Schweigen bringen*
förhatlig	*verhaßt*
klockklang, -en, -er	*Glockenklang*
hustomt|e, -en, -ar [-tɔmtə]	*Heinzelmännchen*
gårdsfolk, -et	*Gutsleute, Hausgesinde*
nytta, -n	*Nutzen*

julgröt, -en	*Reisbrei, den man zu Weihnachten ißt*
julafton, -en, -aftnar	*Heiliger Abend*
reta (1)	*reizen, ärgern*
sprida (4)	*verbreiten*
olyck|a, -an, -or	*Unglück*
nöd, -en	*Not*
övernaturlig	*übernatürlich*
tillkommande (*Part. Präs. von* tillkomma, 4)	*der Zukünftige*
olik [ˈuːliːk]	*verschieden*
gärdesgård, -en, -ar [gæʂgoːɖ]	*Holzzaun*
huvudkudde, -n, -ar	*Kopfkissen*
dröm, -men, -mar	*Traum*
begravningståg, -et, -	*Trauerzug*
dö (4)	*sterben*
innan	*bevor*
till ända	*zu Ende*
låta (4)	*klingen, s. anhören*
tur, -en	*Glück*
skrock, -et	*Aberglaube*
horoskop, -et, -	*Horoskop*
betyda (3)	*bedeuten*
peppar	*Pfeffer*
trä, -(e)t	*Holz*
tvi!	*pfui!*
steg|e, -en, -ar	*Leiter*
lyckad	*gelungen, geglückt*

21B Sprachgebrauch und Landeskunde

Das Sami-Volk in Schweden

Die Urbevölkerung Schwedens ist das Volk der Sami (Lappen), das im nördlichen Teil Skandinaviens und auf der Kola-Halbinsel wohnt. Dieses Land, heute *Sápmi* genannt, wird durch die Grenzen der Staaten Norwegen, Schweden, Finnland und Rußland geteilt. Das Sami-Volk ist in allen diesen Ländern eine ethnische Minderheit.

In ihrer eigenen Sprache bezeichnen die Sami sich als *sábme*. Die Bezeichnung *Lappe* empfinden die Sami als abwertend. Auf Schwedisch wird deshalb heutzutage die Bezeichnung *same* (Plural *samer*) verwendet.

Die traditionelle Lebensgrundlage der Sami ist die Rentierzucht, die sie seit über 1000 Jahren betreiben. Heute sind allerdings nur etwa 3000 von den 17 000 Sami in Schweden direkt vom Rentier abhängig.

Die samische Sprache gehört zur finno-ugrischen Sprachfamilie und hat drei Hauptdialekte: Ost-, Zentral- und Südsamisch. Alle samischen Dialekte haben einen reichen Wortschatz zur Beschreibung der Rentiere und der natürlichen Umwelt, wie Boden, Wasser und Schnee. Heute bekommen die samischen Kinder auch Unterricht in ihrer Muttersprache. Seit 1950 gibt es in Jokkmokk eine samische Volkshochschule, die Erwachsenenbildung anbietet. Seit 1974 gibt es eine Professur für samische Sprachen an der Universität in Umeå.

Von der Musik der Sami ist vor allem der Sologesang, der *Jojk*, zu erwähnen. Sehr hohe Ansprüche auf Ästhetik und Funktionalität verbinden sich in den samischen kunsthandwerklichen Gegenständen aus Rentiergeweih, Holz und Leder. Ein Museum für samische Kultur und Geschichte gibt es in Jokkmokk.

21C Grammatik

1. Bedingungssätze

In Bedingungssätzen werden die Konjunktion **om** oder **ifall** (in gesprochener Sprache) verwendet.

Om du kommer, blir jag glad. – *Wenn du kommst, werde ich froh.*
Ifall du är tyst, får du godis. – *Wenn du still bist, bekommst du Süßigkeiten.*

In irrealen Bedingungssätzen verwendet man im Schwedischen im Hauptsatz die Umschreibung mit **skulle** *würde*. Der Konjunktiv ist im heutigen Schwedischen selten und kommt fast nur bei **vore** *wäre* vor.

Im Präsens und Futur wird der irreale Bedingungssatz folgendermaßen konstruiert:

Om + Präteritum ... (Bed.), skulle + Subjekt + Infinitiv ... (Folge):

Om jag **hade** pengar, **skulle** jag **köpa** mig en ny gitarr.
Wenn ich Geld hätte, würde ich mir eine neue Gitarre kaufen.

In der Vergangenheit wird der irreale Bedingungssatz wie folgt konstruiert:

Om + Plusquamperfekt... (Bed.), skulle + Subjekt + Infinitiv + Supinum (Folge):

Om jag **hade haft** pengar, **skulle** jag **ha köpt** mig en ny gitarr.
Wenn ich Geld gehabt hätte, würde ich mir eine neue Gitarre gekauft haben.

Die Bedingungssätze können auch ohne **om** und mit invertierter Nebensatzwortfolge konstruiert werden:

Kommer du, blir jag glad.
Hade jag pengar, **skulle** jag **köpa** mig en ny gitarr.
Hade jag **haft** pengar, **skulle** jag **ha köpt** mig en ny gitarr.

21D Übungen

1. *Svara på textfrågorna!*

a) Varför skulle man hålla sig väl med de underjordiska och andra makter? b) Vem var Skogsrået och varför skulle man akta sig för henne? c) Var befann sig Näcken och varför kunde han vara livsfarlig? d) Vilka väsen kunde man se dansa på ängen i dimman? e) Varför var trollen farliga för nyfödda människobarn? f) Varför kastade jättarna stenar mot kyrkorna? g) Varför fick man inte hälla ut hett vatten på marken? h) Var hustomten alltid mild och vänlig? i) Hur skulle flickorna göra för att få veta vem de skulle komma att gifta sig med? j) Finns det någonting positivt med skrock? k) Är du själv skrockfull? (Hur svarar du på de sista frågorna i text 20?)

2. *Översätt till svenska!*

a) Früher gab es viel Aberglaube. b) Man glaubte, daß die Welt mit vielen großen und kleinen übernatürlichen Wesen bevölkert war. c) Man glaubte zum Beispiel an Riesen, Trolle, Heinzelmännchen und Alben. d) Vor manchen Wesen mußte man sich in acht nehmen. e) Riesen warfen (*kasta*, 1) Steine auf Kirchen, und Trolle raubten Kinder. f) Der Neck war ein schöner nackter Mann. g) Er lebte am Wasser, spielte Geige und zog Frauen in die Tiefe. h) Ein schönes junges Mädchen verlockte die Männer, ihr in den Wald zu folgen. i) Sie war nackt und nur in ihr langes Haar gehüllt, und die Männer folgten ihr gerne. j) Dann verirrten sie sich im Wald und fanden niemals mehr nach Hause. k) Dieses Mädchen war kein Mensch, sondern die Waldfrau. l) Manche Wesen waren auch von Nutzen. m) Wenn man sich mit dem Heinzelmännchen gut stellte, half es auf dem Hof. n) Man durfte nicht vergessen, ihm Weihnachten seinen Reisbrei zu geben. o) Wenn man heißes Wasser auf die Erde goß, konnte man den Alben schaden.

3. *Bilden Sie bitte die richtigen Sprichwörter!*

a) Arga katter	gör ingen sommar.
b) Den som gräver en grop åt andra	utan eld.
c) Många bäckar små	att lära gamla hundar sitta.
d) Som man bäddar	än tio i skogen.
e) Ingen rök	får rivet skinn.
f) Tomma tunnor	får man ligga.
g) Liten tuva	blir en stor å.
h) Det är svårt	bullrar mest.
i) Bättre en fågel i handen	faller ofta själv däri.
j) En svala	stjälper ofta stort lass.

4. *Übersetzen Sie die folgenden Bedingungssätze:*

a) Wenn du krank bist, sollst du zu Hause bleiben. b) Wenn du heute kochst, spüle (*diska*, 1) ich nachher. c) Er hat keine Lust mitzukommen, wenn wir nicht ins Theater gehen. d) Wir fahren morgen in die Stadt, wenn es nicht regnet. e) Wenn er so göttlich Geige spielt, hört sie ihm wie verzaubert zu. f) Das Heinzelmännchen wird dir helfen, wenn du nett zu ihm bist.

5. *Vervollständigen Sie bitte die Sätze nach dem folgenden Muster! Nach dem Konditionalsatz folgt zuerst der Hauptsatz und danach der Kausalsatz.*

Muster: Om jag vore (var) en bok, skulle jag vara bibeln, eftersom så många människor läser den.

a) Om jag vore ett träd, ...
b) Om jag vore ett klädesplagg *(Kleidungsstück)*, ...
c) Om jag vore en dryck *(Getränk)*, ...
d) Om jag vore en maträtt, ...
e) Om jag vore ett instrument, ...
f) Om jag vore en sko, ...
g) Om jag vore ett fordon, ...
h) Om jag vore politiker, ...
i) Om jag vore en berömd person, ...
j) Om jag vore en idrott *(Sportart)*, ...
k) Om jag vore ett land, ...
l) Om jag vore en stad, ...
m) Om jag vore ett hus, ...
n) Om jag vore ett djur, ...
o) Om jag vore en blomma, ...
p) Om jag vore en möbel, ...
q) Om jag vore ett språk, ...
r) Om jag vore en fågel, ...
s) Om jag vore en fisk, ...
t) Om jag vore en grönsak, ...
u) Om jag vore en frukt, ...

6. *Welches Sprichwort verbirgt sich in diesem Rösselsprung? Beginnen Sie mit der fettgedruckten Silbe!*

en	li	herr	på	för	men
när	få	en	dar	små	död
ten	är	än	bäck	bord	kat
spin	stor	**mång**	blir	nens	ar
un	smak	björ	å	a	två
in	del	der	kröp	ne	i

7. *Pildialog. A gör en intervju med B enligt anvisningarna.*

A	B
Hälsa och presentera dig.	
	Hälsa.
Säg att du håller på med en undersökning och be att få ställa några frågor.	
	Fråga vad det är för en undersökning.
Svara att det är en undersökning om vad människor prioriterar och önskar sig.	
	Säg att det låter intressant och att du går med på att bli intervjuad.
Tacka för förtroendet och ställ den första frågan. Fråga B vad han/hon skulle göra, om han/hon vann 10.000 kronor.	
	Svara.
Fråga vad B skulle göra, om vinsten i stället var 1.000.000 kronor.	
	Svara.
Fråga vad B skulle önska sig, om han/hon hade en enda önskan.	
	Svara.
Fråga till vilken plats B helst skulle åka.	
	Svara.
Fråga varför.	
	Svara.
Fråga om B helst skulle vilja vara rik, vacker eller berömd.	
	Svara.
Fråga varför.	
	Svara.
Tacka för intervjun.	
	Säg att det var så lite så. Fråga om undersökningen kommer att publiceras någonstans.
Svara.	
	Säg adjö och önska lycka till med den fortsatta undersökningen.
Tacka och säg adjö.	

22A Text

Ett affärsbesök

Urs Ruetli arbetar för en schweizisk kemifabrik i Basel. Firman har vidsträckta kontakter och affärsförbindelser inom hela Europa, och Urs Ruetli sköter förhandlingarna med firmans skandinaviska kunder. Just nu befinner han sig på en affärsresa i Sverige. Ifrån Basel har han tagit ett flyg till Stockholm, där han har träffat några kunder, och nu ska han resa ner till Lund för att träffa företagsledningen i läkemedelsföretaget, där Jonas arbetar. Han har inte mycket bagage, men han tar ändå en taxi från hotellet till bussterminalen i Stockholm. Där byter han till en buss som tar honom till flygplatsen. Stockholms flygplats ligger i Arlanda, ca. trettio minuter utanför Stockholms centrum. Han går till incheckningsdisken för inrikesavgångar och behöver inte vänta länge. Efter en timmes flygresa är han på Sturups flygplats utanför Malmö. Det är Jonas, som hämtar honom där. Jonas och Urs känner varandra sedan tidigare, och de har blivit ganska goda vänner. Det underlättar kontakterna att Urs kan svenska.

22A

Jonas:	God middag, Urs. Hoppas att du hade en trevlig resa.
Urs:	God middag, Jonas. Det var roligt att de skickade dig för att hämta mig. Hur är det med dig? Det var minsann inte i går.
Jonas:	Nej, det var det inte. Jag var ju på semester när du var här i fjor, så det måste vara två år sedan vi träffades senast. Men annars är det bara bra, tack. Och själv då?
Urs:	Jodå, man får inte klaga. Dessutom är det ju alltid roligt att vara på affärsresa utomlands och träffa gamla vänner. Vad är det som står på programmet för i dag?
Jonas:	Jo, först får du titta på vår nya fabrikshall och beundra det senaste inom svensk teknologi. Det blir jag som visar dig runt. Klockan tre är konferensen med företagsledningen. Det gäller väl förlängningen av leveranskontraktet?
Urs:	Ja, precis. Tyvärr var vi tvungna att höja priserna jämfört med förra året, men jag har lite förhandlingsutrymme vad gäller villkoren. Ni är ju gamla kunder, och lågkonjunkturen har väl slagit hårt mot er också.
Jonas:	Ja, det är hårda tider. Konkurrensen sover inte, och vi är ju en ganska liten firma med bara ett hundratal anställda. Då blir det allt svårare att hävda sig, särskilt mot utländska storföretag som vill behärska hela marknaden.
Urs:	Ja, det förstår jag gott och väl. Vi har samma problem hemma hos oss. Det var kanske inte helt fel att vi började satsa på en aggressivare marknadsföring i utlandet. Men vad ska vi göra i kväll?
Jonas:	I kväll blir det en stor affärsmiddag på firmans bekostnad. Vi ska vara på *Grand hotell* klockan 20.00.
Urs:	Det låter fint. I morgon bär det av hem igen. Jag tar svävaren från Malmö till Kastrup utanför Köpenhamn i morgon eftermiddag och flyger hem till Schweiz igen.
Jonas:	Nå, det var ju ett ganska kort besök. Hoppas att du har lite mer tid nästa gång.

affärsbesök, -et, -	*Geschäftsbesuch*	kund, -en, -er	*Kunde*
vidsträckt	*ausgedehnt, umfangreich*	befinna sig (4)	*sich befinden*
		affärsres|a, -an, -or	*Geschäftsreise*
kontakt, -en, -er	*Kontakt, Verbindung*	flyg, -et, -	*Flugzeug*
affärsförbindelse, -n, -r	*Geschäftsverbindung*	företagsledning, -en, -ar	*Geschäftsleitung*
sköta (2b)	hier: *führen*	företag, -et, -	*Unternehmen; Firma*
förhandling, -en, -ar	*Verhandlung*	flygplats, -en, -er	*Flughafen*

incheckningsdisk, -en, -ar	*Schalter zum Einchecken*
inrikesavgång, -en, -ar	*Inlandsflug*
underlätta (1)	*erleichtern*
minsann	*wahrlich*
i fjor	*voriges Jahr*
utomlands	*im Ausland*
fabrikshall, -en, -ar	*Fabrikhalle*
det senaste	hier: *das Neueste*
konferens, -en, -er [kɔnfɛ'rɛns]	*Konferenz*
förlängning, -en, -ar	*Verlängerung*
leverans, -en, -er [lɛvɛ'rans]	*Lieferung*
kontrakt, -et, - [kɔn'trakt]	*Vertrag*
leveranskontrakt, -et, -	*Liefervertrag*
höja (2a)	*erhöhen*
pris, -et, -er	*Preis*
förhandlingsutrymme, -t, -n	*Verhandlungsspielraum*
villkor, -et, -	*Bedingung, Kondition*
lågkonjunktur, -en, -er	*Konjunkturtief*
anställd (*Pl.* anställda)	*Angestellte/r*
hävda sig (1)	*sich behaupten*
utländsk	*ausländisch*
behärska (1)	*beherrschen*
marknad, -en, -er	*Markt*
satsa på något (1)	*auf etwas setzen*
i utlandet	*im Ausland*
marknadsföring, -en	*Marketing, Vermarktung*
affärsmiddag, -en, -ar	*Geschäftsessen*
på firmans bekostnad	*auf Geschäftskosten*
svävare, -n, -	*Hovercraft, Flugboot*

22B Sprachgebrauch und Landeskunde

Falsche Freunde – lömska likheter („Hinterlistige Ähnlichkeiten")

Hier sind Mißverständnisse möglich:

blöt	– *naß*	
	blöd(e)	– dum, korkad
bruka	– *gebrauchen*	
	brauchen	– behöva
fläsk	– *Speck*	
	Fleisch	– kött
frisk	– *gesund*	
	frisch	– färsk
glass	– *Speiseeis*	
	Eis	– is
humor	– *Humor*	
humör	– *Laune*	
igel	– *Egel*	
	Igel	– igelkott

kasse	– *Tüte*		
	Kasse	– kassa	
kind	– *Wange*		
	Kind	– barn	
ledig	– *frei, unbesetzt*		
	ledig	– ogift	
öl	– *Bier*		
	Öl	– olja	
semester	– *Ferien*		
	Semester	– termin	
springa	– *laufen*		
	springen	– hoppa	

Beachten Sie auch folgende Unterschiede:

middag	– *große Mahlzeit des Tages (oft abends)*	
	Mittagessen	– lunch
i medelåldern	– *in mittleren Jahren*	
	Mittelalter	– medeltiden

22C Grammatik

1. Präfixe

Präfixe sind Vorsilben, die die Bedeutung des Grundwortes verändern oder modifizieren. In der untenstehenden Tabelle werden die häufigsten Präfixe aufgelistet. Beachten sie die Ähnlichkeiten der Wortbildung im Schwedischen und im Deutschen.

Präfix	*deutsche Entsprechung*	*Beispiele*	
an-	*an-*	**an**ta(ga)	– *annehmen*
		använda	– *anwenden*
		anrätta	– *anrichten*
av-	*ab-*	**av**bryta	– *ab-, unterbrechen*
		avge	– *abgeben*
		avsätta	– *absetzen*
		avgas	– *Abgas*

Präfix	*deutsche Entsprechung*	*Beispiele*
be-	*be-*	**be**tro – *betrauen* **be**tala – *bezahlen* **be**akta – *beachten*
för-	*ver-*	**för**stå – *verstehen* **för**höra – *verhören* **för**älska sig – *sich verlieben*
före-	*vor-*	**före**ställa – *vorstellen* **före**läsa – *vorlesen* **före**komst – *Vorkommen*
in-	*in-*	**in**andas – *einatmen* **in**bjuda – *einladen* **in**dela – *einteilen*
upp-	*auf-*	**upp**föra – *aufführen* **upp**ge – *aufgeben* **upp**gift – *Aufgabe* **upp**rusta – *aufrüsten*
åter-	*wieder-* *zurück-*	**åter**vinna – *wiedergewinnen* **åter**betala – *zurückbezahlen* **åter**få – *zurückbekommen* **åter**fall – *Rückfall*
över-	*über-*	**över**driva – *übertreiben* **över**modig – *übermütig* **över**mått – *Übermaß*
o-	*un-*	**o**mogen – *unreif* **o**djur – *Untier* **o**farlig – *ungefährlich* **o**lycka – *Unglück*
miss-	*miß-*	**miss**lyckas – *mißglücken* **miss**tro – *Mißtrauen* **miss**tolka – *mißdeuten* **miss**förstå – *mißverstehen*
van-	verkehrt die Bedeutung des Grundwortes ins Negative	**van**tolka – *mißdeuten* **van**ära – *Unehre* **van**tro – *Un-, Aberglaube* **van**trivsel – *Unbehagen* **van**vett – *Wahnwitz*

2. Präpositionen bei Gefühlsäußerungen

på	att vara	arg avundsjuk sur galen	**på** någon	*böse* *neidisch* } *sein auf jem.* *sauer* *jem. macht einen verrückt*
		nyfiken pigg sugen	**på** något	*neugierig sein auf etw.* } *auf etwas Lust haben*
i	att vara	kär förälskad	**i** någon	} *verliebt sein in jem.*
		förtjust galen		*entzückt sein von jem.* *verrückt sein nach jem.*
för	att vara	rädd orolig nervös	**för** något/ någon	*vor jem./etw. Angst haben* *wegen jem./etw. besorgt o. nervös sein*
för	att känna	respekt förtroende förståelse avsky	**för** någon	*Respekt* *Vertrauen* } *empfinden für jem.* *Verständnis* *Abscheu empfinden vor jem.*
för/ över	att vara	glad ledsen lycklig bekymrad	**för/över** något	*froh* *traurig* } *sein über* *glücklich* *bekümmert*
över	att vara	stolt generad förvånad häpen upprörd	**över** något	*stolz* *verlegen* *verwundert* } *sein über* *erstaunt* *entrüstet*
med	trivas		**med** något **med** något	*sich wohlfühlen mit etw.* *gut übereinkommen mit jem.*
	att vara	belåten nöjd missnöjd	**med** något	} *zufrieden sein mit* *unzufrieden sein mit*

22D Übungen

1. *Gör själv frågor till texten och ställ dem till dina kurskamrater (eller besvara dem själv)!*

2. *Översätt till svenska!*

a) Urs arbeitet in einem großen Chemieunternehmen. b) Er ist oft auf Geschäftsreisen im Ausland. c) Er führt die Verhandlungen mit schwedischen Kunden. d) Die Geschäftsleitung unterhält weitreichende Geschäftsverbindungen. e) Wenn man nach Stockholm fliegt, landet man in Arlanda und nimmt von dort den Bus nach Stockholm. f) Auf dem Rückweg nimmt er das Flugboot von Malmö nach Kastrup. g) Dann nimmt er das Flugzeug von Kopenhagen nach Basel. h) Gestern Abend war ein großes Geschäftsessen für alle Angestellten. i) Ausländische Großunternehmen beherrschen bald den ganzen Markt. j) Manchmal muß man auf eine aggressivere Vermarktung setzen.

3. *Fügen Sie jeweils ein Verb ein, welches mit dem fettgedruckten Präfix beginnt:*

an- a) Vad ... du om de nya bestämmelserna? *(halten von)* b) I förrgår ... vi till Göteborg. *(ankommen)* c) Kan du ... den här boken? *(verwenden)*

av- d) Låt mig tala till punkt utan att ... mig. *(unterbrechen)* e) Kan du inte ... dina hemligheter för mig? *(enthüllen)* f) Den där idén vill jag bestämt ... ifrån. *(abraten)*

be- g) Jag kan inte ... mig för vilken tröja jag ska köpa. *(entscheiden)* h) ... lite om er semester i Frankrike! *(erzählen)* i) Jag tänker ... Emil på sjukhuset i dag. *(besuchen)* j) Vad ... det här ordet? *(bedeuten)*

för- k) Jag var dum. Kan du ... mig? *(verzeihen)* l) Ta på dig ordentligt, så att du inte ... dig. *(erkälten)* m) ... du kinesiska? *(verstehen)* Hur gick det i fotballsmatchen? Vann ni eller ... ni? *(verlieren)*

in- o) Hon vet inte, hur hon ska ... det här föredraget. *(einleiten)* p) Hur har du tänkt ... er nya lägenhet? *(einrichten)* q) Före brandskattningen av Visby ... Valdemar Atterdag staden. *(einnehmen)*

upp- r) Han har levt ett långt liv och ... mycket i sina dagar. *(erleben)* s) Här måste du ... namn, adress och telefonnummer. *(angeben)*

ut- t) Han vill inte bli ... för sådana förolämpningar. *(aussetzen)* u) Det kan vara intressant att ... erfarenheter. *(austauschen)*

åter- v) Han är inte här i dag. Du får ... i morgon. *(wiederkommen)* x) Det var trevligt att ... dig efter alla dessa år! *(wiedersehen)*

över- y) Tala sanning och ... inte hela tiden! *(übertreiben)* z) Har du lust att ... min gamla bil? *(übernehmen)*

4. *Fyll i prepositioner i meningarna nedan!*

a) Han är nyfiken ... den nya filmen. b) Trivs du bra ... ditt nya jobb? c) Vad är du så upprörd ...? d) Jag är förvånad ... ditt uttalande. e) Är du avundsjuk ... honom för att han är så framgångsrik? f) Nej, jag är bara orolig ... att han kanske inte vet vad han gör. g) Är du nervös ... något? h) Nervös? Jag är upp över öronen förälskad ... världens mest underbara person! i) Håll tyst! Jag blir galen ... dig! j) Är du bekymrad ... festen i kväll? k) Nej, men jag är ledsen ... att Bertil inte kan komma. l) Vilken fantastisk kreation! Den kan du verkligen känna dig stolt ...! m) Jag är förvånad ... att du säger det. n) Jag känner respekt ... dig.

5. *Blandad prepositionsövning med nya och gamla prepositionsuttryck.*

a) Nu har jag väntat här ... en hel timme. b) Vi har inte setts ... nästan fyra år. c) Marianne är ... väg ... sin mamma ... Växjö. d) Hon ska stanna där ... jul och nyår. e) Vad har du tänkt göra ... torsdag? f) Tack ... hjälpen! g) Översätt den här texten ... tyska! h) ... år ska vi vara ... familjen Larsson ... semestern. i) Linda är gift ... Stefan. j) Hanna är syster ... Alexandra. k) Tar du tunnelbanan ... arbetet? m) Lena ringde ... sin dotter. n) Systembolaget är öppet ... kl. 09.00 ... kl. 18.00. o) Tycker du ... katter? p) Den här filmen handlar ... hundar. q) Claudia kommer ... Bremen ... Tyskland. r) Hon är ... Sverige tillsammans ... Volker. s) Först reste de ... Lund. t) Vad heter "häst" ... tyska? u) Jag vill gå hem ... stället ... att gå ... bio. v) Har du lust att spela fotboll ... mig ... morgon kväll? x) Var snäll och berätta en saga ... mig! y) Nej, gå och lek ... Emma ... stället! z) Vad får vi ... middag ... dag? å) Hon kommer hem ... 4-tiden. ä) Det är väl ingenting att vara ledsen ...! ö) Hej då! Vi ses igen ... ett par år!

6. *Pildialog. A är på en affärsresa i Stockholm. Han träffar affärsvännen B och de pratar lite om affärerna. Gör en dialog enligt anvisningarna!*

A	B
Hälsa.	
	Hälsa.
Fråga efter B:s hälsa och affärerna.	
	Svara optimistiskt och fråga om resan.
Berätta om din resa.	
	Fråga hur länge A ska stanna och när han tänker resa tillbaka.
Svara och fråga sedan vad ni ska göra under besöket.	
	Berätta om programmet.
Säg att du vill gärna gå ut på kvällen och se lite av stan.	
	Ge A några goda tips om utflyktsmål, restauranger och dylikt.
Tacka för alla goda tips.	
	Säg att nöjet var helt och hållet på din sida och bjud hem A någon kväll.
Tacka ja till inbjudan och fråga om adressen.	
	Ge A adressen och säg hej då så länge.

Unregelmäßige Verben

Liste der häufigsten starken und unregelmäßigen Verben

In dieser Liste werden nur die einfachen Verben aufgeführt.
Bitte schlagen Sie bei zusammengesetzten Verben unter dem Grundverb nach, also z. B. „ange“ unter „ge“.

Infinitiv	*Präsens*	*Prät.*	*Supinum*	*Part. Perf.*	
be(dja)	ber	bad	bett	-bedd	*bitten*
binda	binder	band	bundit	bunden	*binden*
bita	biter	bet	bitit	biten	*beißen*
bjuda	bjuder	bjöd	bjudit	bjuden	*anbieten*
bli(va)	blir	blev	blivit	bliven	*werden*
brinna	brinner	brann	brunnit	brunnen	*brennen*
bryta	bryter	bröt	brutit	bruten	*brechen*
bära	bär	bar	burit	buren	*tragen*
böra	bör	borde	bort	–	*sollen*
dra(ga)	drar	drog	dragit	dragen	*ziehen*
dricka	dricker	drack	druckit	drucken	*trinken*
driva	driver	drev	drivit	driven	*treiben*
duga	duger	dög	dugt	–	*taugen*
dö	dör	dog	dött	–	*sterben*
dölja	döljer	dolde	dolt	dold	*verbergen*
falla	faller	föll	fallit	fallen	*fallen*
fara	far	for	farit	faren	*fahren*
finna	finner	fann	funnit	funnen	*finden*
finnas	finns	fanns	funnits	–	*da sein*
flyga	flyger	flög	flugit	flugen	*fliegen*
flyta	flyter	flöt	flutit	-fluten	*fließen*
frysa	fryser	frös	frusit	frusen	*frieren*
få	får	fick	fått	–	*bekommen, dürfen*
försvinna	försvinner	försvann	försvunnit	försvunnen	*verschwinden*
gala	gal	gol	galit/galt	–	*krähen*
ge	ger	gav	gett	given	*geben*
giva	giver	gav	givit	given	
glädja	gläd(j)er	gladde	glatt	–	*freuen*
gripa	griper	grep	gripit	gripen	*greifen*
gråta	gråter	grät	gråtit	-gråten	*weinen*
gå	går	gick	gått	gången	*gehen*
göra	gör	gjorde	gjort	gjord	*tun*
ha(va)	har	hade	haft	-havd	*haben*
heta	heter	hette	hetat	–	*heißen*
hinna	hinner	hann	hunnit	hunnen	*schaffen*
hålla	håller	höll	hållit	hållen	*halten*

Infinitiv	*Präsens*	*Prät.*	*Supinum*	*Part. Perf.*	
kliva	kliver	klev	klivit	-kliven	*steigen*
knyta	knyter	knöt	knutit	knuten	*knoten*
komma	kommer	kom	kommit	kommen	*kommen*
kunna	kan	kunde	kunnat	–	*können*
le	ler	log	lett	–	*lächeln*
leva	lever	levde	lev(a)t	-lev(a)d	*leben*
lida	lider	led	lidit	liden	*leiden*
ligga	ligger	låg	legat	-legad	*liegen*
ljuga	ljuger	ljög	ljugit	-ljugen	*lügen*
låta	låter	lät	låtit	-låten	*lassen*
lägga	lägger	lade	lagt	lagd	*legen*
–	må	måtte	–	–	*mögen*
–	måste	måste	måst	–	*müssen*
njuta	njuter	njöt	njutit	njuten	*genießen*
nypa	nyper	nöp	nupit	nupen	*kneifen*
nysa	nyser	nös/nyste	nys(i)t/nusit	–	*niesen*
rida	rider	red	ridit	riden	*reiten*
rinna	rinner	rann	runnit	runnen	*rinnen*
riva	river	rev	rivit	riven	*reiben*
se	ser	såg	sett	sedd	*sehen*
simma	simmar	sam	summit	summen	*schwimmen*
		simmade	simmat	simmad	
sitta	sitter	satt	suttit	-sutten	*sitzen*
sjunga	sjunger	sjöng	sjungit	sjungen	*singen*
sjunka	sjunker	sjönk	sjunkit	sjunken	*sinken*
skina	skiner	sken	skinit	–	*scheinen*
skilja	skiljer	skilde	skilt	skild	*trennen*
skjuta	skjuter	sköt	skjutit	skjuten	*schießen*
skola	ska(ll)	skulle	skolat	–	*sollen*
skrika	skriker	skrek	skrikit	-skriken	*schreien*
skriva	skriver	skrev	skrivit	skriven	*schreiben*
skära	skär	skar	skurit	skuren	*schneiden*
slippa	slipper	slapp	sluppit	-sluppen	*nicht zu tun brauchen*
slita	sliter	slet	slitid	sliten	*abnutzen*
sluta	sluter	slöt	slutit	sluten	*schließen*
slå	slår	slog	slagit	slagen	*schlagen*
slåss	slåss	slogs	slagits	–	*sich prügeln*
smyga	smyger	smög	smugit	-smugen	*schleichen*
smörja	smörjer	smorde	smort	smord	*schmieren*
snyta	snyter	snöt	snutit	snuten	*schneuzen*
sova	sover	sov	sovit	-sovd	*schlafen*
spinna	spinner	spann	spunnit	spunnen	*schnurren*

Infinitiv	*Präsens*	*Prät.*	*Supinum*	*Part. Perf.*	
spricka	spricker	sprack	spruckit	sprucken	*zerspringen*
sprida	sprider	spred	spridit	spriden	*verbreiten*
springa	springer	sprang	sprungit	sprungen	*laufen*
sticka	sticker	stack	stuckit	stucken	*stechen*
stiga	stiger	steg	stigit	-stigen	*steigen*
stjäla	stjäl	stal	stulit	stulen	*stehlen*
stryka	stryker	strök	strukit	struken	*streichen*
stå	står	stod	stått	-stådd	*stehen*
stöd(j)a	stöder	stödde	stött	stödd	*stützen*
supa	super	söp	supit	-supen	*saufen*
svida	svider	sved	svidit	–	*brennen; beißen*
säga	säger	sa(de)	sagt	sagd	*sagen*
sälja	säljer	sålde	sålt	såld	*verkaufen*
sätta	sätter	satte	satt	satt	*setzen*
ta(ga)	tar	tog	tagit	tagen	*nehmen*
tvinga	tvingar	tvang / tvingade	tvungit / tvingat	tvungen / tvingad	*zwingen*
–	tör	torde	–	–	*dürfte*
töras	törs	tordes	torts	–	*wagen*
vara	är	var	varit	–	*sein*
veta	vet	visste	vetat	–	*wissen*
vilja	vill	ville	velat	–	*wollen*
vinna	vinner	vann	vunnit	vunnen	*gewinnen*
välja	väljer	valde	valt	vald	*wählen*
växa	växer	växte	vuxit	vuxen	*wachsen*
äta	äter	åt	ätit	äten	*essen*

Verbvalenzen – hur verben konstrueras

anlända med någon/något till någon/något	*mit jdm./etw. bei jdm./etw. ankommen*
avråda någon från (att göra) något	*jdm. von etw. abraten*
avslöja något för någon	*jdm. etw. enthüllen*
be någon om något, be någon att göra något	*jdn. um etw. bitten*
befinna sig hos någon	*sich bei jdm. befinden*
berätta något för någon	*jdm. etw. erzählen*
beställa tid för något hos någon	*einen Termin für etw. bei jdm. vereinbaren*
bestämma sig för något	*sich für etw. entscheiden*
betala någon för något; betala något åt någon	*jdn. für etw. bezahlen; jdm. etw. bezahlen*
betyda något för någon	*jdm. etw. bedeuten*
bjuda någon på något	*jdm. etw. anbieten, jdn. auf etw. einladen*
dela något med någon	*etw. mit jdm. teilen*
drömma om något/någon	*von etw./jdm. träumen*
dölja sig/något för någon	*sich/etw. vor jdm. verbergen*
döma någon till något	*jdn. zu etw. verurteilen*
flytta till något/någon	*zu etw./jdn. ziehen*
fylla något med något	*etw. mit etw. füllen*
fråga någon (om) något	*jdn. etw. fragen*
få något av någon	*etw. von jdm. bekommen*
föreslå någon (att göra) något	*jdm. etw. vorschlagen*
förklara något för någon	*jdm. etw. erklären*
förlåta någon (för) något	*jdm. etw. verzeihen*
ge något till någon/ge någon något	*jdm. etw. geben*
gifta sig med någon	*jdn. heiraten*
gratulera någon till något	*jdm. zu etw. gratulieren*
gränsa till något	*an etw. grenzen*
göra något åt någon; göra någon något	*etw. für jdn. tun; jdm. etw. tun*
hitta något/någon åt någon	*etw./jdn. für jdn. finden*
hjälpa någon med något	*jdm. mit etw. helfen*
hota någon med (att göra) något	*jdm. mit etw. drohen*
hyra något av någon åt någon	*etw. von jdm. für jdn. mieten*
hälsa någon något	*jdm. etw. ausrichten*
hälsa på någon	*jdn. besuchen/begrüßen*
kalla någon för något	*jdn. etw. nennen*
kontrollera något åt någon	*etw. für jdn. kontrollieren*
krydda något med något	*etw. mit etw. würzen*
kröna någon/något med något	*jdn./etw. mit etw. krönen*
köpa något av någon till/åt någon	*etw. von jdm. für jdn. kaufen*
laga något åt någon	*etw. für jdn. zubereiten/reparieren*

leka något med någon	*mit jdm. etw. spielen*
leta efter någon/något åt någon	*jdn./etw. für jdn. suchen*
lova någon (att göra) något	*jdm. etw. versprechen*
lyckas med (att göra) något	*gelingen*
lyssna till/på någon/något	*etw./jdm. zuhören*
låta någon göra något	*jdn. etw. tun lassen*
lämna någon/något hos någon/till någon	*jdn./etw. bei jdm./für jdn. abgeben*
mena något med något	*etw. mit etw. meinen*
misstänka någon för (att göra) något	*jdn. einer Sache verdächtigen*
njuta av (att göra) något	*etw. genießen*
nå någon/något med något	*jdn./etw. mit etw. erreichen*
nämna något för någon	*jdm. etw. mitteilen*
omge någon/något med något	*jdn./etw. mit etw. umgeben*
orsaka något genom något	*etw. durch etw. verursachen*
passa något/någon (åt någon);	*auf etw./jdn. aufpassen (für jdn.);*
passa på att göra något	*die Gelegenheit nützen etw. zu tun*
prata med någon om något	*mit jdm. über etw. reden*
pryda någon/något med något	*jdn./etw. mit etw. schmücken*
påpeka något för någon	*jdn. auf etw. aufmerksam machen*
rapportera något för någon	*jdm. etw. berichten*
ringa (till) någon	*jdn. anrufen*
råna någon på något	*jdn. einer Sache berauben*
räcka någon något	*jdm. etw. reichen*
rätta något åt någon	*jdm. etw. korrigieren*
röva bort någon/något från någon	*jdn. einer Person/Sache berauben*
skada någon/något med något	*jdm./etw. mit etw. schaden*
skymma något för någon	*jdm. die Sicht auf etw. verdecken*
sluta upp med att göra något	*mit etw. aufhören*
slå någon med något	*jdn. mit etw. schlagen*
slå någon i något	*jdn. in etw. schlagen (z. B. im Schach)*
smycka någon/något med något	*jdn./etw. mit etw. schmücken*
strö ut något över något	*etw. über etw. streuen*
svara någon något på något	*jdm. etw. auf etw. antworten*
säga något till någon/säga någon något	*jdm. etw. sagen*
ta något från någon	*jdm. etw. (weg)nehmen*
tacka någon för något	*jdm. für etw. danken*
tala med någon	*mit jdm. sprechen*
tala om något för någon	*jdm. etw. erzählen*
titta på någon/något	*jdn./etw. ansehen*
tjäna något på något	*etw. bei etw. verdienen*
trivas hos någon	*sich bei jdm. wohl fühlen*
trivas med någon/något	*sich mit jdm./etw. wohl fühlen*
tro någon om något; tro på någon/något	*jdm. etw. zutrauen; an jdn./etw. glauben*

träffa någon/något med något/hos någon	*jdn./etw. mit etw. treffen/bei jdm. treffen*
tycka något om något; tycka om någon/något	*etw. von etw. halten; jdn./etw. mögen*
tänka på någon/något	*an jdn./etw. denken*
ursäkta någon för något	*jdm. etw. durchgehen lassen*
utsätta någon för något	*jdn. etw. aussetzen*
veta något om någon/något	*etw. über jdn./etw. wissen*
vinka till någon	*jdm. zuwinken*
vistas hos någon	*sich bei jdm. aufhalten*
önska sig något av någon	*sich etw. von jdm. wünschen*
öppna något för någon	*etw. für jdn. öffnen*

Länder – Menschen – Sprachen

Ländername	*Einwohner*	*Adjektiv*	*Sprachen*	
Sverige	svensk/a	svensk	svenska	*Schweden*
Norge	norrman, norska	norsk	norska	*Norwegen*
Danmark	dansk/a	dansk	danska	*Dänemark*
Island	islänning	isländsk	isländska	*Island*
Finland	finländare	finsk	finska	*Finnland*
Tyskland	tysk/a	tysk	tyska	*Deutschland*
Österrike	österrikare	österrikisk		*Österreich*
Schweiz	schweizare	schweizisk		*Schweiz*
Italien	italienare	italiensk	italienska	*Italien*
Spanien	spanjor/ska	spansk	spanska	*Spanien*
Frankrike	fransman, fransyska	fransk	franska	*Frankreich*
England	engelsman, engelska	engelsk	engelska	*England*
Stor-britannien	britt	brittisk		*Groß-britannien*
Grekland	grek/iska	grekisk	grekiska	*Griechenland*
Ryssland	ryss, ryska	rysk	ryska	*Rußland*
Ungern	ungersk/a	ungersk	ungerska	*Ungarn*
Polen	polack, polska	polsk	polska	*Polen*
Portugal	portugis/iska	portugisisk	portugisiska	*Portugal*
USA	amerikan/ska	amerikansk		*USA*

Bewegliche Adverbien

absolut	*bestimmt*
aldrig	*nie*
alltid	*immer*
alltså	*also*
antagligen	*vermutlich, wahrscheinlich*
bara	*nur*
dessutom	*außerdem, darüber hinaus*
egentligen	*eigentlich*
faktiskt	*tatsächlich*
fortfarande	*immer noch*
förmodligen	*vermutlich*
förresten	*übrigens*
förstås	*natürlich, selbstverständlich*
genast	*sofort*
gärna	*gerne*
i själva verket	*in Wirklichkeit, tatsächlich*
ibland	*manchmal*
inte	*nicht*
inte alls	*überhaupt nicht*
inte ens	*nicht einmal*
ju	*ja, immerhin*
jämt	*stets, dauernd*
kanske	*vielleicht*
knappast	*kaum, schwerlich*
naturligtvis	*natürlich*
nog	*wohl, sicher, zwar*
också	*auch*
ofta	*oft*
praktiskt taget	*praktisch*
redan	*schon*
snart	*bald*
säkert	*sicherlich*
sällan	*selten*
troligen	*wahrscheinlich, vermutlich*
tydligen	*offensichtlich*
tyvärr	*leider*
verkligen	*wirklich*
väl	*wohl, schon, doch*
åtminstone	*zumindest*
äntligen	*endlich*

Alphabetisches Wörterverzeichnis

Einige Hinweise zum Gebrauch der Wortliste

Bei den Substantiven wird neben der Nennform jeweils die bestimmte Form Singular und die unbestimmte Form Plural angegeben.

Verben sind in der Liste im Infinitiv aufgeführt. Die Zahlen in Klammern bezeichnen die Konjugationsgruppe, ein (M) bezeichnet Modalverben. Die Beugungsformen der starken und unregelmäßigen Verben (die Gruppen (4) und (5)) und der Modalverben sind in der Liste über starke und unregelmäßige Verben aufgeführt.

Beachten Sie die Reihenfolge des schwedischen Alphabets: å, ä und ö stehen am Schluß.

Abkürzungen:

Adj.	Adjektiv	*Part. Perf.*	Partizip Perfekt
Adv.	Adverb	*Präp.*	Präposition
Dep.	Deponens	*Pron.*	Pronomen
Inf.	Infinitiv	*Superl.*	Superlativ
Komp.	Komparativ	*unflekt.*	unflektierbar
Konj.	Konjunktion	*unpers.*	unpersönlich
Neutr.	Neutrum	*unveränderl.*	unveränderlich
Pl.	Plural	*zeitl.*	zeitlich

A

adjö Adieu 1
affisch, -en, -er Plakat, Poster 3A
affär, -en, -er Geschäft, Laden 11B
affärsbesök, -et, - Geschäftsbesuch 22A
affärsmiddag, -en, -ar Geschäftsessen 22A
affärsförbindelse, -n, -r Geschäftsverbindung 22A
affärsres|a, -an, -or Geschäftsreise 22A
afton, -en, aftnar Abend, Vorabend 19D
akta sig för något (1) sich vor etw. in acht nehmen 21A
aldrig nie 6A
alldeles völlig 7A
allesammans alle miteinander 4A
allihop(a) *Pron.* alle, allesamt 8A
allmänhet, -en Bevölkerung; Allgemeinheit 5A
allra *Adv.* aller- 14A
allt alles 4A
alltid immer 4A
alltihop alles 9A
alltså also, folglich 13A
allvar, -et Ernst 5A
almanack|a, -an, -or Kalender 7A
alv, -en, -er Albe (*Fabelwesen*) 21A
ambulans, -en, -er Krankenwagen 14A
amerikansk amerikanisch 6A
andas (*Dep.*, 1) atmen 18C
andning, -en Atmung 18A
anklaga (1) anklagen 19D
anlända (2a) ankommen 8A
anmäla (2a) anzeigen 18A; anmelden
anmälningsdisk, -en, -er Anmeldeschalter 16A
annars sonst 6A
annat anderes 4A
anse (4) meinen 15D
anses (*Passiv von* **anse,** 4) angesehen werden 18A
ansikte, -t, -n Gesicht 21A
ansjovis, -en, -ar Anchovis 19A
ansträngande anstrengend 17A
anställa (2a) anstellen 20D
anställd, -a Angestellte/r 22A
ansvarig verantwortlich 19D
anta(ga) (4) annehmen 19D
använda (2a) verwenden, benutzen 13A
användning, -en, -ar Verwendung, Gebrauch 17A
ap|a, -an, -or Affe 5A
apelsinjuice, -n, -r Orangensaft 4D
apotek, -et, - Apotheke 15A
arabisk arabisch 20A
arbeta (1) arbeiten 1A
arbete, -t, -n Arbeit 6A
arbetsgivare, -n, - Arbeitgeber 18A
arbetskamrat, -en, -er Arbeitskollege/in 12A
arbetsplats, -en, -er Arbeitsplatz 18A
arg wütend, böse 14D
ask, -en, -ar Schachtel 4D
att zu (*vor Inf.*) 4A; daß *Konj.*
av von 3A
avbryta (4) abbrechen 19D
avgasrör, -et, - Auspuffrohr 15B
avgassystem, -et, - Auspuffsystem 15A
avlägsen entfernt, entlegen 11A
avråda (2a) abraten 16A
avslöja (1) entschleiern, enthüllen 15D
avundas (*Dep.*, 1) beneiden 18C

B

back, -en, -ar Kasten f. Flaschen 10C
backspeg|el, -eln, -lar Rückspiegel 15B
bada (1) baden 9A
badrum, -met, - Badezimmer 3A
bagage, -t Gepäck 17A
bagageluck|a, -an, -or Kofferraumhaube 15B
bagageutrymme, -t, -n Kofferraum 4A

bageri, -et, -er Bäckerei 4A
baka (1) backen 17A
bakgrund, -en, -er Hintergrund 17A
bakhjul, -et, - Hinterrad 15B
bakom hinter 5A
baksäte, -t, -n Rücksitz 15B
balett, -en, -er Ballett 16A
balkong, -en, -er Balkon 3A
bank, -en, -er Bank (*finanz.*) 11B
bara nur 6A
barn, -et, - Kind 2A
barnbarn, -et, - Enkelkind 2B
barnbarnsbarn, -et, - Urenkel 8A
barnomsorg, -en Kinderbetreuung 18A
bastu, -n, -r Sauna 17A
be (4) bitten 7A
bedrägeri, -et, -er Betrügerei 18A
bedöma (2a) beurteilen 3B
bedöva (1) betäuben 17D
befinna sig (4) sich befinden 17A
befolkning, -en, -ar Bevölkerung 20D
befolkad bevölkert 21A
begagna (1) benutzen, gebrauchen 19D
bege sig (4) sich begeben 6A
begravningståg, -et, - Trauerzug 21A
behärska (1) beherrschen 22A
behöva (2a) brauchen 4A
behövas (*Dep.*, 2a) nötig sein 10A
bekant bekannt 5A
bekväm bequem 3B
belägen gelegen 20D
belägra (1) belagern 18A
ben, -et, - Bein 5A
berg, -et, - Berg 14A
bero på (3) abhängen von, ankommen auf 15A
beroende abhängig 17D
berätta (1) erzählen, berichten 2A
berättelse, -n, -r Erzählung 20D
berättiga (1) berechtigen 13A
berömd berühmt 21D
beröra (2a) berühren 14C
besked, -et, - Bescheid 17D
beskrivning, -en, -ar Beschreibung 5A
beskydda (1) beschützen 17D
beslag, -et, - Beschlag 18A
besluta (1) beschließen 18A
bestick, -et, - Besteck 17D
beställa tid (2a) einen Termin vereinbaren 16A
bestämma sig (2a) sich entscheiden 13A
bestämt bestimmt, resolut 16A
besök, -et, - Besuch 3A
besöka (2b) besuchen 2A
beta (1) weiden, grasen 17A
betagande überwältigend, entzückend 17A
betala (1) bezahlen 16A
bete sig (3) sich benehmen 17D
beteende, -t, -n Verhalten 17D
beträffa (1) betreffen 11A
betyda (2a) bedeuten 21A
betydelse, -n, -r Bedeutung 20A
betydelsefull bedeutend 20A
betyg, -et, - (Schul-)Note, Bewertung 14C
bi, -et, -n Biene 14D
bibliotek, -et, - Bibliothek, Bücherei 11B
bil, -en, -ar Auto 2A
bila (1) Auto fahren 15A
bild, -en, -er Bild, Foto 2A
biljett, -en, -er Karten (Kino-, Fahr-) 6A
billig billig 13A
bilmekaniker, -n, - Automechaniker 2A
bilverk|stad, -staden, -städer Autowerkstatt 15A
binda (4) binden 19A
bio, -n Kino 6A
biskop, -en, -ar Bischof 20A
bit, -en, -ar Stück 4D
bita (4) beißen 18C
bitti *Adv.* früh 6C; 11C
bjuda (4) einladen 4D
björk, -en, -ar Birke 17A
björn, -en, -ar Bär 14D
bl. a. (bland annat) u. a. 14A
bland unter (*Teil einer Menge*) 11B
blanda (1) mischen 19A
bli(va) (4) werden 4A
blick, -en, -ar Blick 17D
blinkljus, -et, - Blinker (*beim Fahrzeug*) 15B
blombukett, -en, -er Blumenstrauß 3A
blomma (1) blühen 7A
blomm|a, -an, -or Blume 3C
blott bloß 21A
blunda (1) die Augen zumachen 8A
blå blau 5A
blåklint, -en, -ar Kornblume 19A
blåna (1) blauen, blau werden 17D
blåsa (2b) blasen, wehen 18C
bo (3) wohnen 1A
bok, -en, böcker Buch 3A
bokhyll|a, -an, -or Bücherregal 3A
bomull, -en Baumwolle 14D
bondfångare, -n, - Bauernfänger 18D
bondgård, -en, -ar Bauernhof 4A
boplats, -en, -er Siedlungsplatz 18A
bord, -et, - Tisch 3A
bordsmargarin, -et Margarine 4D
borg, -en, -ar Burg 20A
bort fort, weg, hin 4A
borta fort, weg 10C
botaniker, -n, - Botaniker/in 2D
bottenvåning, -en, -ar Erdgeschoß 3A
bott|en, -nen, -nar Boden 9A
bra (*Adv. u. unflekt. Adj.*) gut 1A
brandkår, -en, -er Feuerwehr 14A
brandskattning, -en, -ar Brandschatzung 9A
brant steil 17A
bred breit 9D
bredvid neben 2A
bridge, -n Bridge 12A
brinna ned (4) niederbrennen (*intr.*) 20A
bro(de)r, brodern, bröder Bruder 2A
brott, -et, - Verbrechen 18A
brugd, -en, -ar Walhai 18A
bruka (1) (zu tun) pflegen 4A
brumma (1) brummen 15D
brun braun 5A
bryta (4) brechen 16B
bränna ner (2a) etw. niederbrennen 9A
brännvin, -et Schnaps 19A
brännvinsbränneri, -et, -er Schnapsbrennerei 20A
bräka (2b) blöken, meckern 15D
bröd, -et, - Brot 14C
bull|e, -en, -ar Hefeteilchen 9A
bullra (1) lärmen, Krach machen 21D
burk, -en, -ar Glas, Dose 4D
buss, -en, -ar Bus 7C
by, -n, -ar Dorf 2A
bygga (2a) bauen 8A

byggnad, -en, -er Gebäude 13A
byrå, -n, -ar Kommode, Schränkchen; Büro 3A
byrålåd|a, -an, -or Schrankschublade 3A
byta (2b) wechseln, tauschen 13A
byta ut (2b) auswechseln 15A
byxor *Pl.* Hose 5A
båda beide 8A
både ... och sowohl ... als 6A
båt, -en, -ar Boot 13A
bäck, -en, -ar Bach 21A
bädda (1) betten 21D
bänk, -en, -ar Bank 5A
bära (4) tragen 4A
bärga (1) bergen 13A
bäst (*Sup. von* bra) best 5A
bättre (*Komp. von* bra) besser 18A
böka (1) wühlen 15D
böra (M) sollen 7C
börja (1) anfangen, beginnen 6A
början (*unveränderl.*) Beginn 17A

C

chef, -en, -er Chef 18A
C-vitamin, -en, -er Vitamin C 16A
cykla (1) Fahrrad fahren 6A

D

dag, -en, -ar Tag 1A
daghem, -met, - Kindertagesstätte 18A
dal, -en, -ar Tal 17A
dam, -en, -er Dame 14A
damm, -en, -ar Teich 3B
damm, -et Staub 3B
Danmark Dänemark 9A
dans, -en, -er Tanz 20D
dansa (1) tanzen 12A
dansk *Adj.* dänisch 18A
dansk, -en, -ar Däne 20A
darra (1) zittern 17B
dator, -n, -er Computer 3A
decilit|er, -ern, -rar Deziliter 4D
dela (1) teilen 6A
den er, sie, es 1C
den ena ... den andra der (die, das) eine ... andere 3A
dessutom außerdem 17A
det es 1C
dikt, -en, -er Gedicht 19D
dillkokt mit Dill gekocht 19A
dimm|a, -an, -or Nebel 21A
direkt direkt, gerade 10A
diska (1) spülen, abwaschen 17D
dit dahin 12A
djup, -et, - Tiefe 18A
djur, -et, - Tier 11A
djurpark, -en, -er Tiergarten, Zoo 13A
dock jedoch 18A
doft, -en, -er Duft 17A
doktor, -n, -er Arzt, Doktor 16A
domare, -n, - Richter 3B
dominera (1) dominieren, überwiegen 18A
dotter, -n, döttrar Tochter 2
dra (4) ziehen 21A
dra sig (4) (ligga och d.) sich räkeln 6A
dragningskraft, -en, -er Anziehungskraft 21A
dragspel, -et, - Ziehharmonika 19A
dricka (4) trinken 2A
drog, -en, -er Droge 18A
drottning, -en, -ar Königin 20A
drunkna (1) ertrinken 21A
dryck, -en, -er Getränk 21D
drygt *Adv.* ausgiebig, reichlich, gut 8A
dröja (2a) dauern, währen 17A
dröm, -men, -mar Traum 21A
drömma (2a) träumen 3B
du du 1A
dubbel doppel 20A
duga (4) taugen, genügen 17C
duk, -en, -ar (Tisch-)Tuch 3A
duka (1) (Tisch) decken 4A
duktig brav, tüchtig 10A
dum dumm 3B
dundra (1) donnern 17D
dusch, -en, -ar Dusche 3A
duscha (1) duschen 6A
dygn, -et, - Tag (*24 Stunden*) 6C
dyka (4) tauchen 9A
dykare, -n, - Taucher 9A
dyr teuer 14C
då dann, denn; als 2A
då för tiden damals 20A
dålig schlecht 16A
däck, -et, - Reifen 15A
där da, dort 1B; (*Rel. Adv.*) wo 12A
därefter danach 8A
därför deshalb 5A
därför att *Konj.* weil 13A
därifrån von dort 6A
därigenom dadurch 5A
därpå darauf 7A2
dö (4) sterben 21A
död, -en, -ar Tod 20D
dölja sig (5) sich verbergen 5A
döma (2a) (ver-)urteilen 3B
dörrknackning, -en, -ar Türklopfen 18A

E

ebb, -en Ebbe 13D
efter nach 5A
efterlysning, -en, -ar Suchmeldung 5A
eftermiddagskaffe, -t Nachmittagskaffee 6A
eftersom weil 13A
egen eigene, -s, -r 2
egentligen eigentlich 6A
ej nicht 19A
ekonomi, -n, -er Wirtschaft, Haushalt 18A
eld, -en, -ar Feuer 17A
eldfast feuerfest 19A
elegant elegant 12A
elev, -en, -er Schüler 11A
eller oder 4A
eländig *Adj.* elend 16A
emot gegen 17A
ena (1) einigen 20D
enkel einfach 10A
enligt gemäß, nach 11D
ensam alleine, einsam 5A
envis trotzig 14D
erbjudande, -t, -n Angebot 17D
erfarenhet, -en, -er Erfahrung 17A
etapp, -en, -er Etappe 17A
expedit, -en, -er Verkäufer/in 13A
experiment, -et, - Experiment 8A

F

fabrikshall, -en, -ar Fabrikhalle 22A
faktiskt *Adv.* tatsächlich, faktisch 10A
fall, -et, - Fall 17A
falla (4) fallen 20A
falsk falsch, heimtückisch 9D
familj, -en, -er Familie 2A
fantastisk phantastisch 17A

fara (4) fahren 9C
far|bro(de)r, -brodern, -bröder Onkel väterlicherseits 2B
far|far, -fadern, -fäder Großvater väterlicherseits 2B
farföräldrar Großeltern väterlicherseits 2B
farlig gefährlich 16D
far|mor, -modern, -mödrar Großmutter väterlicherseits 2B
fartyg, -et, - Schiff 20A
fasadbemålning, -en, -ar Fassadenanstrich 20A
fastland, -et Festland 8A
fast|er, -ern, -rar Tante väterlicherseits 2C
fastän obwohl 16C
fattas (*Dep.*, 1) fehlen 18C
fattig arm 14D
favoriträtt, -en, -er Leibgericht 6A
fe, -n, -er Fee 9D
feber, -n Fieber 16A
fel (*Adv., unflekt.*) falsch 9D
fel, -et, - Fehler, Mangel 15A
felplanering, -en, -ar Fehlplanung 19D
fest, -en, -er Fest, Feier 12D
figur, -en, -er Figur 5A
filé, -n, -er Filet 19A
film, -en, -er Film 6A
filmjölk, -en Sauermilch 4A
fin schön; fein, zart 2
Finland Finnland 14A
finnas (*Dep.*, 4) vorhanden sein, (*unpers.*) es gibt 3A
fiol, -en, -er Geige 21A
fira (1) feiern 10A
fisk, -en, -ar Fisch 18A
fjor (i f.) voriges Jahr 10D
fjäll, -et, -en Berg, Gebirge
fjällbjörk, -en, -ar Gebirgsbirke 17A
fjäll|gås, -gåsen, -gäss Wildgans 17A
fjällvandring, -en, -ar Bergwanderung 17A
flask|a, -an, -or Flasche 4D
fler(a) (*Komp. von* många) mehr 8A
flest (*Superl. von* många) am meisten 14A
flick|a, -an, -or Mädchen 9A
fling|a, -an, -or Flocken, *hier:* Corn flakes 4A
flitig fleißig 14D
flock, -en, -ar Schar 5A
flod, -en, -er Flut 13D
flott|a, -an, -or Flotte, Kriegsmarine 20A
flyg, -et, - Flugzeug 22A
flyga (4) fliegen 5A
flygbolag, -et, - Fluggesellschaft 18A
flygplats, -en, -er Flughafen 22A
flyta (4) fließen, schwimmen 17D
flytta (1) (um)ziehen 8A; wegziehen
flytväst, -en, -ar Schwimmweste 17D
fläsk, -et, - Schweinefleisch, Speck 4D
fläskkotlett, -en, -er Schweinekotelett 4D
flät|a, -an, -or Zopf 5A
folk, -et, - Leute 12A
folkliv, -et Volksleben 13A
folktro, -n Volksglauben 21A
fontän, -en, -er Fontäne 17D
fordon, -et, - Fahrzeug 21D
form, -en, -ar Form 19A
fort (*Adv., unflekt.*) schnell 14C
fortfarande immer noch 2A
fortsätta (5) fortsetzen 8A
fot, -en, fötter Fuß 5A
fotboll, -en, -ar Fußball 11A
fotgängare, -n, - Fußgänger 15A
foto, -t, -n Bild, Foto 2
fotoalbum, -et, - Fotoalbum 2
fotograf, -en, -er Fotograf/in 2D
fotografi, -(e)t, -er Fotografie 17A
fotspår, -et, - Fußspur 17A
frall|a, -an, -or Brötchen 4A
fram hervor 8A
framför vor 3A
framför allt vor allem 11A
framhjul, -et, - Vorderrad 15B
framme da, am Ziel 13A
framsäte, -t, -n vorderer Sitz 15B
framtid, -en Zukunft 11A
franskbröd, -et, - Toastbrot, Weißbrot 4A
fred, -en Frieden 11A
fredag, -en, -ar Freitag 6A
fridlyst geschützt, unter Naturschutz 18D
Friluftsfrämjande, -t schwedische Organisation („Freiluftsförderung")
frimärke, -t, -n Briefmarke 11D
frisk gesund 8A
from fromm 14D
frossa, -n Schüttelfrost 16B
fru, -n, -ar Frau 2
frukost, -en, -ar Frühstück 4A
frukostbord, -et Frühstückstisch 4A
frukt, -en, -er Obst 4A
fruktträd, -et, - Obstbaum 8A
frys, -en, -ar Gefriertruhe 17D
frysa (4) frieren 16D
frysa (2b oder 4) einfrieren 4D
från von, aus 1
fråga (1) fragen 2A
fråg|a, -an, -or Frage 3B
fräknar *Pl.* Sommersprossen 5A
fräsa (2b) anbraten 19A; zischen; fauchen
frök|en, -en, -nar Fräulein 14A
ful häßlich 8D
full voll 5A
fullbokad (*Part. Perf. von* boka, 1) ausgebucht 13A
fy sjutton! pfui Teufel! 16A
fylla (2a) füllen 9A
fylla år (2a) Geburtstag haben 7A
fysik, -en Physik 11A
få *Adj.* wenig 14C
få (*Hauptverb,* 4) bekommen 4A
få (lov) (*Hilfsverb,* 4) dürfen 4A
få tag på (4) erwischen 10A
fåg|el, -eln, -lar Vogel 14C
fåtölj, -en, -er Sessel 3A
fängelse, -t, -r Gefängnis 18A
färd, -en, -er Fahrt 18A
färdig fertig 8A
färg, -en, -er Farbe 5B
färsk frisch 4A
fästning, -en, -ar Festung 20A
födas (*Passiv von* föda, 2a) geboren werden 8A
födelsedag, -en, -ar Geburtstag 9D
födelsedagsbarn, -et, - Geburtstagskind 8A
följa (2a) folgen 5A
följa med (2a) mitkommen, mitfolgen 6A
följaktligen folglich 20A
följande folgend 13C
fönst|er, -ret, -er Fenster 3A
fönsterrut|a, -an, -or Fensterscheibe 18A
för für 4A
för att um ... zu 4A
för ... sedan vor 8A
för tillfället zur Zeit 12A

föra (2a) führen 14D
förbi vorbei 6A
förbjuda (4) verbieten 19D
före vor 6A
föredrag, -et, - Vortrag 17D
föregående (*Part. Pres. von* föregå, 4) vorig, vorherig 13C
förekomma (4) vorkommen 20A
föreläsning, -en, -ar Vorlesung 6A
förening, -en, -ar Verein 12A
föreslå (4) vorschlagen 20A
föreställning, -en, -ar Vorstellung 16A
företag, -et, - Unternehmen; Firma 22A
företagsledning, -en, -ar Geschäftsleitung 22A
företräde, -t, -n Vorzug 18A
förfall, -et, - Verfall 20A
författare, -n, - Schriftsteller/in 2D
förhandling, -en, -ar Verhandlung 22A
förhandlingsutrymme, -t, -n Verhandlungsspielraum 22A
förhatlig verhaßt 21A
förhoppningsvis hoffentlich 17D
förkläde, -t, -n Schürze 5A
förkyld erkältet 16B
förkylning, -en, -ar Erkältung 16A
förlora (1) verlieren 9A
förlåt! Entschuldigung! Verzeihung! 6A
förlåta (4) entschuldigen, verzeihen 15A
förlängning, -en, -ar Verlängerung 22A
förmiddag, -en, -ar Vormittag 4A
förorening, -en, -ar Verschmutzung 18A
förr vorher 12C
förresten übrigens 10A
förrän bevor, ehe 16C
försiktig vorsichtig 5A
förskräcklig schrecklich 9D
försköna (1) verschönern 20A
först (zu)erst 4A
förstå (4) verstehen 14C
förstås selbstverständlich 8A
förstärka (2b) verstärken 20A
förstöra (2a) zerstören 14D
förstöring, -en Zerstörung 11A
försvarstorn, -et, - Verteidigungsturm 20A
försvinna (4) verschwinden 19D
försöka (2b) versuchen 10A
förtroende, -t, -n Vertrauen 17C
förtrollning, -en, -ar Verzauberung 21A
förut früher 5A
förvåna (1) in Erstaunen versetzen, verwundern 17D
föräld|er, -ern, -rar ein Elternteil 2
förälskad verliebt 9A
förändra (1) verändern 20D
förändring, -en, -ar Veränderung 20D

G

gala (4) krähen 15D
galen verrückt 14C
Gamla stan die Stockholmer Altstadt 5A
gammal alt 5A
gammaldags nach alter Tradition 19A
ganska ziemlich 5A
gapa (1) den Mund weit aufmachen 16A
garage, -t, - Garage 3A
garderob, -en, -er Kleiderschrank; Garderobe 3A
gardin, -en, -er Gardine 3A
gat|a, -an, -or Straße 15A
gatukorsning, -en, -ar Straßenkreuzung 15D
ge (4) geben 4D
genast sofort 12C
generös großzügig 5A
genom durch 5A
gift verheiratet 2
gifta sig (2b) heiraten 8A
giraff, -en, -er Giraffe 14A
gissa (1) raten 5A
gitarr, -en, -er Gitarre 19A
glad froh, fröhlich 5A
glas, -et, - Glas 3A
glass, -en, -ar Eiscreme, Speiseeis 4D
glasögon *Pl.* Brille 5A
glädja sig åt något (5) sich auf etwas freuen 16A
glänsa (2a) glänzen 17D
glänta på dörren (1) die Tür einen Spalt öffnen 8A
glömma (2a) vergessen 10A
gnugga (1) reiben 8A
gnägga (1) wiehern 15D
god *Adj.* gut 1A
godis, -et Süßigkeiten, Bonbons 21C
golv, -et, - Fußboden 3A
golvlamp|a, -an, -or Stehlampe 3A
grad, -en, -er Grad 16A
gram, -met, - Gramm 4D
grann|e, -en, -ar Nachbar 14D
grattis! Alles Gute! 8A
gratulera (1) gratulieren 7A
gravad (*Part. Perf. von* grava, 1) mit Gewürzen u. Salz mariniert 19A
Grekland Griechenland 18A
grilla (1) grillen 17A
gripas (*Passiv von* gripa, 4) verhaftet werden 18A
gris, -en, -ar Schwein 14D
grod|a, -an, -or Frosch 19A
grop, -en, -ar Grube, Loch 8A
grov grob 14C
grund, -en, -er Grund 9A
grundskol|a, -an, -or Grundschule (*Klasse 1–9*) 11A
grymta (1) grunzen 15D
grå grau 5A
gråsäl, -en, -ar Graurobbe 14A
gråta (4) weinen 18D
grädda (1) im Ofen backen 19A
grädde, -n Sahne 19A
gräddfil, -en Schmand 19A
gränd, -en, -er Gasse 13A
gräns, -en, -er Grenze 14A
gränsa (1) grenzen 14A
gräs, -et Gras; Rasen 9A
gräslök, -en, -ar Schnittlauch 19A
gräva (2a) graben 21D
grön grün 5A
grönsak, -en, -er Gemüse 4A
grönsallad, -en, -er grüner Salat 19A
grönskande grünend 17A
gubb|e, -en, -ar alter Mann 5A
gud, -en, -ar Gott 12D
gudomlig göttlich 21A
gul gelb 4A
guld, -et Gold 20D
gunga (1) schaukeln, wippen 17D
gurk|a, -an, -or Gurke 4A
gymnasi|um, -et, -er Gymnasium 8A
gympa (1) turnen, Gymnastik treiben 12A
gå (4) gehen 2A
gå i kras (4) in Stücke gehen, zerspringen 20A
gå in för (4) sich um etwas bemühen 11A
gå vilse (4) sich verirren 21A

gå över (4) vorübergehen 16A
gång, -en, -er Mal 4A
gård, -en, -ar Hof 5A
gårdsfolk, -et Gutsleute, Hausgesinde 21A
gås, -en, gäss Gans 3C
gäl, -en, -ar Kieme 15D
gälla (2a) gelten 13A
gärdesgård, -en, -ar Holzzaun 21A
gärna gern 4A
gäst, -en, -er Gast 17A
gästrum, -met, - Gästezimmer 3A
göra (5) tun, machen 1B

H

ha (5) haben 3A
ha det så trevligt! Viel Spaß! 4A
ha ett par dagar på sig ein paar Tage Zeit haben 9A
ha ont Schmerzen haben 16B
ha på sig anhaben (Kleidung) 5A
hacka (1) hacken 19A
haj, -en, -ar Hai 18A
hal glatt 14D
hall, -en, -ar Diele, Flur 3A
hallon, -et, - Himbeere 14D
hallonsylt, -en, -er eingemachte Himbeeren 14D
hals, -en, -ar Hals 16A
halsfluss, -en Mandelentzündung 16A
halv halb 4D
hamn, -en, -ar Hafen 9A
han er 1A
hand, -en, händer Hand 19A
handel, -n Handel 20A
handla (1) einkaufen 4A
hanse|stad, -staden, -städer Hansestadt 20A
har den äran! Alles Gute! 8A
har|e, -en, -ar Hase 14D
hav, -et, - Meer 18A
hava = **ha** haben 19A
havsyt|a, -an, -or Meeresspiegel 14A
hej, hejsan hallo 1
hej då tschüs 2
hekto, -t, -n 100 Gramm 4D
hel ganz 5A
helg, -en, -er Wochenende 4A
helgdag, -en, -ar Feiertag 6B
hellre (*Komp. von* gärna) lieber 8A
helst (*Superl. von* gärna) am liebsten 4A
hem nach Hause 3B
hem, -met, - Heim 3B
hembakad selbstgebacken 17A
hembygdsgård, -en, -ar Heimathof 19A
hemgjord *Part. Perf.* hausgemacht 19A
hemifrån von zu Hause 12A
hemma zu Hause 2
hemres|a, -an, -or Heimreise 3B
hemsk schrecklich, *hier:* sehr 9D
hemåt nach Hause, heimwärts 3B
herr Herr 5A
heta (5) heißen 1A
him|mel, -len, -lar Himmel 7A
hinna (4) (zeitlich) schaffen 6A
histori|a, -en, -er Geschichte 20A
hit hierher 8A
hitta (1) finden 9A; s. auskennen
hjul, -et, - Rad 17D
hjälp, -en Hilfe 10A
hjälpa (2b) helfen 2A
hjärta, -t, -n Herz 6C
hjärtlig herzlich 5A
hon sie 1A
honung, -en Honig 16A
hoppa (1) springen 19A
hoppas (*Dep.*, 1) hoffen 15A
horoskop, -et, - Horoskop 21A
hos bei 1A
hosta (1) husten 16A
hota (1) drohen 9A
hotell, -et, - Hotel 15A
hund, -en, -ar Hund 4D
hundra hundert 8A
hungrig hungrig 14D
hur, hurdan wie 3D
hur dags? um wieviel Uhr? 6A
hur lång tid? wie lange? 6A
hurra (1) hurra rufen 8A
hus, -et, - Haus 3A
huskur, -en, -er Hausmittel 16A
husvägg, -en, -ar Hauswand 7A
huvud, -et, - Kopf 5A
huvudkudd|e, -en, -ar Kopfkissen 21A
huvudled, -en, -er Hauptstraße 18A
huvud|stad, -staden, -städer Hauptstadt 13A
huvudvärk, -en Kopfschmerz 16B
hyra (2a) mieten 4C
hytt, -en, -er Kabine 8A
hålla (4) halten 11A
hålla på (4) dabei sein etwas zu tun 15A; *unpers.:* dauern 16A
hålla på med (4) sich mit etw. beschäftigen 11A
hållplats, -en, -er Haltestelle 17A
hår, -et, - Haar 5A
hård hart, fest 12C
häck, -en, -ar Hecke 9D
häkte, -t, -n Haft, Arrest 20A
hälft, -en, -er Hälfte 19A
hälla (2a) gießen 19A
hälsa (1) grüßen 5A
hälsa, -n Gesundheit 22D
hälsa någon något (1) jdm etwas ausrichten 7A
hälsa på (1) besuchen 8A
hämta (1) (ab)holen 4A
hända (2a) geschehen 10A
hänga (2a) hängen 3A
här hier 1A
härifrån von hier weg, fort 5A
härja (1) verheeren, verwüsten 20A
härjning, -en, -ar Verheerung, Verwüstung 20A
härlig herrlich 4A
härlighet, -en, -er Herrlichkeit 19A
häst, -en, -ar Pferd 5A
hävda sig (1) sich behaupten 22A
hög hoch 14A
högtalare, -n, - Lautsprecher 3A
höja (1) erhöhen 22A
höjd, -en, -er Höhe 11A
hölja (2a) (ein-)hüllen 21A
höra (2a) hören; gehören 4C
höra talas om von etwas hören 9A
hörn, -et, - Ecke 3A
höst, -en, -ar Herbst 11A

I

i in 1
i alla fall jedenfalls, auf jeden Fall 15A
i dag heute 5A
i fjor voriges Jahr 10D
i gång im/in Gang 19A
i lugn och ro in aller Ruhe 6A
i morgon morgen 2A
i morse heute morgen 6C
i närheten in der Nähe 4A

i stort sett im Großen und Ganzen 8A
i stället statt dessen 5A
i så fall in diesem Fall; dann 15A
i utlandet im Ausland 22A
i vanliga fall gewöhnlicherweise 8A
i vilket fall som helst in jedem Fall 9A
i övermorgon übermorgen 6A
ibland manchmal 6A
icke-rökare Nichtraucher 18A
ide (att gå i i.) Winterschlaf 15D
idé, -n, -er Idee 10C
idissla (1) wiederkäuen 15D
idrott, -en, -er Sport 12A; Sportart 21D
ifall wenn 21C
ifrån (= **från**) von 8A
igen wieder 5A
igenom (= **genom**) durch 15A
ihålig hohl 21A
illa *Adv.* schlecht, übel 14D
in in, hinein 4A
inbjudan (*unveränderl.*) Einladung 7A
incheckningsdisk, -en, -ar Schalter zum Einchecken 22A
influens|a, -an, -or Grippe 16A
ingen, inget, inga kein/e, keiner, niemand 3A
ingenting nichts 4B
inköp, -et, - Einkäufe 4A
inlagd *Part. Perf.* eingelegt 19A
inleda (2a) einleiten 18A
innan bevor 16C
innanför innerhalb 10A
inne drinnen, in 4A
innehåll, -et Inhalt 5D
inom innerhalb 17A
inreda (2a) einrichten 22D
inredning, -en, -ar Einrichtung 20A
inrikesavgång, -en, -ar Inlandsflug 22A
inskrift, -en, -er Inschrift 14A
instrument, -et Instrument 21D
inta(ga) (4) einnehmen 9A
inte nicht 4A
inte nu längre jetzt nicht mehr 9A
inte sant? nicht wahr? 9A
intressera (1) interessieren 8A
invånare, -n, - Einwohner 14A
iskall eiskalt 17A
isländning, -en, -ar Isländer 20A
iväg fort, weg 4A

J

ja ja 1A
ja visst na klar 2
jaha aha, ach so 4A
jaka (1) bejahen 15D
jama (1) miauen 15D
jaså aha, ach so 4A
jo doch 5B
jobb, -et, - Job, Arbeit 11A
jobbig anstrengend 17A
jord, -en, -ar Erde 11A
jordgubb|e, -en, -ar Erdbeere 19A
jourhavande diensthabend 17D
journalist, -en, -er Journalist/-in 2
ju ja, doch 4A
ju ... desto je ... desto 13A
jul, -en, -ar Weihnachten 7C
julaft|on, -onen, -nar Heiligabend 21A
julgröt, -en Reisbrei (*Weihnachtsgericht*) 21A
julklapp, -en, -ar Weihnachtsgeschenk 12D
jungfrutur, -en, -er erste Fahrt 13A
just (*zeitlich*) gerade, eben 7A
just det genau! 9A
juvel, -en, -er Juwel 9A
jämföra (2a) vergleichen 22A
jämn eben, glatt, gerade 17D
järn, -et, - Eisen 14D
järnvägsstation, -en, -er Bahnhof 13A
jätt|e, -en, -ar Riese 21A
jätte- riesen-, sehr 4A

K

kabinpersonal, -en, -er Kabinenpersonal 18A
kackla (1) gackern 15D
kaffe, -t Kaffee 2
kaffebrick|a, -an, -or Kaffeetablett 8A
kaffekorg, -en, -ar Kaffeekorb 9A
kaffepaus, -en, -er Kaffeepause 6A
kak|a, -an, -or Kuchen 9A
kalenderår, -et, - Kalenderjahr 13A
kalkon, -en, -er Puter, Truthahn 7C
kall kalt 9A
kallas (*Passiv von* kalla, 1) genannt werden 14A
kamma sig (1) sich kämmen 6A
kanske vielleicht 2A
kantra (1) kentern 13A
kappsäck, -en, -ar (Hand-)Koffer 5A
karg karg 17A
kasta (1) werfen 18D
katastrof, -en, -er Katastrophe 11A
katt, -en, -er Katze 3C
kavaj, -en, -er Jackett, Sakko 5A
kaviar, -(e)n Kaviarpaste 4A; Kaviar
kemi, -n Chemie 8A
kemist, -en, -er Chemiker 2A
kikare, -n, - Fernglas 17A
kilo, -t, -n Kilo 4A
kilomet|er, -ern, -rar Kilometer 15A
kind, -en, -er Wange 18D
kittla (1) kitzeln 18D
klara sig (1) zurechtkommen 8A
klave, -n Zahlseite auf einer Münze 13C
klippa (2b) schneiden 5A
klo, -n, -r Klaue, Schere 18A
klock|a, -an, -or Uhr 6A
klockklang, -en, -er Glockenklang 21A
klockradio, -n, -r Radiowecker 6A
klok klug, schlau 14D
klä (på) sig (3) sich anziehen 6A
klädd (*Part. Perf. von* klä, 3) gekleidet 19A
kläder *Pl.* Kleider, Kleidung 3A
klädesplagg, -et, - Kleidungsstück 21D
klädkam|mare, -maren, -rar Kleiderkammer 3A
klänning, -en, -ar Kleid 5A
klöver, -n, - Klee 19A
kniv, -en, -ar Messer 16D
knytkalas, -et, - Fest mit mitgebrachtem Essen 19A
knäckebröd, -et, - Knäckebrot 4A
ko, -n, -r Kuh 3C
koka (1) kochen 4A
kolla (1) kontrollieren 15A

komma (4) kommen 1A
komma att (*Hilfsverb,* 4) werden 11A
kommun, -en, -er Gemeinde, Kommune 18A
kompetens, -en Kompetenz 18A
kompis, -en, -ar Freund/in 6A
konferens, -en, -er Konferenz 22A
konst, -en, -er Kunst 13A
konstig komisch 5A
kontakt, -en, -er Kontakt, Verbindung 22A
kontor, -et, - Büro 11B
kontrakt, -et, - Vertrag 22A
kontrollera (1) kontrollieren, überprüfen 15A
konung, -en, -ar (= **kung**) König 20A
kopp, -en, -ar Tasse 4A
koppar, -(e)n Kupfer 13A
koppling, -en, -ar Kupplung 15A
koreograf, -en, -er Choreograf/in 2D
korg, -en, -ar Korb 4A
kort kurz 5A
kort, -et, - Foto, Bild, Karte 2A
kortklippt kurzgeschnitten 5A
korv, -en, -ar Wurst 4A
kosmetikaföretag, -et, - Kosmetikunternehmen 18A
krabb|a, -an, -or Krabbe 11B
kraftig kräftig 5A
kram, -en, -ar Umarmung 10D
krama (1) umarmen 18C
krans, -en, -ar Kranz 19A
krig, -et, - Krieg 11A
krigsskepp, -et, - Kriegsschiff 9A
kring *Präp.* um 15A
Kristi himmelfärdshelgen Christi Himmelfahrt 7A
kristnande, -t Christianisierung 20A
krokig krumm, gebogen 9D
kron|a, -an, -or Krone 4A
krossa (1) zerschlagen, zertrümmern 18A
krukväxt, -en, -er Topfpflanze 3A
krya på sig (1) wieder gesund werden 16A
krydda (1) würzen 19A
kräkas (*Dep.,* 2b) sich erbrechen, speien 18C
krämp|a, -an, -or Leiden, Gebrechen 16D
kröna (2b) krönen 20A

kul (*unflekt. Adj.*) spaßig, lustig 10C
kul|a, -an, -or Kugel 19A
kultur, -en, -er Kultur 18A
kund, -en, -er Kunde 22A
kung, -en, -ar König 7C
Kungsleden Wanderroute: „der Königsweg" 17A
kunna (M) können 2A
kunskap, -en, -er Kenntnis 20D
kusin, -en, -er Vetter, Kusine 2
kust, -en, -er Küste 20A
kvar übrig; noch 6A
kvart, -en, -er Viertelstunde 6A
kvarter, -et, - (Wohnungs)-Viertel 15A
kvinnlig weiblich 18A
kvittra (1) zwitschern 7A
kväka (2b) quaken 19A
kväll, -en, -ar Abend 1
kvällskurs, -en, -er Abendkurs 12A
kyckling, -en, -ar Hähnchen 17D
kylarvatt|en, -net Kühlwasser 15A
kylskåp, -et, - Kühlschrank 4D
kypare, -n, - Kellner 19D
kyrk|a, -an, -or Kirche 9A
kyrkrått|a, -an, -or Kirchenratte 14D
kyss, -en, -ar Kuß 9D
kyssas (*Dep.,* 2b) sich küssen 18C
källare, -n, - Keller 10C
känd (*Part. Perf. von* känna, 2a) bekannt 5A
käng|a, -an, -or Schnürstiefel 5A
känna (2a) kennen 12A
känna sig (2a) sich fühlen 6A
känna till (2a) kennen 15A; e-m bekannt sein
kännas (*Dep.,* 2a) sich fühlen 11A
kär lieb 10A; verliebt
kärn|a, -an, -or Kern 20A
kärnkraftsreaktor, -n, -er Kernkraftreaktor 18A
kärnvap|en, -net, -en Atomwaffen 11A
kök, -et, - Küche 3A
köpa (2b) kaufen 6A
köra (2a) fahren 4C
körkort, -et, - Führerschein 11A
köttbull|e, -en, -ar Frikadelle 19A
köttfärs, -en Hackfleisch

L

Ladugård, -en, -ar Kuhstall 15D
laga (1) (Essen) zubereiten 6A; reparieren 15A
lagrad *Part. Perf.* gelagert 19A
lamm, -et, - Lamm 3B
land, -et, länder Land 11A
landskap, -et, - Landschaft 14A
landslag, -et, - Nationalmannschaft 20D
larmnum|mer, -ret, -mer Notrufnummer 14A
lax, -en, -ar Lachs 19A
le (4) lächeln 16D
led, -en, -er Weg, Route 17A
ledig frei, ledig 9D
ledsen traurig 10A
lejon, -et, - Löwe 14A
lek, -en, -ar Spiel 19A
leka (2b) spielen 9A
lektion, -en, -er Unterrichtsstunde 6A
leta (1) suchen 9A
leva (2a) leben 8A
leverans, -en, -er Lieferung 22A
leveranskontrakt, -et, - Liefervertrag 22A
lida (4) leiden 16D
ligga (4) liegen 3A
lika gleich 15A
likvärdig gleichwertig 18A
limp|a, -an, -or Brotlaib 4D
linne, -t Leinen 12A
listig listig 14D
lite (ein) wenig 1A
lite grann (*od.* grand) ein wenig 11A
liten klein 2A
lit|er, -ern, -rar Liter 4D
liv, -et, - Leben 20D
livsfarlig lebensgefährlich 21A
ljudlig laut 9D
ljuga (4) lügen 9C
ljus *Adj.* hell 5B
ljus, -et, - Licht; Kerze (17D)
ljusstak|e, -en, -ar Kerzenständer 3A
locka (1) locken 17D
lodrät senkrecht 1D
lova (1) versprechen 18A
luft, -en Luft 5A
lufttryck, -et, - Luftdruck 15A
lugg, -en, -ar Pony (*Frisur*) 5A
lugna (1) beruhigen 17D
lump, -en (*Umgangsspr.*) Wehrdienst 8A

lunch, -en, -er Mittagessen (ca. 12–14 Uhr) 6A

lung|a, -an, -or Lunge 16A

lura (1) prellen, beschwindeln 18D

lust, -en Lust 5A

lustig lustig, komisch 19A

luta (1) neigen, lehnen, schräg stehen 17D

lycka till! Viel Glück! 9A

lyckas (*Dep.*, 1) gelingen 18A

lycklig glücklich 9D

lyckligtvis glücklicherweise 20A

lyckönskning, -en, -ar Glückwünsche 8A

lyfta (2b) heben 14D

lymfkört|el, -eln, -lar Lymphdrüse 16A

lyssna (1) hören 6A

låd|a, -an, -or Kasten, Karton, Schublade 3A

låg niedrig 14C

lågkonjunktur, -en, -er Konjunkturtief 22A

låna (1) (ent-)leihen 9D

lång lang; groß 5A; weit 8A

långbord, -et, - langer Tisch 19A

långsam langsam 4D

långtråkig langweilig 6A

låsa (2b) abschliessen 4D

låt gå na gut 9A

låta (4) lassen 9A; lauten, klingen 21A

låtsas (*Dep.*, 1) so tun als ob, vortäuschen 18C

läge, -t, -n Lage 20A

lägenhet, -en, -er Wohnung 3A

lägga (5) legen 4A

läka (2b) heilen 20D

läkare, -n, - Arzt 16D

läkarstation, -en, -er Arztstation 16A

läkemedelsföretag, -et, - Arzneimittelunternehmen 8A

lämna (1) lassen; übergeben 16A

lämna fram (1) überreichen 16A

lämna in (1) abgeben, abliefern 15A

lämplig geeignet, passend 16A

länge *Adv.* lange 5A

längre (*Komp. von* lång) länger 14A

längs *Präp.* entlang 7A

längst (*Superl. von* lång) am längsten 14A

lära sig (2a) lernen 4C

lära (2a) lehren 21D

lärare, -n, - Lehrer/in 2C

lärk|a, -an, -or Lerche 14D

läsa (2b) lesen; lernen, studieren 5A

läsk, -en Limonade 4D

lätt leicht, einfach 14C

lättöl, -et Leichtbier 4D

läx|a, -an, -or Hausaufgabe 7C

lök, -en, -ar Zwiebel 4A

löpa (2b) laufen 14A

löpa risk (2b) Gefahr laufen 14A

lördag, -en, -ar Samstag, Sonnabend 4A

löv, -et, - Laub 7A

M

m. m. (= **med mera**) u. a. 10A

mack, -en, -ar Tankstelle 15D

magdans, -en, -er Bauchtanz 12A

majestätisk majestätisch 17A

makt, -en, -er Macht 18A

mamm|a, -an, -or Mama, Mutter 1A

man man 4A

man, -nen, män Mann 2

mark, -en, -er Boden, Erde 21A

marknad, -en, -er Markt 22A

marknadsföring, -en Marketing, Vermarktung 22A

marmelad, -en, -er Marmelade 4A

maskera (1) maskieren 5A

mass|a, -an, -or Masse, Menge 4A

mat, -en Essen 3A

matbord, -et, - Eßtisch 3A

matematik, -en Mathematik 11A

matkö, -n, -er Essenschlange 18D

matlagning, -en Kochen 6A

maträtt, -en, -er Speise, Gericht 19D

matsäck, -en, -ar Proviant, Mundvorrat 17A

matt|a, -an, -or Teppich, Läufer 3A

med mit 5A

medan während 6D

med|el, -let, -el Mittel 17D

medellängd, -en, -er mittlere Größe 5A

medeltid, -en Mittelalter 20A

medeltida *Adj.* mittelalterlich 20A

medelåld|er, -ern, -rar Durchschnittsalter 13A; mittleres Alter

mejeri, -et, -er Molkerei 6A

mellan zwischen 3A

men aber 1A

mena (1) meinen 5A

mening, -en, -ar Satz; Bedeutung 10D

mer(a) mehr 4A

meriterad qualifiziert 18A

mest meist 4A

meteorolog, -en, -er Meteorologe 11A

met|er, -ern, -rar Meter 5A

middag, -en, -ar Mittag, Mittagessen 6A

midnattssol, -en Mitternachtssonne 14A

midsom|mar, -maren, -rar Mittsommer 15A

militärplan, -et, - Militärflugzeug 18A

miljö, -n, -er Umwelt 11A

mindre (*Komp. von* liten) kleiner 14A

minist|er, -ern, -rar Minister 18A

minnas (*Dep.*, 2a) sich erinnern 18C

minsann wahrlich, tatsächlich 22A

minst (*Superl. von* liten) am kleinsten 14A

missbruk, -et, - Mißbrauch 18A

misstänka (2b) verdächtigen 18A

mjuk weich 19A

mjölk, -en Milch 4A

modig mutig 14D

molnfri wolkenlos 7A

molnig wolkig, bewölkt 18A

morföräldrar Großeltern mütterlicherseits 2B

morgon, -en, morgnar Morgen 4A

morgonpigg *Adj.* ein Frühaufsteher sein 6A

morgontidning, -en, -ar Morgenzeitung 19D

mor|bro(de)r, -brodern, -bröder Onkel mütterlicherseits 2B

mor|far, -fadern, -fäder Großvater mütterlicherseits 2B

mor|mor, -modern, -mödrar Großmutter mütterlicherseits 2B

morot, -en, morötter Mohrrübe, Möhre 13C

morra (1) murren, knurren 15D
most|er, -ern, -rar Tante mütterlicherseits 2B
mot gegen 5A
motas (*Passiv von* mota, 1) getrieben werden 18A
motorhuv, -en, -ar Motorhaube 15B
motståndare, -n, - Gegner, Gegenspieler 18D
msk = matsked, -en, -ar Eßlöffel 19A
mulen bedeckt 9D
mur, -en, -ar Mauer 8A
mus, -en, möss Maus 14D
muse|um, -et, -er Museum 10A
musiker, -n, - Musiker/in
musikprogram, -met, - Musikprogramm 5A
mycket viel 4A; sehr
mygg *Pl.* Mücken 17D
myr|a, -an, -or Ameise 14D
müsli, -n Müsli 4A
mystisk mystisch
må (*als Hilfsverb,* M) mögen (*Wunsch u. Bedingung*) 7C
må (*als Hauptverb,* 3) sich fühlen 6A
månad, -en, -er Monat 14A
måndag, -en, -ar Montag 6A
många viele 9A
måste (M) muß 2A
människ|a, -an, -or Mensch 7A
människobarn, -et, - Menschenkind 21A
märklig bemerkenswert 17D
möb|el, -eln, -ler Möbel(stück) 21D
möjlig möglich 9A
mörk dunkel 5A
möss|a, -an, -or Mütze 5A
möta (2b) treffen 8C; begegnen

N

naken nackt 21A
namn, -et, - Name 1A
narkotika *Pl.* Rauschgift 18A
nationalpark, -en, -er Nationalpark 17A
natt, -en, nätter Nacht 1
nattfärj|a, -an, -or Nachtfähre 8A
naturligtvis *Adv.* natürlich 11A
naturreservat, -et, - Naturschutzgebiet 17A
nedför herab, hinunter, abwärts 17A
negerkung, -en, -ar Negerkönig 5A
nej nein 1A
neka (1) verneinen 15D
ner hinunter, herunter 10A
nere unten 10C
ni ihr, Sie 1A
niondeklass, -en, -er neunte Klasse 11A
njuta (4) genießen 7A
nog wohl 4A
nordlig nördlich 14A
Norge Norwegen 14A
norr (om) nördlich (von) 14A
norrut nach Norden 3A
nu jetzt 12A
numera heutzutage 8A
nummerplåt, -en, -ar Nummerschild 15B
ny neu 5C
nybyggd *Part. Perf.* neugebaut 20A
nybryggd *Part. Perf.* frisch gebrüht 19A
nyck|el, -eln, -lar Schlüssel 20A
nyfödd neugeboren 11A
nyhet, -en, -er Nachricht 5A
nypa (4) kneifen 18D
nyplockad *Part. Perf.* frisch gepflückt 19A
nypotatis, -en, -ar Frühkartoffeln 19A
nysa (4) niesen 16A
nyskördad *Part. Perf.* frisch geerntet 19A
nyss eben, soeben; vor kurzem 10A
nytta, -n Nutzen 21A
nyttig nützlich 13D; gesund 17D
nyår, -et, - Neujahr 13A
nå (3) reichen 9A
någon jemand 4A
någon, något etwas 2A
någon annan gång (irgend)ein anderes Mal 7A
någonstans irgendwo 9A
någonting (irgend)etwas 4A
någonting annat? sonst noch etwas? 4A
någorlunda einigermaßen 8A
några einige 2A
Näcken der Neck 21A
nämligen nämlich 2A
nämna (2a) nennen, erwähnen 19D
nämnd, -en, -er Amt, Ausschuß 18A
när wenn, als 8A; wann
när som helst wann auch immer 7A2
nära beinahe; nahe 14C
närhet, -en Nähe 4A
närmare (*Komp. von* nära) näher 16A
näst *Adv.* nächst-, zweit- 14A
nästa nächster, nächstes, nächste 5A
nästan fast, beinahe 4A
nöd, -en Not 21A
nödvändig notwendig 17A

O

obligatorisk obligatorisch 13A
och und 1A
också auch 1A
odla (1) anbauen 8A
ofta oft 2A
oftast (*Superl. von* ofta) meistens 6A
oförglömlig unvergeßlich 17A
ohövlig unhöflich 18D
okej okay 6A
okonventionell unkonventionell 5A
okänd unbekannt 5A
olik verschieden 21A
olyck|a, -an, -or Unglück 21A
olämplig ungelegen 20D; unpassend
om um, über 2A; ob 5A; wenn 14A
omge (4) umgeben 17A
omgång, -en, -ar Runde; Mal 18A
omkring um ... herum 3A
område, -t, -n Gebiet 18A
omtala (1) erwähnen, erzählen 20A
omväxlande abwechslungsreich, abwechselnd 13C
ond böse 9D
onsdag, -en, -ar Mittwoch 6A
ord, -et, - Wort 20D
ordentlig ordentlich 16A
ordförande, -n, - Vorsitzende/r 17C
ordning, -en, -ar Ordnung 6A
orka (1) verkraften, schaffen 8A
orolig unruhig, besorgt 11A
orolighet, -en, -er Unruhe 20A
ort, -en, -er Ortschaft 18A
ost, -en, -ar Käse 4A

ostbrick|a, -an, -or Käseplatte 19A
otrolig unglaublich 5A
otur, -en Unglück, Pech 16A
ovanlig ungewöhnlich 9D
ovanvåning, -en, -ar obere Etage 3A
oväsen *Neutr.* Lärm 17D

P

packa (1) packen 19D
packning, -en, -ar Gepäck 17A
paket, -et, - Paket, Päckchen 4D
pannkak|a, -an, -or Pfannkuchen 6A
pant, -en, -er Pfand 4D
papp|a, -an, -or Papa, Vater 2
papper, -et, - Papier 3A
paprik|a, -an, -or Paprika 4A
par, -et, - Paar 5A
park, -en, -er Park 7A
parkbänk, -en, -ar Parkbank 7A
parkeringsplats, -en, -er Parkplatz 4A
pass, -et, - Paß, Ausweis 12C
passa (1) passen 7A
patientavgift, -en, -er Patientengebühr 16A
patientbrick|a, -an, -or Versichertenkarte 16A
pengar *Pl.* Geld 11A
penicillin, -et Penicillin 16A
pensionär, -en, -er Rentner/in 2
peppar, -n Pfeffer 21A
per pro 13A
persilja, -n Petersilie 4A
person, -en, -er Person 5A
personal, -en, -er Personal 17A
personlig persönlich 3A
pigg munter; erfrischt; aufgeweckt 6A
pilgrimsfalk, -en, -ar Wanderfalke 14A
pingst, -en, -ar Pfingsten 7C
pingstaft|on, -onen, -nar Pfingstsamstag 7A
planera (1) planen 6A
plankton, -et Plankton 18A
plantera (1) pflanzen 8A
plats, -en, -er Ort, Platz 13A
platsbiljett, -en, -er Platzkarte (Zuschlag) 13A
plocka (1) pflücken, sammeln 19A
plugga (1) pauken, büffeln 6A
plåga (1) plagen, peinigen 14C
plåst|er, -ret, -er Pflaster 17D
plötslig *Adj.* plötzlich 5A
polcirkel, -n Polarkreis 14A
polis, -en, -er Polizei; Polizist 5A
porslin, -et, - Porzellan 3A
post, -en, -er Post 15A
postkontor, -et, - Postamt 5A
potatis, -en, -ar Kartoffel 4A
prata (1) reden 7D
precis genau, exakt 9A
present, -en, -er Geschenk 4D
president, -en, -er Präsident 18A
prickig gepunktet 4A
prins, -en, -ar Prinz 9D
prinsess|a, -an, -or Prinzessin 9D
pris, -et, -er Preis 22A
problem, -et, - Problem 3B
promenera (1) spazierengehen 10A
prov, -et, - Prüfung 6A
proviant, -en Proviant 17A
proviantera (1) (ver)proviantieren 17A
prydd (*Part. Perf. von* pryda, 2a) geschmückt 19A
prydlig gepflegt, adrett 5A
prästkrag|e, -en, -ar Margerite 19A
publicera (1) veröffentlichen 18D
publik, -en Publikum 17D
pulv|er, -ret, -er Pulver 17D
punkt, -en, -er Punkt 14A
purjolök, -en, -ar Porree, Lauch 4A
pussa (1) küssen 18D
putsa (1) putzen 19D
på auf, an, in 1
på semester in Urlaub 1
på sin höjd höchstens 11A
på sistone in der letzten Zeit 10A
på återseende Auf Wiedersehen 1
på 1300-talet im 14. Jahrhundert 9A
pågå (4) vor sich gehen 20D
påpeka (1) auf etw. hinweisen 15A
pås|e, -en, -ar Tüte 4A
påsk, -en, -ar Ostern 7C
påstå (4) behaupten 15D

R

rabatt, -en, -er Ermäßigung, Preisnachlaß 13A
radio, -n, -r Radio 5A
rak gerade 5A
raka sig (1) sich rasieren 6A
raka vägen geradewegs 8A
rakt fram geradeaus 15A
ramm, -en, -ar Rammsporn 3B
randig gestreift 5A
rasta (1) rasten 17A
ratt, -en, -ar Lenkrad 15B
recept, -et, - Rezept 16A
redan schon 8A
regalskepp, -et, - Flaggschiff 13A
reg|el, -eln, -ler Regel 17A
regering, -en, -ar Regierung 18A
regeringsförklaring, -en, -ar Regierungserklärung 18A
regissör, -en, -er Regisseur/in
regna (1) regnen 8C
regnig regnerisch 14A
regnskog, -en, -ar Regenwald 11A
ren, -en, -ar Rentier 17A
renässanspalats, -et, - Renaissancepalast 20A
resa (2b) reisen, fahren 5A; aufstellen 19A
resa sig upp (2b) aufstehen 5A
res|a, -an, -or Reise, Fahrt 5A
rest, -en, -er Rest 4A
restaurang, -en, -er Restaurant 13A
restaurera (1) wiederherstellen 20A
reta (1) reizen, ärgern 21A
rik reich 9A
rike, -t, -n Reich 14A
riksdagshus, -et, - Reichstagsgebäude 13A
riktig richtig 15A
ringa (till) (2a) anrufen 4D; klingeln 6A
ringdans, -en, -er Reigentanz 19A
ringmur, -en, -ar Ringmauer 9A
risk, -en, -er Risiko, Gefahr 14A
riva (4) (ab)reißen; kratzen, reiben 20A
ro (3) rudern 17A
rolig lustig, amüsant 5A
roll, -en, -er Rolle 10A
romare, -n, - Römer 3B
romersk römisch 3B
ropa (1) rufen 4A
ropa upp (1) aufrufen 16A
rosenbröd, -et, - kleine Brötchen 19A
rosta (1) rosten 20D

rovfåg|el, -eln, -lar Raubvogel 18A
ruin, -en, -er Ruine 9A
run|a, -an, -or Rune 14A
rund rund 19A
rund|a, -an, -or Runde 4A
runsten, -en, -ar Runenstein 14A
runt *Präp.* um ... herum 4A
runt omkring *Präp.* ringsherum, um ... herum 3A
rygg, -en, -ar Rücken 5A
ryggsäck, -en, -ar Rucksack 17A
rykte, -t, -n Ruf, Gerücht 19D
rymma (2a) (ent-)fliehen 18A
Ryssland (*Neutr.*) Rußland 18A
råd, -et, - Rat 11A
rågbröd, -et, - Roggenbrot 4A
råma (1) muhen 15D
rån, -et, - Raub 5A
råna (1) rauben 5A
rånare, -n, - Räuber 5A
räcka (2b) reichen 4A
rädd ängstlich 11A
Rädda barnen Hilfsorganisation „Rettet die Kinder"
räddas (*Passiv von* rädda, 1) gerettet werden 18A
räfs|a, -an, -or Harke, Rechen 17D
räk|a, -an, -or Garnele, Krabbe 4D
räkna (1) rechnen 14A
rätt recht 5A
rätta (1) korrigieren 6A
räv, -en, -ar Fuchs 14D
röd rot 5A
rök, -en Rauch 20D
rökare, -n, - Raucher 13A
röka (2b) rauchen; räuchern 19A
röra (2a) (an-/be-)rühren
röse, -t, -n Grenzmal; Steinhaufen 14A
röva (1) rauben 21A

S

safaripark, -en, -er Safaripark 14A
saft, -en, -er Saft 9A
sag|a, -an, -or Märchen 9A
sak, -en, -er Sache 9A
sakna (1) vermissen 10D
sallad, -en, -er (auch: sallat) Salat 4A
salladshuvud, -et, -en Salatkopf 4A
samla (in) (1) sammeln 11A
samma (der-, die-, das-)selbe 4A
samtidig gleichzeitig 8A
sand, -en Sand 9A
sann wahr 6A
satsa på något (1) auf etwas setzen 22A
schack, -et, - Schach 11A
se (4) sehen 3A
se upp med något mit etwas aufpassen 21A
se ut (4) aussehen 3A
sebr|a, -an, -or Zebra 14A
sedan danach 3A; nachdem, seitdem 12A
semest|er, -ern, -rar Urlaub, Ferien 1
sen spät 8A
senare später 4A
senast zuletzt, spätestens 10A
ses (*Dep.*, 4) einander sehen 2A
sevärdhet, -en, -er Sehenswürdigkeit 20D
sid|a, -an, -or Seite 10A
signalement, -et, - (Täter-)Beschreibung 5A
sikta (1) sichten, zielen 18A
sill, -en, -ar Hering 4D
silv|er, -ret Silber 20D
sist zuletzt 11A
sitta (4) sitzen 2
sjuk krank 5A
sjukdom, -en, -ar Krankheit 16A
sjukhus, -et, - Krankenhaus 18A
sjunga (4) singen 8A
sjunka (4) sinken 13A
själv selbst 6A
självdisciplin, -en Selbstdisziplin 6A
sjö, -n, -ar See 14A
sjörövare, -n, - Seeräuber 20A
skada (1) schaden 21A
skala (1) schälen 12A
Skansen Freiluftmuseum in Stockholm 10A
skatt, -en, -er Schatz 9A
skepp, -et, - Schiff 9A
skicka (1) schicken, senden 4A
skidåkare, -n, - Skiläufer/in 2D
skiljas (*Dep.*, 2a) sich scheiden lassen 20D
skina (4) scheinen 7A
skink|a, -an, -or Schinken 4A
skinn, -et, - Haut, Fell 18D
skiva (1) in Scheiben schneiden 19A
skiv|a, -an, -or Scheibe 4A
skjort|a, -an, -or Hemd 5A
skjuta (4) schießen 18D
skjuta rygg (4) einen Buckel machen 15D
sko, -n, -r Schuh 3C
skog, -en, -ar Wald 14C
skogvaktare, -n, - Förster 2
skola (M) wollen, sollen 4A
skol|a, -an, -or Schule 2A
skottkärr|a, -an, -or Schubkarre 8A
skramla (1) rasseln; klimpern; klappern 8A
skratt, -et, - Lachen 17D
skritta (1) im Schritt gehen 15D
skriva (4) schreiben 11A
skrivbord, -et, - Schreibtisch 3A
skrivbordsstol, -en, -ar Schreibtischstuhl 3A
skrock, -et Aberglaube 21A
skräck, -en Schreck 17D
skulle ... kunna könnte 4A
skydda (1) schützen 18A
skylt, -en, -ar Schild 18A
skymma (2a) dämmern (abends) 5A
skynda sig (1) sich beeilen 5A
skådespelare, -n, - Schauspieler/in 2D
skål, -en, -ar Schale 19A
skåp, -et, - Schrank 3A
skägg, -et, - Bart 5A
skäggig bärtig 5A
skäl, -et, - Grund 10D; Ursache
skälla (2a) schimpfen; bellen (Hund) 9C
skämmas (*Dep.*, 2a) sich schämen 18C
skämt, -et, - Spaß; Witz 12A
skämta om något über etwas scherzen 5A
skära (4) schneiden (Messer) 16D
skärgård, -en, -ar Schären 13A
skärp, -et, - Gürtel 5A
skön schön 16A; bequem, angenehm
sköta (2b) führen 22A
slapp schlapp, schlaff 9D
slarvig schlampig 9D
slingra (1) (s.) winden, schlingen 17A
slippa (4) nicht zu tun brauchen 7C
slips, -en, -ar Krawatte 5A
slita (4) abnutzen 15A
slott, -et, - Schloß 9D

slut, -et, - Ende, Schluß 9A
sluta (1) aufhören 6A
sluttning, -en, -ar Abhang, Hang, Gefälle 17A
slå (4) schlagen 14A
slå sig ner (4) sich niederlassen 11A
slåss (*Dep.*, 4) sich schlagen 9A
släkting, -en, -ar Verwandte/r 8A
släktskapsförhållande, -t, -n Verwandtschaftsverhältnis 20D
slända, -an, -or Spindel 9D
släpa (1) schleppen 17A
släppa (2b) fallen lassen, loslassen 18A
släppa in (2b) herein-, hineinlassen 9A
slösa bort (1) verschwenden, vergeuden 11A
smak, -en, -er Geschmack 20D
smaka (1) schmecken 19A
smal schmal, eng 13A
smitta (1) anstecken 17D
smutsig schmutzig 14D
smycka (1) schmücken 19A
smyga (4) schleichen 8A
småle (4) schmunzeln 17D
småprata (1) plaudern 5A
smör, -et Butter 4A
smörblomm|a, -an, -or Butterblume 19A
smörgås, -en, -ar Butterbrot 19
smörja (5) schmieren 19A
snaps, -en, -ar Schnaps 19A
snart bald, gleich 4A
snyta sig (4) die Nase putzen 16A
snäck|a, -an, -or Schnecke 9A
snäll nett 4A
sock|a, -an, -or Socke 5A
sock|er, -ret Zucker 4A
soff|a, -an, -or Sofa, Couch 3A
soffbord, -et, - Couchtisch 3A
sol, -en, -ar Sonne 7A
solsken, -et, - Sonnenschein 17D
som *Konj.* als; wie 8A
som *Rel.pron.* der, die, das 5A
som|mar, -maren, -rar Sommer 3B
sommarlov, -et, - Sommerferien 17D
son, -en, söner Sohn 2
sort, -en, -er Sorte, Art 19A
sova (4) schlafen 9C
sovrum, -met, - Schlafzimmer 3A
spad, -et Saft, Soße, Brühe 19A
spannmålsmagasin, -et, - Getreidespeicher 20A
sparka (1) treten 18D
spegla sig (1) sich spiegeln 17A
spel, -et, - Spiel 7C
spela (1) spielen 11A
spilla (2a) verschütten, vergeuden 18D
spinna (4) schnurren 15D
spis, -en, -ar Herd 17D
sportig sportlich 12A
spricka ut (1) ausschlagen
sprida (4) verbreiten 21A
sprida ut (4) verteilen, ausbreiten 8A
springa (4) laufen 4D
spruta (1) spritzen 17D
språk, -et, - Sprache 21D
spår, -et, - Spur 5A
spännande spannend 6A
squash, -en Squash 12A
stad, -en, städer Stadt 2
stadshus, -et Stadthaus (Stockholmer Rathaus) 13A
stan (eig. stad, -en, städer) Stadt 2A
stanna kvar (1) (zurück)bleiben 8A
stanna (1) bleiben; stehen-, zurückbleiben 3A
stark stark 5A
stat, -en, -er Staat 18A
statsminist|er, -ern, -rar Ministerpräsident/in 2D
steg|e, -en, -ar Leiter 21A
steka (2b) braten 17A
sten, -en, -ar Stein 9A
stereo, -n Stereoanlage 3A
sticka (4) stechen 9D
stig, -en, -ar Pfad 17A
stiga (4) steigen 17A
stiga upp (4) aufstehen 6A
stilla *Adv. u. unflekt. Adj.* ruhig 8A
stillhet, -en Stille 17A
stirra (1) starren 12A
stjäla (4) stehlen 19C
stjälpa (2b) umkippen, umstürzen, umwerfen 21D
stol, -en, -ar Stuhl 3A
stolt stolz 17A
stor groß 4D
storlek, -en, -ar Größe 5D
strand, -en, stränder Strand 9A
strategisk strategisch 20A
strax gleich, sofort 6A
strejk, -en, -er Streik 18A
stressa (1) sich abhetzen 7A
strid, -en, -er Streit, Kampf 9A
striml|a, -an, -or Streifen 19A
strump|a, -an, -or Strumpf 5A
strunt, -en, -et Nichtigkeit, Lappalie 11A
stråla (1) strahlen 14C
strålkastare, -n, - Scheinwerfer 15B
sträck|a, -an, -or Strecke 17A
strö (3) streuen 19A
ströbröd, -et Paniermehl 19A
studerande, -n, - Studierende/r 13A
studera (1) studieren 3A
studio, -n, -r Studio 18A
stulen (*Part. Perf. von* stjäla, 4) gestohlen 18A
stund, -en, -er Weile 4A
styck Stück 4A
styra (2a) steuern; beherrschen 20D
styv steif 5A
stå (4) stehen 3A
stånd, -et, - Stand 4A
stång, -en, stänger Stange 19A
ståtlig stattlich, prachtvoll 20A
städa (1) aufräumen 6A
ställa (2a) stellen 4A
stämma (2a) stimmen 5A
stänga (2a) schließen 18C
stänkskärm, -en, -ar Kotflügel 15B
stökig unordentlich, lärmend 9D
stötfångare, -n, - Stoßstange 15B
sund, -et, - Meerenge 20A
supa (4) saufen 9C
svag schwach 18B
svall|a, -an, -or Schwalbe 21D
svans, -en, -ar Schwanz 19A
svar, -et, - Antwort 3B
svara (1) antworten 10A
svart schwarz 5A
svensk, -en, -ar Schwede/in 18A
svensk schwedisch 1
Svenska turistföreningen entspricht dem Alpenverein 17A
svensklärare, -n, - Schwedischlehrer/in 11A
Sverige *Neutr.* Schweden 1
svettas (*Dep.*, 1) schwitzen 17A
svida (4) brennen, beißen 17D
svullen geschwollen 16D
svår schwierig 11A
svält, -en Hunger 11A
svär|far, -fader Schwiegervater 7A
sväva schweben 15D
svävare, -n, - Hovercraft, Flugboot 22A

sy (3) nähen 8C
sydlig südlich 14A
syn, -en, -er Sicht 11A
synd schade! 10A
syskon, -et, - Geschwister 2A
systembolag, -et, - Staatl. Monopolgeschäft f. Alkohol 15A
syst|er, -ern, -rar Schwester 2A
syster|son, -sonen, -söner Neffe 20A
så so 4A
så att *Konj.* damit 17A
så här so 3A
så småningom allmählich, nach und nach 19A
sådan, sådant, sådana solche; so ein 11A
sår, -et, - Wunde 20D
såra (1) verletzen 17D
säck, -en, -ar Sack 18D
säga (5) sagen 4A
säker sicher 6A
säkerhetsbälte, -t, -n Sicherheitsgurt 17D
sälja (5) verkaufen 9A
sällan *Adv.* selten 8A
sällsynt *Adj.* selten 14A
sämre (*Komp. von* dålig) schlechter 16A
sända (2a) senden, schicken 14D
säng, -en, -ar Bett 3A
sängbord, -et, - Nachttisch 3A
särskild besondere, -r, -s 5A
sätt, -et, - Art, Weise 5A
sätta (5) setzen 4A
sätta igång (5) anfangen 6A
söderut nach Süden, südwärts 17A
sökare, -n, - Bewerber 18A
sömn, -en Schlaf 20D
sönder kaputt 2
söt süß 6C

T

ta (4) nehmen 4A
ta det lugnt (4) es ruhig nehmen 7A
ta på sig (4) sich anziehen 12A
ta sig i akt (4) sich in acht nehmen 21A
tablett, -en, -er Tablette 16D
tack danke 2
tack detsamma danke gleichfalls 4A
tack så mycket vielen Dank 5A
tacka (1) danken 4A
tacksam dankbar 8A
tag (ett t.) eine Weile 13A
tak, et, - Decke; Dach 3A
taklamp|a, -an, -or Deckenlampe 3A
tal, -et, - Rede; Zahl 7A
tala (1) sprechen 1A
tala om (1) erzählen 10A
tallrik, -en, -ar Teller 19A
tand, -en, tänder Zahn 3C
tandkräm, -en, -er Zahnpasta 17D
tandvärk, -en Zahnschmerz 16B
tank|e, -en, -ar Gedanke 11A
tavl|a, -an, -or Bild; Gemälde 3A
taxi, -n, - Taxi 15A
taxistation, -en, -er Taxistand 15A
te, -(e)t, -er Tee 4A
teat|er, -ern, -rar Theater 16A
telefon, -en, -er Telefon 6A
telefonnum|mer, -ret, -mer Rufnummer 5A
tennis, -en Tennis 15D
tennisspelare, -en, - Tennisspieler/in 2
termin, -en, -er Semester 11A
terminstid, -en, -er Semesterzeit 6A
terräng, -en, -er Gelände, Terrain 17A
tevatt|en, -net Teewasser 4A.
teve, -n, - Fernseher 3A
tid, -en, -er Zeit 9A
tidig zeitig, früh 8A
tidning, -en, -ar Zeitung 10C
tidsmedveten *Adj.* zeitbewußt 14A
tig|er, -ern, -rar Tiger 14A
till zu, nach; bis 4A
till följd av infolge von 18A
till höger (nach) rechts 15A
till och med sogar 9A; (*zeitl.*) bis zu 13A
till slut am Ende, zuletzt 9A
till vänster links 15A
till ända zu Ende 21A
tillbaka zurück 4A
tillfoga (1) hinzufügen 15D
tillhöra (2a) gehören 20A
tillkommande künftig, zukünftig
tills (= till dess) bis 15A
tillsammans zusammen 5A
tillåta (4) zulassen, erlauben 18D
timm|e, -en, -ar Stunde 6C
ting, -et, - Ding 21A
tips, -et, - Hinweis 5A
tisdag, -en, -ar Dienstag 6A
titta (1) sehen, gucken 2A
titta på (1) (an)sehen 6A
tjock dick 9D
tjuv, -en, -ar Dieb 9B
tjäna (1) verdienen 13A
toalett, -en, -er Toilette 3A
tofslärk|a, -an, -or Haubenlerche 14A
tom leer 9A
tomat, -en, -er Tomate 4A
tomt, -en, -er Grundstück 8A
tomt|e, -en, -ar Wichtelmännchen 5A
topp, -en, -ar Gipfel, Spitze 17A
toppluv|a, -an, -or Zipfelmütze 5A
torg, -et, - Markt, Platz 4A
torggumm|a, -an, -or Marktfrau 4A
torghandel, -n Markt 4A
torn, -et, - Turm 17D
torr trocken 14A
torsdag, -en, -ar Donnerstag 6A
totalt (*Adv. von* total) total, insgesamt 18A
trafikljus, -et, - Ampel 15A
trakt, -en, -er Gegend 15D
trapp|a, -an, -or Treppe 3A
trasig kaputt 10A
trava (1) traben 15D
Treriksröset „Dreireichegrenzmal" 14A
trevlig nett 4A
trevlig resa! Gute Fahrt! 5A
trivas (*Dep.,* 2a) sich wohl fühlen 11A
tro (3) glauben 11A
trogen treu 14D
troll, -et, - Troll, Kobold 21A
trollbunden verzaubert 21A
trona (1) thronen 19A
trots trotz 18A
trots att obwohl 16C
tryne, -t, -n Rüssel, Schnauze 15D
tråkig langweilig 9D
trä, -(e)t Holz 21A
träd, -et, - Baum 7A
trädgård, -en, -ar Garten 3A
trädgårdsskötsel, -n Gartenpflege 8A
träffa (1) treffen 12A
träffas (*Dep.,* 1) sich treffen 8A
träkar, -et, - Holztrug 21A
träsko, -n, -r Holzschuh 5A
trött müde 6A
TT (tidningarnas telegrambyrå) schwedische Presseagentur 18A

tub, -en, -er Tube 4D
tumm|e, -en, -ar Daumen 9A
tung schwer (*Gewicht*) 14C
tung|a, -an, -or Zunge 16A
tunn|a, -an, -or Tonne 21D
tur, -en Glück 5A
tur, -en, -er Ausflug, Tour, Fahrt 17A
tur och retur hin und zurück 13A
turas om med något (1) mit etwas abwechseln 6A
turist, -en, -er Tourist 17A
turiststation, -en, -er Hütte; Bergstation 17A
tuv|a, -an, -or Rasenhöcker 21D
tvinga (1 od. 4) zwingen 21A
tvärgat|a, -an, -or Querstraße 15A
tvätta (1) waschen 4D
tvätta sig (1) sich waschen 6A
tvättstug|a, -an, -or Waschküche 3A
tycka (2b) meinen, finden 4A
tycka om (2b) mögen 8A
tyckas (*Dep.*, 2b) scheinen 13A
tydlig deutlich 12C
tydligen *Adv.* anscheinend, offenbar 12C
tysk deutsch 18A
Tyskland *Neutr.* Deutschland 1A
tyst leise, still 8A
tysta (1) zum Schweigen bringen 21A
tystnad, -en Stille; Schweigen 17D
tyvärr leider 4A
tåg, -et, - Zug, Eisenbahn 6C
tåla (2a) dulden, ertragen 14D
tång, -en, tänger Zange 3C
tårt|a, -an, -or Torte 9A
tält, -et, - Zelt 13A
tända (2a) anzünden 14D
tändstick|a, -an, -or Streichholz 4D
tänka (2b) denken (*als Hauptverb*); beabsichtigen (*als Hilfsverb*) 8A
töras (5) wagen 18C
törne, -t, -n Dorne 9D
törstig durstig 11B

U

UB (= universitetsbibliotek, -et, -) Universitätsbibliothek 6A
udd|e, -en, -ar Landzunge 20A
uggl|a, -an, -or Eule 14D
ugn, -en, -ar Ofen 19A
ull, -en Wolle 15D
umgås (*Dep.*, 4) verkehren 18C
under unter 3A; während 6A
under tiden währenddessen 6A
underbar wunderbar 5A
underlätta (1) erleichtern 22A
undersöka (2b) untersuchen 17D
undersökningsrum, -met, - Untersuchungsraum 16A
undkomma (4) entkommen 5A
undra (1) wissen wollen, sich fragen 15A
ung jung 14C
ungdom, -en, -ar Jugendliche 3B; Jugend
ungefär ungefähr 5A
union, -en, -er Union 20A
universitet, -et, - Universität 3A
upp hinauf 3A
uppdukad gedeckt 19A
uppe auf 14A
uppehåll, -et, - Unterbrechung, Pause 18A
uppehållsväd|er, -ret niederschlagsfreies Wetter 18A
uppfinnare, -n, - Erfinder/in 2D
uppför her-, hinauf, aufwärts 17A
uppföra (2a) aufführen 20A
uppge (4) angeben 18A
uppgift, -en, -er Aufgabe 11A
uppgörelse, -n, -r Abmachung, Vereinbarung 18A
uppleva (2a) erleben 20D
upplevelse, -n, -r Erlebnis 17A
upprepa (1) wiederholen 15D
upprullad *Part. Perf.* aufgerollt 19A
upprörd *Part. Perf.* aufgewühlt, aufgeregt 22D
uppsats, -en, -er Aufsatz 11A
upptagen *Part. Perf.* beschäftigt; besetzt 7A
upptäcka (2b) entdecken 17A
ur aus 21A
ur, -et, - Uhr 14A
ursprungligen *Adv.* ursprünglich 20D
ursäkt, -en, -er Entschuldigung 10A
ursäkta (1) entschuldigen, verzeihen 15A
ut hinaus 5A
utan *Prep.* ohne 4A
utan *Konj.* sondern 15A
utanför vor 5A; außerhalb 11A
utbildning, -en, -ar (Aus-)Bildung 18A
utbyta (2b) austauschen 17A
ute draußen 4D
utflykt, -en, -er Ausflug 17A
utgöra (5) ausmachen 20A
uti = **i** in 8A
utländsk ausländisch 22A
utmärkt ausgezeichnet 7A
utom außer 18A
utomhus draußen 3D
utomlands im Ausland 22A
utrikes auswärtig, auswärts 18A
utrikesavgång, -en, -ar Auslandsflug 18A
utropa (1) ausrufen 15D
utrota (1) ausrotten 14A
utsikt, -en, -er Aussicht 17A
utställning, -en, -ar Ausstellung 19D
utsätta (5) aussetzen 20A
uttalande, -t, -n Aussage 17D
utt|er, -ern, -rar Otter 14A

V

va? oder? nicht wahr? 6A
vacker schön 2A
vad was 1A
vad bra! Wie schön! Na prima! 2A
vad är klockan? Wieviel Uhr ist es? 6A
vada (1) waten 17A
vakna (1) aufwachen 4A
vaktparad, -en, -er Wachtparade 13A
val, -et Wahl 19D
vallgrav, -en, -ar Wallgraben 20A
vandra (1) wandern 13A
vandrare, -n, - Wanderer 21A
vandring, -en, -ar Wanderung 17D
vanlig gewöhnlich 4A
var wo 1A
var för sig jeder für sich 6A
var snäll och bitte 4A
vara (1) dauern 8A
vara (4) sein 1A
var|a, -an, -or Ware 4A
vara förtjust i något/någon (4) von etw./jm. begeistert sein 6A
vara någons tur jemand ist dran 16A

varandra einander 3A
vardagsrum, -met, - Wohnzimmer 3A
varelse, -n, -r Wesen 21A
varför warum 10A
varg, -en, -ar Wolf 14A
varifrån woher 1A
varje jeder, jede, jedes 4A
varken ... eller weder ... noch 9A
varm warm 14A
varsågod bitte schön 4A
vart wohin 6D
varuhus, -et, - Kaufhaus 4A
varva (1) (auf-)schichten 19A
vas, -en, -er Vase 3A
vasatiden Zeit d. Vasaregenten (1521—1654) 20A
vatt|en, -net, -en Wasser 9A
vattendrag, -et, - Gewässer 17A
veck|a, -an, -or Woche 6A
vem wer 1A
verand|a, -an, -or Veranda 8A
verk, -et, - Werk 20A
verka (1) scheinen; wirken 8A
verkligen *Adv.* wirklich 6A
verklighet, -en Wirklichkeit 9A
verk|stad, -staden, -städer Werkstatt 15D
veta (5) wissen 6A
vi wir 1A
vi ses! Wir sehen uns! Bis bald! 2A
vid an 3A; bei 5A
vid den här tiden zu dieser Zeit 7A
vid tretiden gegen drei Uhr 6A
vidare weiter 3A
vidsträckt weitreichend, ausgedehnt 14A
vifta (1) wedeln 15D
viktig wichtig 14A
vila sig (1) sich ausruhen 16A
vilja (M) wollen 4A
vilken, vilket, vilka welcher, welche, welches; welche 1A
vilken tur! welch ein Glück! 5A
vill|a, -an, -or Einfamilienhaus 3A
Villa Villekulla Pippi Langstrumpfs *Villa Kunterbunt* 9A
villkor, -et, - Bedingung, Kondition 22A
vin, -et, -er Wein 5D
vinbärsbusk|e, -en, -ar Johannisbeerstrauch 8A
vindbrygg|a, -an, -or Zugbrükke 20A
vindrutetorkare, -n, - Scheibenwischer 15B
vinka (1) winken 21A
vink|el, -eln, -lar Winkel 3A
vinna (4) gewinnen 20D
vint|er, -ern, -rar Winter 14A
visa (1) zeigen 6A
viska (1) flüstern 8A
vispa (1) quirlen, schlagen 19A
vispgrädde, -n Schlagsahne 4D
visserligen zwar, allerdings 8A
visst *Adv.* klar, gewiß 4A
vistas (*Dep.*, 1) verweilen 18C
vit weiß 5A
vore (*Konjunktiv von* vara) wäre 21C
vrede, -n Zorn 18D
vuxen erwachsen 19A
våga (1) wagen 7C
vågrät waagerecht 1D
våning, -en, -ar Wohnung 3A
vår, -en, -ar Frühling 7A
vårblomm|a, -an, -or Frühlingsblume 7A
väcka (2b) wecken 6A
väckarklock|a, -an, -or Wecker 6A
väd|er, -ret, -er Wetter 7A
väg, -en, -ar Weg 3A
vägg, -en, -ar Wand 3A
väl wohl 4A
välbevarad *Part. Perf.* gut erhalten 18A
väldig gewaltig, mächtig; sehr 16A
välja (5) wählen 9C
välkommen, *Pl.* **välkomna** *Part. Perf.* willkommen 5A
vän, -nen, -ner Freund 5A
vända sig om (2a) sich umdrehen 21A
vänta (1) warten 5A
väntrum, -met, - Wartezimmer 16A
värd *Adj.* wert 13A
värka (2b) schmerzen 17D
värld, -en, -ar Welt 9A
världskarta, -an, -or Weltkarte 20A
värre (*Komp. von* dålig) schlimmer 16A
väsen, - *Neutr.*, **-** Wesen 21A
väsk|a, -an, -or Tasche, Koffer 5A
väst, -en, -ar Weste 5A
västkust, -en, -er Westküste 14A
växa upp (2b) aufwachsen 8A

Y

yla (1) heulen, jaulen 15D
ytterdörr, -en, -ar Außentür 18D

Å

å, -n, -ar Fluß 17A
åja! naja! 16A
åka (2b) fahren 3A
ål, -en, -ar Aal 14D
åld|er, -ern, -rar Alter 5A
ålderdom, -en das Alter(tum) 3B
åldras (*Dep.*, 1) altern 18C
år, -et, - Jahr 5A
år|a, -an, -or Ruder 17D
århundrade, -t, -n Jahrhundert 20D
-årig -jährig 18A
årsdag, -en, -ar Jahrestag 10A
åsido *Adv.* beiseite 12A
åsikt, -en, -er Ansicht, Meinung 20D
åsn|a, -an, -or Esel 14D
åtalas (*Passiv von* åtala, 1) verklagen 18A
åter wieder 17A
åtgärda (1) Maßnahmen treffen 15A
åtminstone zumindest 12D

Ä

ädel edel 9A
ägg, -et, - Ei 4A
ägghalv|a, -an, -or halbes Ei 19A
äldst (*Superl. von* gammal) ältest 13A
älg, -en, -ar Elch 14A
älska (1) lieben 4D
älv|a, -an, -or Elfe 21A
ämne, -t, -n Thema; (Lehr-) Fach 11A
än als (bei Vergleichen) 8A
än, ännu noch 2A
än(-nu) så länge immer noch 5A
ändå jedoch, trotzdem; ohnehin 5A
äng, -en, -ar Wiese 15D
äng|el, -eln, -lar Engel 5A
äntligen endlich 12D
äpple, -t, -n Apfel 3C
är du snäll bitte 4A
ärtsopp|a, -an, -or Erbsensuppe 6A
äta (4) essen 4A
äventyr, -et, - Abenteuer 5A

Ö

ö, -n, -ar Insel 8D
öde, -t, -n Schicksal 21A
öga, -t, ögon Auge 3C
ögonblick, -et, - Augenblick 6A
öl, -et Bier 4D
ölfat, -et, - Bierfaß 9A
önska sig (1) sich wünschen 8A
öppen offen 17A
öppna (1) öffnen 12A
öra, -t, öron Ohr 3C
öre, -t, -n Öre 4A
Östersjö, -n Ostsee 13D; 20A
öster/östra Osten; östlich 18A
över über 3A
överfart, -en, -er Überfahrt 8A
övergångsställe, -t, -n Fußgängerüberweg 15D
övernattning, -en, -ar Übernachtung 17A
övernaturlig übernatürlich 21A
överst zu oberst 4A
översyn, -en, -er Nach-, Überprüfung 15A
översätta (5) übersetzen 9D
övertala (1) überreden 19D
övertyga (1) überzeugen 14D
övning, -en, -ar Übung 15D

Grammatische Fachausdrücke und ihre Erklärung

Adjektiv = Eigenschaftswort: das *braune* Kleid
adjektivisch = als Eigenschaftswort gebraucht
Adverb = Umstandswort: Er singt *laut.*
adverbiale Bestimmung = Satzglied, das einen Sachverhalt hinsichtlich Zeit, Ort, Art und Weise etc. beschreibt
Aktiv = Tätigkeitsform: Der Mann *streichelt* die Katze.
Artikel = Geschlechtswort: *der, die, das, ein, eine, ein*
Attribut = Beifügung: der *alte* Mann
attributiv = beifügend
Deklination = Beugung hinsichtlich Geschlecht, Zahl und Fall
Demonstrativpronomen = hinweisendes Fürwort: *dieser, jener*
Deponens = Verb mit passiver Form, aber aktiver Bedeutung: *hoppas* (hoffen), *finnas* (vorhanden sein)
finite Verbform = zeitgebeugte Verbform: Imperativ, Präsens, und Präteritum
Flexion = Beugung
Futur = Zukunft(sform): Ich *werde fragen.*
Genitiv = 2. Fall, Wesfall: das Auto *des Mannes*
Genus = grammatisches Geschlecht
Hilfsverb = Verben, die bei der Bildung von Zeitformen benutzt werden können: *sein, haben, werden*
Imperativ = Befehlsform: *geh(e)!, geht!*
Indefinitpronomen = unbestimmtes Fürwort: *einige, manch*
infinite Verbform = nicht zeitgebeugte Verbform: Infinitiv und Partizipien
Infinitiv = Nennform, Grundform: *backen, biegen*
intransitiv sind Verben, nach denen kein Akkusativobjekt stehen kann: *regnen, schlafen*
Inversion = „Umkehrung" der normalen Satzgliedfolge (Subjekt + finites Verb) *also:* finites Verb + Subjekt
Komparativ = 1. Steigerungsstufe: *schöner, größer*
Konjugation = Beugung des Zeitwortes: Infinitiv – *gehen*, Präsens – *ich gehe*
Konjunktion = Bindewort: Die Frau ist glücklich, *weil* sie arbeiten kann.
Konjunktiv = Möglichkeitsform: Frau S. dachte, ihr Mann *sei* im Büro.
Konsonant = Mitlaut: *b, d, s*
Modalverb = Zeitwort, das die Art und Weise des Geschehens bezeichnet: er *will* kommen, sie *kann* lesen
Neutrum = sächliches Geschlecht
Objekt = Satzergänzung: Der Mann streichelt *die Katze.*
Partizip = Mittelwort; Partizip Präsens: *lachend,* Part. Perfekt: *gebacken*
Passiv = Leideform: Die Katze *wird gestreichelt.*
Perfekt = Vollendete Gegenwart: Ich *bin weggegangen.*
Personalpronomen = persönliches Fürwort: *er, sie, wir*
Plural = Mehrzahl: *Kirschen*

Plusquamperfekt = Vorvergangenheit: Ich *hatte* das Buch *gelesen.*
Possessivpronomen = besitzanzeigendes Fürwort: *mein, dein*
Prädikat = Satzaussage: Die Frau *repariert* das Auto.
prädikativ = aussagend
Prädikatsadjektiv = Eigenschaftswort als Teil der Satzaussage: Es ist *dunkel.*
Prädikatsnomen = Hauptwort als Teil der Satzaussage: Er ist *Bäcker.*
Präposition = Verhältniswort: *auf, gegen, mit*
präpositional = mit einem Verhältniswort gebildet
Präpositionsverbindung = Verhältniswort + Hauptwort oder Fürwort
Präsens = Gegenwart: ich *gehe*
Präteritum = Vergangenheitsform des Verbs: *sah, ging, spielte*
Pronomen = Fürwort: *er, sie, es*
pronominal = aus einem Fürwort bestehend
reflexiv = rückbezüglich: Er wäscht *sich.*
Reflexivpronomen = rückbezügliches Fürwort: *mich, sich*
Relativpronomen = Pronomen, das sich auf ein unmittelbar vorausgehendes Substantiv bezieht und einen Nebensatz einleitet: die Frau, *die*; das Buch, *welches*
reziprok = eine wechselseitige Beziehung ausdrückend: *de kysstes* (sie küßten sich/einander)
Satzadverb = Umstandswort, das sich auf den Gesamtsatz bezieht: *vielleicht, kaum, immer*
Singular = Einzahl: *Tisch*
Subjekt = Satzgegenstand: *Das Kind* spielt mit der Katze.
Substantiv = Hauptwort: der *Tisch*
Superlativ = Höchststufe bei der Steigerung des Adjektivs: am *schönsten*
Supinum = im Schwedischen eine nicht gebeugte Verbform, die zusammen mit dem Hilfsverb „ha" die Zeitformen Perfekt und Plusquamperfekt bildet: han har *gått* (er ist gegangen)
Tempus = Zeitform des Verbs, z. B. Präsens
Utrum = Gemeinsames grammatisches Geschlecht für männliche und weibliche Substantive.
Verb(um) Zeitwort: *gehen, kommen*
Verbvalenz = die Zahl der Elemente, mit denen ein Verb oder eine Verbform verbunden wird bzw. verbunden werden muß. Das Verb *lehnen* z. B. ist dreiwertig: es muß immer mit einem Subjekt, einem direkten und einem indirekten Objekt stehen: *Er* leht *das Fahrrad an die Wand.*
Vokal = Selbstlaut: *a, e, i, o, u, y, å*

Sachregister

Lektion 1

1. a) Han heter Bergman i efternamn. b) Han bor i Lund. c) Hon heter Pernilla i förnamn. d) Hon kommer från Malmö. e) Malmö ligger i Sverige. f) Nu bor hon i Lund. g) Hon arbetar i Lund. h) Hon är Pers mamma. i) Nej, hon kommer från Eslöv. j) Claudia och Volker kommer från Tyskland. k) Ja, de talar svenska. l) Nej, de kommer från Bremen. m) Nu bor de hos Per. n) De är på semester i Sverige.

2. a) Vad heter du? b) Vad heter du i efternamn? c) Varifrån kommer du?/Var kommer du ifrån? d) Bor du i Malmö? e) Var ligger Lund? f) Vem är det? g) Vad/Vem är hon? h) Kommer hon från Lund? i) Varifrån kommer ni?/Var kommer ni ifrån? j) Var ligger Bremen? k) Var bor ni nu? l) Talar ni svenska?

6. a) Nej, jag heter inte Volker i förnamn. b) Nej, jag heter inte Persson i efternamn. c) Nej, jag kommer inte från Malmö. d) Nej, Malmö ligger inte i Tyskland. e) Nej, jag bor inte i Bremen nu. f) Nej, jag arbetar inte i Stockholm. g) Nej, det är inte min mamma. h) Nej, jag talar inte engelska. i) Nej, jag är inte på semester i Sverige nu.

7. Kreuzworträtsel

	[1]T	Y	[1]S	K	L	A	N	D
			[2]V	E	M			
[3]E	F	T	E	R	N	A	M	N
		[4]A	R	B	E	T	A	R
		[5]V	I	L	K	A		
	[6]J	A	G					
[7]S	E	M	E	S	T	E	R	

Lektion 2

1. a) De sitter i soffan hemma hos Per. b) De dricker kaffe och tittar i Pers fotoalbum. c) Per berättar lite om sin familj. d) Pers mamma heter Eva och hon är lärare. e) Pers pappa är kemist. f) De bor på Gotland. g) Nej, han är pensionär. h) Ja, han har två syskon: en syster och en bror. i) Han bor i Göteborg. j) Ja, han är gift, men de har inga barn./Ja, han har en fru men inga barn. k) Mona är Pers syster. l) Hennes man kommer från Norrland. m) Ja, hon har också en syster och en bror. n) Hon går i skolan. o) Han är bilmekaniker. p) Nej, hans bil är sönder.

Lektion 2/3

2. a) en soffa, soffan. b) ett foto, fotot. c) ett kort, kortet. d) en bror, brodern. e) ett barn, barnet. f) ett namn, namnet. g) en syster, systern. h) en skogsarbetare, skogsarbetaren. i) en förälder, föräldern. j) en skola, skolan. k) en bil, bilen.

3. a) Det är min soffa. b) Det är ditt efternamn. c) Det är vårt fotoalbum. d) Det är er familj. e) Det är hennes barn. f) Det är deras semester. g) Det är mina bröder. h) Det är hennes morfar. i) Det är hans kusiner. j) Det är våra barnbarn. k) Det är era syskon.

5. Barbro Alving: journalist. Max von Sydow: skådespelare. Carl von Linné: botaniker. Alfred Nobel: uppfinnare. Lennart Nilsson: fotograf. Evert Taube: musiker. Björn Borg: tennisspelare. Astrid Lindgren: författare. Ingmar Bergman: regissör. Ingemar Stenmark: skidåkare.

6. a) pappa. b) bröder/syskon. c) mamma. d) döttrar/barn. e) dotter. f) mormor. g) mormor. h) syskon. i) farfar. j) barnbarn. k) morföräldrar.

Lektion 3

1. a) Han studerar vid Lunds universitet. b) Nej, han har ingen egen lägenhet./Nej, han bor fortfarande hemma hos sina föräldrar. c) Det ligger på bottenvåningen. d) Det finns tre sovrum. e) Ja, det har de./Ja, de har ett garage. f) Den är liten. g) Ja, Claudia och Volker är på besök hos Bergmans. h) De tänker åka vidare norrut.

2. a) Nej, tavlan hänger på väggen. b) Nej, böckerna står i bokhyllan. c) Teven står i hörnet. d) Nej, duken ligger på bordet. e) Nej, ljusstaken står (på duken) på bordet. f) Nej, matbordet står i vardagsrummet. g) Stolarna står runt omkring bordet. h) Nej, skåpet med glas och porslin står vid väggen. i) Hans skrivbord står vid väggen mellan bokhyllorna. j) Nej, skrivbordsstolen står vid skrivbordet. k) Nej, hans personliga papper ligger i en låda under sängen. l) Nej, hans kläder ligger i byrålådorna och hänger i garderoben.

3. a) Mattan ligger på golvet under bordet. b) Vasen står på bordet. c) Per sitter vid skrivbordet. d) Lampan hänger i taket över bordet. e) Stolarna står runt omkring bordet. f) Bokhyllan står mellan högtalarna. g) Golvlampan står vid väggen bredvid soffan. h) I hörnet under fönstret står en fåtölj.

4. a) Man sover i sovrummet. b) Man lagar mat i köket. c) Teven står i vardagsrummet. d) Man badar i badrummet. e) Tvättmaskinen står i tvättstugan. f) Man kan sitta på balkongen. g) Man ställer bilen i garaget. h) Gästerna sover i gästrummet. i) På sommaren hänger man vinterkläderna i klädkammaren. j) Trappan leder från bottenvåningen till ovanvåningen. k) På sommaren sitter man gärna i trädgården.

5. a) på. b) i. c) på. d) i. e) vid. f) i. g) på. h) i/på. i) på. j) vid. k) i.

6. Kreuzworträtsel

	2 M			5 S			8 F
1 B	O	3 K	4 H	Y	6 L	7 L	A
A	S	U	E	S	U	Å	M
R	T	S	M	K	N	D	I
N	E	I	M	O	D	A	L
B	R	N	A	N			J
A							
R							
N							

7.

stol	stolen	stolar	stolarna
hus	huset	hus	husen
lampa	lampan	lampor	lamporna
bord	bordet	bord	borden
villa	villan	villor	villorna
flicka	flickan	flickor	flickorna
trädgård	trädgården	trädgårdar	trädgårdarna
universitet	universitetet	universitet	universiteten
bokhylla	bokhyllan	bokhyllor	bokhyllorna
vägg	väggen	väggar	väggarna
soffa	soffan	soffor	sofforna
fåtölj	fåtöljen	fåtöljer	fåtöljerna
hörn	hörnet	hörn	hörnen
tavla	tavlan	tavlor	tavlorna
duk	duken	dukar	dukarna
skåp	skåpet	skåp	skåpen
krukväxt	krukväxten	krukväxter	krukväxterna
rum	rummet	rum	rummen
säng	sängen	sängar	sängarna

Lektion 3/4

mamma	mamman	mammor	mammorna
bror	brodern	bröder	bröderna
namn	namnet	namn	namnen
bok	boken	böcker	böckerna
museum	museet	museer	museerna
land	landet	länder	länderna
dator	datorn	datorer	datorerna
pojke	pojken	pojkar	pojkarna
låda	lådan	lådor	lådorna
skogvaktare	skogvaktaren	skogvaktare	skogvaktarna
glas	glaset	glas	glasen
skola	skolan	skolor	skolorna
bil	bilen	bilar	bilarna
foto	fotot	foton	fotona

8. a) Den står vid väggen. b) Hon heter Eva. c) De är på besök hos Bergmans. d) De hänger på väggarna. e) Det står i rummet. f) Vi är syskon. g) Han heter Jonas.

9. a) Hans kläder hänger i garderoben. b) Hennes sambo (*Lebensgefährte*) heter Volker. c) Eva och Jonas är deras vänner. d) Vår mormor heter Sally. e) Vad heter ert barn?

10. a) Nu har Per ingen egen lägenhet. b) Fortfarande bor han hemma hos sina föräldrar. c) På Örnvägen i Lund har de en liten villa. d) Sedan åker de vidare norrut. e) Vid den ena väggen står soffan. f) En matta ligger på golvet under bordet. g) I fönstren står krukväxterna.

Lektion 4

1. a) Det är lördag. b) Eva kokar kaffe och sätter på tevatten. Jonas dukar frukostbordet. c) Han dricker kaffe. d) Han äter nästan alltid fil och flingor. e) Nej, det finns inte något bageri i närheten. f) Nej, hon äter Kalles kaviar. g) De åker in till stan och handlar mat till helgen. h) De handlar (grönsaker) på torget. i) Äpplena kostar 25 kronor kilot. j) De kommer från Sverige. k) De bär varorna till bilen och ställer in dem i bagageutrymmet. l) Sedan går de iväg till varuhuset.

2. a) Dricker du kaffe eller te? b) Jag dricker kaffe, utan kaffe vaknar jag inte. c) Var snäll och räck mig smöret!/Räck mig smöret, är du snäll! d) Skulle jag kunna få osten? e) Jonas, var snäll och hämta mjölk och socker! f) Mjölken är i kylskåpet,

sockret står på bordet. g) I Tyskland äter man färska frallor till frukost. h) Jag äter flingor med fil(-mjölk) i dag. i) Fil(-mjölk) och kaviar finns inte i Tyskland. j) I dag är det torghandel på Mårtenstorget i Lund. k) På torget finns det många (grönsaks-)stånd. l) Jonas och Eva tittar på varorna på torget. m) Vad får det lov att vara? n) Var det bra så? o) Ja, tack, det var allt. p) Det blir tvåhundrafemtiotre kronor.

3. God morgon. Vad får det lov att vara?
God morgon. Vad kostar äpplena?
Äpplena kostar 15 kronor kilot.
Då tar jag ett halvt kilo, de ser fina ut.
Var så god. Någonting mer?
Tack, det var bra så.
Tack så mycket och trevlig helg.
Tack detsamma. Hejdå.

4. a) Koka kaffe! b) Ropa på de andra! c) Drick aldrig vatten! d) Ät fil och flingor! e) Åk till stan! f) Var snäll! g) Ha det trevligt! h) Gå runt på torget! i) Vakna på morgonen! j) Kom hem! k) Lägg äggen i påsen! l) Ställ varorna i bagageutrymmet! m) Studera vid universitetet! n) Stanna några dagar! o) Ligg på sängen!

5. a) sjuttio b) femhundrasex c) etthundrafemtiosju d) ettusenfyrahundraochnittio e) ettusensjuhundrafyra f) sexhundratrettioåtta g) sjuhundraåttio h) trehundratvå i) tvåhundraåttiofyra j) ettusentvåhundrafyrtio k) fyrahundrasjuttiofyra l) ettusensjuttiofem

6. a) femton komma sju b) tjugofem komma sju c) hundranittio d) sextiosju komma fyra e) femtio komma sex f) femtioåtta komma åtta g) tjugonio komma åtta h) trettio komma två i) trettiotre komma sex j) tjugofem komma fem k) tjugoåtta komma fyra

7. a) Jag bor inte i Sverige. b) Jag arbetar inte i Tyskland. c) Jag är inte på semester. d) Jag kommer inte till Lund. e) Jag sitter inte i soffan! f) Jag hänger inte i taklampan. g) Jag står inte på bordet. h) Jag har inte någon trevlig helg. i) Jag ser inte snäll ut. j) Jag sätter inte på kaffet. k) Jag handlar inte mat till helgen. l) Jag tackar inte för maten. m) Jag kör inte hem nu. o) Jag hyr inte lägenheten.

8. a) Hon … dem ... det b) De … den c) hon d) Vi … det e) henne … det f) Han … honom g) Vi … er h) ni … oss i) De … dem j) De … dem

9. sjutton plus arton är lika med trettiofem
hundratjugo delat med tjugofyra är lika med fem
femtiosju plus sextioåtta är lika med hundratjugofem
sjuttiosju plus tjugosju är lika med hundrafyra
sju gånger sjutton är lika med hundranitton
tretton gånger sjutton är lika med tvåhundratjugoett
hundraelva delat med tio är lika med elva
sextioåtta minus tjugotre är lika med fyrtiofem

Lektion 4/5

arton minus åtta är lika med tio
sjuhundrasjuttiosju delat med sju är lika med hundraelva

10.

		s	j	u				
	n	e	l	v	a	f	e	m
	i	x	t		e	y		
t	o	l	v		t	r	e	
i			å	t	t	a		
o								

Lektion 5

1. a) De reser till Stockholm. b) De sitter i vardagsrummet och småpratar. c) Först är det ett musikprogram, och sedan kommer nyheterna. d) Det sitter en skäggig man ute på bänken. e) Han har en hund med sig. f) Hon är bara nio år gammal. g) Hon är ganska liten till växten. Hon har rött hår. Håret är flätat i två styva flätor. Hon har gröna ögon och massor av fräknar. h) Hon har en kort klänning, ett randigt förkläde, en svart strumpa på det ena benet, en röd strumpa på det andra benet och stora svarta kängor. i) Det är hennes apa, som heter Herr Nilsson. j) Det heter Villa Villekulla. k) Han ser snäll ut. (Han har kort, ljust hår och blå ögon.) l) Han var dum mot tomten på gården, och därför är han så liten. m) Han reser på ryggen av en gås.

2. a) Jonas sitter i köket och Eva är i vardagsrummet. b) Radion står på. c) Efter nyheterna kommer ett vackert musikprogram. d) Eva tittar ut genom fönstret. e) Där ute sitter en skäggig man på bänken. f) Han har svarta byxor och en svart kavaj på sig. g) Han har blont hår och blå(a) ögon. h) Han har en svart väska med sig. i) Pippi är otroligt stark. j) Hon bor ensam i Villa Villekulla. k) Hon har gröna ögon och två röda flätor. l) Hon har en liten apa och en stor häst.

3a. a) en billig bil b) ett dyrt vin c) söta flickor d) ett glatt barn e) glada pojkar f) ett rött hus g) ett fint bord h) stora träd i) ett blått band j) nya böcker k) ett litet barn

3b. a) den billiga bilen b) det dyra vinet c) de söta flickorna d) det glada barnet e) de glada pojkarna f) det röda huset g) det fina bordet h) de stora träden i) det blå(a) bandet j) de nya böckerna k) det lilla barnet

3c. a) Bilen är billig. b) Vinet är dyrt. c) Flickorna är söta. d) Barnet är glatt. e) Pojkarna är glada. f) Huset är rött. g) Bordet är fint. h) Träden är stora. i) Bandet är blått. j) Böckerna är nya. k) Barnet är litet.

Lektion 5/6

4. a) röd, grönt. b) gula c) stort d) grönt, vita, gula, röda. e) brunt, vit, gröna. f) glada. g) glada. h) glada. i) dyrt, gamla, billig.

5. a) litet. b) lilla. c) liten. d) lilla. e) litet, små. f) små. g) lilla, lilla, små.

7. Kreuzworträtsel

				[1]G	O	D			
		[2]T	O	R	G				
			[3]L	Ö	K				
		[4]H	A	N	D	L	A		
				[5]S	O	C	K	E	R
			[6]K	A	F	F	E		
				[7]K	O	K	A		
			[8]T	E					
[9]B	A	G	E	R	I				

8. a) Nej, det är hon inte. b) Ja, det är hon. c) Nej, det har hon inte. d) Ja, det har hon. e) Nej, det är de inte. f) Nej, det har hon inte. g) Ja, det har hon. h) Nej, det är hon inte. i) Nej, det är hon inte. j) Nej, det gör hon inte. k) Nej, det är han inte. l) Ja, det har hon. m) Ja, det gör han. n) Ja, det gör hon. o) Ja, det har hon.

10. a) Jo, det är det. b) Nej, det gör de inte. c) Ja, det gör de. d) Jo, det gör han. e) Ja, det är de. f) Jo, det gör det. g) Nej, det gör de inte. h) Ja, det gör de. i) Jo, det gör de. j) Nej, det har den inte. k) Nej, det är han inte. l) Jo, det har han. m) Ja, det vill den. n) Jo, det gör det. o) Nej, det är det inte.

Lektion 6

1. a) Nej, han är morgonpigg. b) Han duschar och rakar sig. c) Han lagar frukost. d) Han lyssnar på nyheterna på radion. e) Nej, det gör han inte. Han stiger upp (klockan) halv åtta. f) De går hemifrån strax före åtta. g) De börjar aldrig före (klockan) kvart över nio. h) Nej, de äter lunch var för sig. i) Hans arbete slutar klockan fem. j) Nej, hon sitter ofta kvar på skolan. k) Han sitter på biblioteket och pluggar. l) De äter middag vid sextiden på kvällen. m) Han lagar mat på måndagarna. n) På fredagarna städar de. o) På lördagarna åker de in till stan och handlar. p) Jag vet inte. Kanske lagar de mat tillsammans på fredagarna, lördagarna och söndagarna. Kanske turas de om med matlagningen.

2. 1. Hej, är Krister hemma?
   c. Ja, det är han.

2. Kan jag få tala med honom?
f. Ja, ett ögonblick. Jag ska ropa på honom.
3. Hej, Krister. Hur har du det?
a. Jodå, det knallar och går. Och själv då?
4. Bara bra, tack. Ska vi gå på bio i kväll?
h. Det beror på. Vilken film vill du se?
5. Det går en bra film på Grand.
d. Vad heter den?
6. "Semesterresan". Det är en svensk komedi.
g. Det låter bra. Hur dags börjar den?
7. Den börjar klockan halv åtta. Följer du med?
b. Ja, det passar fint. När ska vi träffas?
8. Vi kan väl ses utanför biografen kvart över sju.
e. Okej. Då ses vi kvart över sju. Hej då!

3. "Hej, det är Björn. Kan jag få tala med Åsa?"
"Ja visst, ett ögonblick."
"Hej Åsa, hur mår du?"
"Hej Björn, jag mår bara bra, tack. Hur har du det själv?"
"Bra. Vill du gå på bio i kväll? Det går en ny Bergman-film."
"Ja gärna. Hur dags börjar den?"
"Ett ögonblick. I dag är det torsdag, då börjar den klockan kvart i sex, halv åtta och halv elva."
"Jag måste gå upp klockan sju på fredagarna. Jag går helst (klockan) halv åtta."
"Bra, då hämtar jag dig kvart i sju."
"Okej. (Vi säger så.) Vi ses! Hej då!"

4. a) mig. b) sig. c) dig. d) sig. e) oss. f) er. g) er. h) oss. i) dig. j) mig. k) sig. l) sig. m) sig. n) sig.

5. a) sig, honom. b) sig, henne. c) sig, dem. d) er, er. e) henne, den.

7. (Es muß immer eine Verbform direkt nach den angegebenen Wörtern folgen!)

9. *Beispiele*:

a) Prickig är fel. Det är ingen färg. b) Vecka är fel. Det är ingen del av dagen. c) Rolig är fel. Det är inget nationalitetsord. d) Kortklippt är fel. Det är ingen inre egenskap. e) Hund är fel. Det är inget verb. f) Äter är fel. Det betecknar inte någon position. g) Bil är fel. Det är inget klädesplagg. h) Fåtölj är fel. Det är inget fordon. i) Väska är fel. Det är inget som man kan tala i eller lyssna på. j) Vän är fel. Vänner är man inte släkt med. k) Potatis är fel. Det är inget smörgåspålägg. (alternativ: Korv är fel. Det är inte vegetabiliskt.)

Falls Sie nicht alle Wörter in den Begründungen verstehen, schlagen Sie bitte im Wörterverzeichnis nach.

Lektion 7

1. a) Fåglarna kvittrar och vårblommorna blommar. På träden börjar de första gröna löven spricka ut. b) Det är vackert: solen skiner och himlen är blå och nästan molnfri. c) Första gången är Eva inte hemma, men andra gången får Katarina tala med Eva. d) Hon vill bjuda Eva och Jonas på middag. e) Då fyller Evas svärfar åttio år. f) Då åker de (den) till Gotland. g) De ska träffas på pingstaftonen.

2. a) Hej, hur mår du? b) Bra, tack, och själv då? c) Kan jag få tala med Jonas? d) Människorna i parken njuter av solen. e) Solen skiner, och himlen är nästan molnfri. f) Ibland måste man också ta det lite lugnt. g) Kan ni komma i pingst? h) På tal om något helt annat: vad gör ni i påsk? i) Jag ska titta efter i almanackan. j) Jag ska fråga min fru. k) Jag ska hälsa från henne. l) Då säger vi så. Ni kommer nästa vecka. m) Tack för inbjudan, men vi är tyvärr upptagna. n) Vi kan ses/träffas i pingst, om inte förr.

3. a) Han fyller år den andra april/den andra i fjärde. b) De gifte sig den sjuttonde mars/den sjuttonde i tredje nittonhundranittiofyra. c) Gustaf II Adolf dog den sjätte november/den sjätte i elfte sextonhundratrettiotvå. d) Julafton firas den tjugofjärde december/den tjugofjärde i tolfte varje år. e) Midsommarafton brukar vara omkring den tjugoförsta juni/den tjugoförsta i sjätte.

6. a) Han bör dricka vatten. b) De ska vara mycket goda. c) Vi vill ta ett kilo äpplen. d) De måste vara fina. e) Kan du lägga påsen överst? f) Vad vill ni dricka på morgonen? g) Ska vi ha någon korv? h) Vill du komma med på bio? i) Kan jag få Pers hemliga papper? j) Böckerna bör stå i bokhyllan.

7.

[sk]	[ɧ]	[k]	[ç]	[g]	[j]
skåp	generös	kaffe	kemist	gå	gärna
sko	skägg	katt	känd	gammal	gästrum
skola	sjuk	kavaj	känga	gång	gift
	själv	klocka	kilo	ganska	gissa
	skämta	ko	kök	gås	göra
	skinka	komma	köpa	glad	
	skiva	kopp	köra	glas	
	skjorta			gurka	
	skymma				
	skynda				

8. a) Det blir vår snart. b) Talar jag med Katarina? c) Ber jag att hon ringer? d) Jag försöker igen lite senare. e) Det säger jag till henne. f) Man sitter bara ute och njuter. g) Man hinner ju inte allt. h) Så pratar vi lite. i) Jag tittar i almanackan. j) Kommer ni helgen därpå? k) Det gör jag.

Lektion 8

1. a) De åkte på onsdagen den elfte maj. b) De går från Oskarshamn och Nynäshamn. c) På nätterna varar överfarten i fem timmar. (På dagarna tar den fyra timmar.) d) Nej, det är en ganska stor ö. e) De är mycket intresserade av trädgårdsskötsel. f) Han föddes för femtiofem år sedan. g) Han är kemist på ett läkemedelsföretag i Lund. h) Den heter Visby. i) Nej, förr reste de ofta, men numera orkar de inte resa så mycket. j) Han och Astrid mår ganska bra. De bor kvar i sitt hus och klarar sig själva. De har barn och barnbarn, som också har det ganska bra.

2. a) De levde på en stor ö. b) För en vecka sedan åkte de till Oskarshamn. c) De tog nattfärjan till Visby. d) Han vaknade ganska sent. e) För tjugo år sedan flyttade de hit. f) Hon brukade sova länge. g) Redan som liten pojke var han intresserad av bilar. (... intresserade han sig för bilar.) h) Förr reste de mycket. I dag/Numera stannar de hellre hemma. i) De hade en hytt under resan. j) Hjärtliga lyckönskningar/gratulationer på födelsedagen!

3. a) Vädret måste bli vackert. b) Brukar du gå upp tidigt? c) Vi vill sitta på verandan. d) Får jag öppna fönstret? e) Nu i sommar tänker vi resa till Gotland. f) En annan gång kan vi hinna (med) allt.

4.

Infinitiv	*Präsens*	*Präteritum*	*Supinum*
anlända	anländer	anlände	anlänt
arbeta	arbetar	arbetade	arbetat
blunda	blundar	blundade	blundat
bo	bor	bodde	bott
bruka	brukar	brukade	brukat
bygga	bygger	byggde	byggt
börja	börjar	började	börjat
flytta	flyttar	flyttade	flyttat
gifta	gifter	gifte	gift
glänta	gläntar	gläntade	gläntat
gnugga	gnuggar	gnuggade	gnuggat
ha	har	hade	haft
hälsa	hälsar	hälsade	hälsat
hurra	hurrar	hurrade	hurrat
höra	hör	hörde	hört
klara	klarar	klarade	klarat
känna	känner	kände	känt
köpa	köper	köpte	köpt
köra	kör	körde	kört
leva	lever	levde	levt
lyssna	lyssnar	lyssnade	lyssnat
läsa	läser	läste	läst
må	mår	mådde	mått
odla	odlar	odlade	odlat
orka	orkar	orkade	orkat

plantera	planterar	planterade	planterat
resa	reser	reste	rest
skramla	skramlar	skramlade	skramlat
stanna	stannar	stannade	stannat
titta	tittar	tittade	tittat
tycka	tycker	tyckte	tyckt
tänka	tänker	tänkte	tänkt
åka	åker	åkte	åkt
vakna	vaknar	vaknade	vaknat
vara (*sein*)	är	var	varit
vara (*dauern*)	varar	varade	varat
verka	verkar	verkade	verkat
viska	viskar	viskade	viskat
växa	växer	växte	växt
önska	önskar	önskade	önskat

5. a) Jag har redan lyssnat på den. b) Jag har redan hälsat på henne. c) Jag har redan gratulerat dem. d) Jag har redan hurrat för det (eller: honom/henne). e) Jag har redan gift mig med henne. f) Jag har redan gnuggat dem. g) Jag har redan gläntat på den. h) Jag har redan blundat med dem. i) Jag har redan arbetat med den. j) Jag har redan odlat dem. k) Jag har redan köpt en/den. l) Jag har redan tänkt på dig. m) Jag har redan tittat på den.

6. a) åkte/reste. b) körde/åkte. c) träffade. d) hälsade. e) gifte, flyttade. f) sa/sade, hade. g) var. h) åkte/körde, lyssnade/hörde/var. i) stannade/var. j) lyssnade/hörde, tittade, pratade.

8.

a) liten	3. stor
b) glad	7. ledsen
c) sjuk	8. frisk
d) bra/utmärkt	10. dålig/usel
e) vacker/fin	12. ful
f) hel	13. trasig/sönder
g) trött	4. pigg
h) vanlig	9. ovanlig
i) snäll	1. stygg/elak
j) full	2. tom/nykter
k) bekant/känd	6. obekant/okänd
l) trevlig	11. otrevlig
m) gammal	5. ung/ny

Lektion 9

1. a) De lekte i sanden och letade efter snäckor och vackra stenar. b) De drack kaffe på stranden. c) Sedan åkte de till Villa Villekulla. d) Per klippte gräset, Anna och Mona lagade middagen, Jens och Mats dukade bordet och gjorde i ordning kakor och

tårtor, Astrid och Paul tog det lugnt och vilade sig. e) Hon ville höra en saga. f) Kung Valdemar Atterdag från Danmark brandskattade Visby. g) En flicka var förälskad i kungen och släppte in honom och hans män. h) Hon vill hitta skatten. i) Man ställde upp stora, tomma öltunnor på torget. Borgarna i Visby skulle fylla tunnorna med guld, silver och ädla stenar.

2. a) De gick till stranden och drack kaffe. b) Flickorna letade efter snäckor. c) De tog bilen och åkte till Pippis hus. d) Jens klippte gräset och Anna dukade bordet. e) På 1300-talet kom den danska/danske kungen med många krigsskepp till Gotland. f) Skeppet med skatten sjönk någonstans utanför Gotland.

3. a) Jag lånade en cykel, som var blå. b) Vi hyrde en stuga, som var röd. c) Vi såg ett hus, som var Pippis. d) De hittade snäckor, som var vackra. e) Hon ville höra en saga, som handlade om Gotland. f) På Gotland härjade en kung, som hette Valdemar Atterdag. g) De ställde upp ölfat, som var tomma. h) Utanför Gotland sjönk skeppet, som skulle transportera skatten. i) Hon skrev ett brev, som var ganska kort. j) De gjorde en resa, som varade (i) en vecka.

4.

Infinitiv	*Präsens*	*Präteritum*	*Supinum*
bli	blir	blev	blivit
dricka	dricker	drack	druckit
finnas	finns	fanns	funnits
fortsätta	fortsätter	fortsatte	fortsatt
få	får	fick	fått
gå	går	gick	gått
göra	gör	gjorde	gjort
inta(ga)	intar	intog	intagit
komma	kommer	kom	kommit
kunna	kan	kunde	kunnat
ligga	ligger	låg	legat
låta	låter	lät	låtit
lägga	lägger	lade	lagt
–	måste	måste	måst
se	ser	såg	sett
sjunga	sjunger	sjöng	sjungit
sjunka	sjunker	sjönk	sjunkit
skola	ska(ll)	skulle	skolat
slåss	slåss	slogs	slagits
smyga	smyger	smög	smugit
sova	sover	sov	sovit
sprida	sprider	spred	spridit
stiga	stiger	steg	stigit
stå	står	stod	stått
säga	säger	sade	sagt
sälja	säljer	sålde	sålt
sätta	sätter	satte	satt

ta	tar	tog	tagit
vara	är	var	varit
veta	vet	visste	vetat
vilja	vill	ville	velat
äta	äter	åt	ätit

5. a) Hon är på stranden. Var hon på stranden i går? Nej, hon har varit på stranden i dag. b) Det är kallt i vattnet. Var det kallt i vattnet i går? Nej, det har varit kallt i vattnet i dag. c) De leker i sanden. Lekte de i sanden i går? Nej, de har lekt i sanden i dag. d) De letar efter snäckor. Letade de efter snäckor i går? Nej, de har letat efter snäckor i dag. e) Eva dricker kaffe. Drack hon kaffe i går? Nej, hon har druckit kaffe i dag. f) Flickorna äter glass. Åt de glass i går? Nej, de har ätit glass i dag. g) Pippis säng finns i Villa Villekulla. Fanns den i Villa Villekulla i går? Nej, den har funnits där i dag. h) Per klipper gräset. Klippte han gräset i går? Nej, han har klippt det i dag. i) Anna lagar maten. Lagade hon maten i går? Nej, hon har lagat den i dag. j) Mats dukar bordet. Dukade han bordet i går? Nej, han har dukat det i dag. k) Jens gör i ordning tårtor. Gjorde han i ordning tårtor i går? Nej, han har gjort i ordning dem i dag. l) Astrid kokar kaffe. Kokade hon kaffe i går? Nej, hon har kokat det i dag. m) Emma sitter hos Paul. Satt hon hos Paul i går? Nej, hon har suttit hos honom i dag. n) Hon berättar om Pippi Långstrump. Berättade hon om Pippi Långstrump i går? Nej, hon har berättat om henne i dag. o) Hon vill höra en saga. Ville hon höra en saga i går? Nej, hon har velat höra en saga i dag.

6. a) Det är något, som man kan köra/åka med. b) Det är något, som man kan sitta i. c) Det är något, som man kan leta efter. d) Det är något, som man kan dricka kaffe eller te ur. e) Det är något, som man kan läsa i. f) Det är något, som man kan skriva på. g) Det är något, som man kan hänga (upp) kläder i. h) Det är något, som man kan åka med. i) Det är något, som man kan sitta på. j) Det är något, som man kan ha kaffe, saft och bullar i. k) Det är något, som man kan ha saker i. l) Det är något, som man kan titta med (läsa med, se med). m) Det är något, som man kan ligga i (eller på.) n) Det är något, som man kan dricka saft ur. o) Det är något, som man kan ha saft i. p) Det är något, som man kan gå på. q) Det är något, som man kan köra/cykla/gå på. r) Det är något, som man kan simma eller dyka i. (eller åka färja på.) s) Det är något, som man kan studera vid. (eller på) t) Det är något, som man kan titta ut genom.

7.
a) underbar	10. förskräcklig/hemsk
b) mörk	7. ljus
c) tidig	6. sen
d) rolig/spännande	2. (lång-)tråkig
e) smal	15. tjock/bred
f) lång	8. kort
g) vanlig	14. ovanlig
h) prydlig/städad	13. slarvig/ostädad
i) styv	12. slapp
j) rak	9. krokig

k) molnfri	1. molnig/mulen
l) sann	5. falsk
m) rätt	11. fel
n) tyst/stilla	3. stökig/ljudlig
o) upptagen	4. ledig

Lektion 10

1. a) Per svarar i telefonen. b) Hon har försökt få tag på honom i ett par dagar. c) Hon har ringt till honom flera gånger. d) Han hade tänkt hjälpa Per med hans bil. e) Han har sålt bilen. f) Han har helt enkelt glömt (bort) att berätta det för henne. g) Nej, hon har inte varit där på ganska många år. (Nej, hon var där för ganska många år sedan.) h) Det har varit vackert i flera dagar. i) Hon har varit där i dag. j) Han behöver komma ut och röra på sig. Han vill be om ursäkt för det där med bilen. Han vill tacka för hjälpen med bilen. k) Nej, det kan hon inte. Hon är upptagen.

2. a) Vi har precis/just kommit/hunnit innanför dörren. b) Kan du svara i telefonen? c) Jag har försökt få tag på dig i ett par dagar. d) Jag har ringt dig flera gånger. e) Oj då, har det hänt något/någonting? f) Jag är ledsen. g) Jag har helt enkelt glömt (bort) att berätta det för dig. h) Det gör inget/ingenting. i) Det spelar ingen roll/inte någon roll. j) Nu har jag inte varit där på länge. k) Hur har du haft det på sistone? l) Ska vi inte gå ut och ta/dricka en öl i kväll? m) Jag bjuder (dig). n) Det går tyvärr inte. o) Jag är upptagen i kväll. p) Jag måste sluta nu. q) Ha det så bra.

3. a) in b) inne c) ut d) ut e) ut f) ute g) ute h) in i) inne, ute j) in k) inne l) ute m) ut n) hemma. o) bort p) bort, hem q) hemma. r) Borta, hemma s) bort t) borta u) upp, ner v) Nere w) upp x) uppe y) Uppe z) upp å) hit, här ä) Dit. ö) här aa) hit bb) framme cc) fram

4. a) har varit b) föddes c) såg d) vaknade e) har flugit f) reste g) var h) bodde i) tog j) har regnat k) sålde l) fyllde m) försökte n) sjönk o) har cyklat

5. a) När jag har gått in i badrummet, duschar jag. b) När jag har duschat, lagar jag frukost. c) När jag har lagat frukost, äter jag. d) När jag har ätit, diskar jag. e) När jag har diskat, klär jag på mig. f) När jag har klätt på mig, åker jag buss till jobbet. g) När jag har kommit fram till jobbet, arbetar jag fram till lunch. h) När jag har arbetat fram till lunch, tar jag en lunchrast och går ut och äter. i) När jag har varit och ätit, sitter jag och jobbar till klockan tre j) När jag har suttit och jobbat till kl. 3, dricker jag kaffe. k) När jag har druckit kaffe, ringer jag till mamma. l) När jag har ringt till mamma, tittar jag ut genom fönstret. m) När jag har tittat ut genom fönstret, skriver jag lite till. n) När jag har skrivit lite till, är det dags att åka hem.

6. a) När jag hade gått in i badrummet, duschade jag. b) När jag hade duschat, lagade jag frukost. c) När jag hade lagat frukost, åt jag. d) När jag hade ätit, diskade jag. e) När jag hade diskat, klädde jag på mig. f) När jag hade klätt på mig, åkte jag buss till jobbet. g) När jag hade kommit fram till jobbet, arbetade jag fram till lunch. h) När jag hade arbetat fram till lunch, tog jag en lunchrast och gick ut och åt. i) När

jag hade varit och ätit, satt jag och jobbade till klockan tre. j) När jag hade suttit och jobbat till kl. 3, drack jag kaffe. k) När jag hade druckit kaffe, ringde jag till mamma. l) När jag hade ringt till mamma, tittade jag ut genom fönstret. m) När jag hade tittat ut genom fönstret, skrev jag lite till. n) När jag hade skrivit lite till, var det dags att åka hem.

7. a) Vad har du sålt? b) Vem har ringt i flera dagar? c) Vem har Pernilla varit vid Ringsjön med? d) När är du upptagen? e) Hur länge har vädret varit vackert? f) Vad åkte Bergmans med? g) Var har jag varit någon gång? h) Hur länge/När har du suttit stilla? i) Vad har ni firat? j) Vad gör det inte? k) När var det? l) Vart åkte de från Lund? m) Vad ska vi göra i kväll? n) Vad ska du bli? o) Vad har du köpt?

8. *Vorschlag*:
Älskade Verner!
Tack för senast! Det var så underbart att träffa dig. Jag ska aldrig glömma våra dagar tillsammans på stranden. Havet, solen, sanden. Allt var så vackert och romantiskt. Nu har vi inte träffats på flera veckor. Det känns som flera år. Jag saknar dig hemskt mycket. Saknar du mig också lite grann?
Skriv snart, eller kom hit själv, är du snäll!
Tusen kyssar och kramar.
Din egen Karin

9. Minikorsord

[1]B	L	I
O		

vågrätt: 1 werden
lodrätt: 1 wohnen

	[2]G
[1]B	E

vågrätt: 1 bitten
lodrätt: 2 geben

	[2]F
[1]G	Å

vågrätt: 1 gehen
lodrätt: 2 bekommen

[1]S	E
Y	

vågrätt: 1 sehen
lodrätt: 1 nähen

	[2]S
	T
[1]M	Å

vågrätt: 1 sich fühlen
lodrätt: 2 stehen

	[2]T
[1]H	A

vågrätt: 1 haben
lodrätt: 2 nehmen

Lektion 11

1. a) De skriver uppsatser om framtiden. b) Han tänker gå in för skolan. c) Han tänker gå ut gymnasiet, göra lumpen och ta körkort. Därefter vet han inte riktigt. d) Han tänker bo i en röd stuga på landet. e) Hon tänker fortsätta på gymnasiet. f) Hon tänker fortsätta på universitetet. Hon vill bli meteorolog.

g) Tankarna på krig, svält och katastrofer, miljöförstöring och kärnvapen gör Stina orolig. h) Han tycker att freden är viktigast.

2. a) I kväll kommer jag att vara mycket hungrig. b) I sommar åker vi till morföräldrarna/farföräldrarna på Gotland. c) Om en vecka börjar terminen. d) I kväll går jag på teater. e) Kommer du (hem) till mig på söndag morgon? f) Nej, på söndag morgon kommer jag att gå till/i kyrkan. g) Min bil står där borta, bland de andra bilarna. h) Jag har glömt mina böcker på bussen. i) I jul/Till julen kommer vi att vara hemma. j) Bland annat får jag en bok. k) De svåra uppgifterna kommer jag att/ska jag/tänker jag göra sist.

3. a) kommer ... att regna. b) Tänker ... ta ...? c)... tänker/ska ... bli, ...? d) Ska/Tänker ... göra ...? e) Ska/Tänker ... se ...? f) IFK Göteborg kommer ... att vinna .... g)... tänker flytta .... h)... kommer ... att få .... i) ...åker/ska åka/tänker åka .... j)... tänker/ska börja ....

4a. a) nicht b) nur c) auch d) gern e) leider f) natürlich g) natürlich, selbstverständlich h) also i) eigentlich j) immer k) oft l) nie m) wirklich n) vielleicht o) immer noch p) bald q) selten r) schon

4b. *Beispiele:*

a) Ja, jag äter alltid frukost på morgnarna. b) I kväll tänker jag inte titta på fotboll på TV. c) På fredagarna städar jag alltid hela huset. d) Nej, jag går sällan på teater eller konsert. e) Ja, det är verkligen en god idé. f) Nej, då är jag tyvärr upptagen. g) Ja, jag bor fortfarande kvar på min gamla adress. h) Tack, jag mår bara bra. i) Ja, jag sjunger ofta i badrummet. j) Ja, jag spelar naturligtvis schack. k) Nej, jag har aldrig dansat. l) Ja, jag åker förstås till Sverige i sommar. m) Nej, jag tycker inte om klassisk musik. n) Nej, jag spelar tyvärr inte något instrument. o) Jag tänker snart gå och äta middag.

5. a) Vem är personen bredvid dig? b) Hur mår du i dag? c) Varför är du (inte) trött i dag? d) Vilka språk talar du? e) Vilken månad kommer efter februari? f) Vad heter veckodagarna på svenska? g) Vilket år är det nu? h) Varifrån kommer du?/ Var kommer du ifrån? i) Var bor du? j) Vart åker du gärna på semester/n? k) När fyller du år? l) Hur dags börjar svenskkursen? m) Hur länge har du lärt dig/läst svenska? n) Hur ofta köper du blommor? o) Hur långt är det från Lund till Stockholm? p) Hur många syskon har du? q) Vad gör du gärna? r) Hur mycket kostar ett frimärke för ett vykort till Tyskland?

6. *Beispiele:*

a) Det är Corinna Meier. b) Jag mår inte särskilt bra i dag. c) Jag är trött. Jag har inte sovit särskilt gott i natt. d) Jag talar tyska, engelska, lite franska och lite svenska. e) Mars kommer efter februari. f) De heter måndag, tisdag, onsdag, torsdag, fredag, lördag och söndag. g) Nu är det år .... h) Jag kommer från Düsseldorf. i) Jag bor i Freiburg. j) Jag åker gärna till Medelhavet. k) Jag fyller år den tjugosjätte september. l) Den börjar klockan kvart över fyra. m) Jag har läst svenska i sex månader. n) Jag köper blommor en gång i veckan. o) Det är ungefär sextio mil (sexhundra kilometer) från Lund till Stockholm. p) Jag har två syskon. q) Jag promenerar, läser, cyklar och reser gärna utomlands. r) Det kostar ....

Lektion 12

1. a) Den utspelar sig hemma hos Bergmans klockan sex på kvällen på pingstaftonen. b) Han hade tänkt titta på fotboll på teve. c) De ska vara hos Katarina och Patrick klockan sju. d) De ska äta middag hos dem. e) Han tycker om den. f) Hon tycker att han ska ta på sig de nya ljusa byxorna och linnekavajen. g) Katarinas arbetskamrat Camilla kommer också att vara där. h) Nej, det tror jag inte. Han har bara skalat potatisen. i) Hon känner sig ensam. j) Nej, hon har (det) tråkigt på kvällarna. k) De andra tycker att hon ska börja med någon hobby. l) Förut räckte det med jobbet, hemmet och Kurt.

2. a) Tänker du titta på teve hela kvällen? b) Ja, det hade jag egentligen tänkt. c) Jag tror att det kommer en spännande film. d) Skämt åsido, vi måste göra oss i ordning. e) Katarina och Patrick har bjudit oss på middag. f) Jag tycker att den här bruna jackan/denna bruna jacka inte är så snygg. g) Jag tycker heller inte om den bruna jackan. h) Varför tar du inte linnekavajen? Den är sportig och elegant. i) Tycker du att jag ska ta den svarta klänningen? j) En sådan klänning har jag också. k) Jag tycker att du ska börja på en magdanskurs/en kurs i magdans. l) Maten var mycket god. Tack så mycket! m) Det var roligt att höra. n) Jag har inte tid med någon hobby. o) Jag har heller inte (någon) tid.

3. a) God, gott b) god c) gott d) kära e) kärt f) långsamt g) långsamma h) sent i) sen j) sena k) högt l) gamla, särskilt höga m) särskilda n) fint, gammalt

4a. a) faktisch, tatsächlich b) sicher c) anscheinend, offensichtlich d) sofort e) praktisch f) wahrlich, in der Tat g) immer h) außerdem i) übrigens j) gar nicht k) endlich l) kaum m) wohl n) wahrscheinlich o) wahrscheinlich p) vermutlich q) wohl r) absolut s) ja, doch t) mindestens u) nicht einmal

4b. a) Han köper säkert en födelsedagspresent till dig. b) Det blir antagligen en överraskning. c) Varför ser du inte alls glad ut? d) Kan du komma hit genast?/ Kan du genast komma hit? e) Du är väl ny här i staden? f) Han orkar inte ens berätta en saga. g) I Frankrike har jag faktiskt varit. h) Det har tydligen flyttat in en ny familj i huset bredvid vårt. i) Potatisen har han åtminstone skalat. j) Erik tänker i själva verket arbeta som grodman. k) Du har knappast sagt någonting på hela dagen. l) Till jobbet cyklar jag praktisk taget varje dag.

5. *Beispiele:*

a) Jag tycker att du ska köpa dig nya kläder. b) Jag tycker att du ska skaffa dig en hobby och träffa lite folk. c) Jag tycker att du ska äta en smörgås och dricka ett glas mjölk. d) Jag tycker att du ska ta det lugnt och inte stressa så mycket. e) Jag tycker att du ska börja idrotta eller börja på en kvällskurs. f) Jag tycker att du ska ta en promenad först, så att du blir pigg och orkar göra läxorna sedan. g) Jag tycker att du ska lära dig tyska. Jag tycker att du ska läsa tyska på en kurs. h) Jag tycker att du ska köpa en karta över staden/en stadskarta.

6. a) Köp dig nya kläder! b) Skaffa dig en hobby och träffa lite folk! c) Ät en smörgås och drick ett glas mjölk! d) Ta det lugnt och stressa inte så mycket! e) Börja idrotta eller börja på en kvällskurs! f) Ta en promenad först! g) Lär dig tyska! Läs tyska på en kurs! h) Köp en stadskarta!

7. a) Tycker du om jazz? b) Tänker du åka till mormor på måndag? c) Tycker du att den här röda klänningen är vacker? d) Tror du att det regnar/kommer att regna i morgon? e) Tror du att de gifter sig/kommer att gifta sig till våren? f) Tänker du klippa håret kort? g) Tror du att det bor sju miljoner människor i Norge? h) Tror du att filmen, som vi ska se i kväll, är bra? i) Tror du att han kommer/tänker komma till festen på fredag? j) Tycker du att boken, som du har läst, är bra? k) Tror du att hon klarar/kommer att klara examen? l) Tänker du sluta röka? m) Tror du att du får/kommer att få många julklappar?

Lektion 13

1. a) Hon tänker resa till Stockholm. b) Hon tänker resa på fredag eftermiddag. c) Det finns studerande-, pensionärs- och reslustrabatter. d) Hon kan få reslustrabatt. e) Hon kan spara 25%. f) Nej, det gäller inte på fredagar och söndagar. g) Man måste ofta köpa sittplatsbiljett. h) Nej, Katarina måste sitta i rökavdelningen, och hon får ingen reslustrabatt. i) Där finns nittonhundratalskonst. j) Det bärgades 1961. k) Skansen är världens äldsta friluftsmuseum. l) Det finns en djurpark där och många gamla hus från hela Sverige. m) Den ligger på ön som heter Djurgården. n) Staden ligger så vackert vid vattnet. o) Den heter "Gyllene Freden".

2. a) En tur och returbiljett till Stockholm, tack. b) När vill du åka? c) Jag tror att jag köper ett reslustkort, eftersom jag inte har någon annan rabatt. d) Man kan tyvärr inte använda reslustkortet i morgon, eftersom det inte gäller på fredagar. e) Nästa lördag gäller samma priser. f) Vet du om de kanske kan komma på lördag? g) Det vet jag inte, eftersom jag inte har sett dem. h) Det är hans nya bil, som vi säkert kan låna. i) Det här tåget/Detta tåg är i Stockholm klockan 20.34. j) Nästa tåg går om en halvtimme. k) Jag kommer med samma tåg som Per.

3. a) samma blå(a) öga b) de här intressanta föreläsningarna/dessa intressanta föreläsningar c) våra nya fönster d) er gamla matta e) samma gröna äpplen f) de här långa resorna/dessa långa resor g) samma korta dagar h) deras trasiga bilar i) mitt lilla barn j) hans svenska familj k) de här dyra presenterna/dessa dyra presenter l) samma gamla film m) min långa semester n) det här långa året/detta långa år

4a. a) Ditt hus är litet. b) Det nya huset är litet. c) Det lilla nya huset är vackert. d) Detta vackra lilla hus är nytt. e) Det här vackra lilla huset är nytt. f) Ett litet vackert hus är nytt. g) Ditt eget lilla nya hus är vackert. h) Det här/Detta är ditt nya hus. i) Är det alltid samma gamla hus?

4b. a) Era/Deras hus är små. b) De nya husen är små. c) De små nya husen är vackra. d) Dessa vackra små hus är nya. e) De här vackra små husen är nya. f) Två små vackra hus är nya. g) Era/Deras egna små nya hus är vackra. h) Det här/Detta är era/deras nya hus. i) Är det alltid samma gamla hus?

5. *Beispiele:*
a) Hon ringer väl, eftersom hon troligen vill åka hem nu. b) Vi reser förmodligen till Göteborg, eftersom vi troligen tänker gå på Liseberg och roa oss. c) Hon köper säkert en tågbiljett, eftersom hon faktiskt tycker om att åka tåg. d) Ni går sällan på restaurang, eftersom ni inte tycker om att äta ute. e) Hon promenerar alltid i Gamla stan, eftersom hon gärna vill slippa biltrafiken. f) Eftersom vi säkert tänker ge oss ut i skärgården, löser vi väl en biljett till Waxholmsbåtarna. g) Han tittar inte ens på regalskeppet Vasa, eftersom han inte alls är intresserad av gamla fartyg. h) Eftersom man ofta måste ha en sittplatsbiljett, får man tyvärr betala 30 kronor extra. i) Det tycks redan vara fullbokat, eftersom alla naturligtvis ska åka på semester.

6. a) Jag åker till Stockholm i morgon. b) Vi är här nu. c) Vi promenerar/går omkring i parken Haga hela dagen. d) Vi kan åka ut till öarna i Stockholms skärgård över helgen. e) Skeppet kantrade och sjönk i Östersjön år 1628. f) Ska vi gå till Katarina och Patrick i kväll? g) Han bor hos sina föräldrar nu/för tillfället. h) Han åker hemifrån varje dag klockan halv nio. i) Hon sitter ensam hemma hela kvällarna. j) Jag kommer till Sverige igen om ett par år. k) Jag tänker flytta till Australien efter gymnasiet. l) Jag har suttit i bilen (i) fem timmar.

7. a) tjuv och polis b) ebb och flod c) dag och natt d) ut och in e) damer och herrar f) från och till g) fram och tillbaka h) tur och retur i) kvinnor och barn j) unga och gamla k) hit och dit l) här och där m) krona och klave

Die Übersetzungen:
a) ‚Räuber und Gendarm' (wörtl.: Dieb und Polizei) b) Ebbe und Flut c) Tag und Nacht d) (hin-, her-)aus und (hin-, her-)ein e) Damen und Herren f) ab und zu g) auf und ab h) hin und zurück i) Frauen und Kinder j) Jung(e) und Alt(e) k) hin und her l) hier und da m) ‚Kopf und Zahl' (bei Münzen)

8. *Beispiele:*
a) Barnen leker tjuv och polis. b) I Östersjön finns det knappast någon skillnad på ebb och flod. c) Han arbetar både dag och natt. d) Jag har tagit på mig tröjan ut och in. e) På restauranger finns olika toaletter för damer och herrar. f) Jag pluggar franska från och till. g) Han var orolig och gick fram och tillbaka över golvet. h) Jag vill ha en tur och returbiljett till Östersund. i) Först ska man rädda kvinnor och barn. j) Unga och gamla tyckte lika mycket om sångaren. k) Sitt stilla och spring inte hit och dit! l) Nu har jag letat efter min portmonnä både här och där. m) Jag singlar slant. Krona eller klave?

Lektion 14

1. a) arg som ett bi b) flitig som en myra c) hungrig som en varg d) listig som en räv e) stark som en björn f) modig som ett lejon g) hal som en ål h) fattig som en kyrkråtta i) liten som en mus j) envis som en åsna k) klok som en uggla l) rädd som en hare m) smutsig som en gris n) glad som en lärka o) trogen som en hund p) from som ett lamm
2. a) tyngre b) varmare c) kallare d) sämre e) bättre f) mindre g) större h) färre i) fler/a j) värre k) högre l) äldre m) mer/a
3. a) bäst b) längst c) trevligast d) minst e) störst f) mest g) sämst
4. a) högsta b) äldsta c) finaste d) flesta e) längsta f) bästa g) billigaste
5. a) Vilka ropar du på? b) Vem handlar du mat till? c) Vad tittar du på? d) Vad vaknar du av? e) Vad somnar du till? f) Vem kör du till? g) Vem köper du present till? h) Vem ska du hälsa från? i) Vem talar du med? j) Vad läser du i? k) Vad åker du med? l) Vad är du intresserad av? m) Vilka hälsar du på? n) Vad lekte du i? o) Vem sätter du dig hos? p) Vem berättar du en saga för? q) Vad går du omkring i? r) Vad kommer de med? s) Vad hör du talas om? t) Vem är flickan förälskad i?
6.

Infinitiv	*Präsens*	*Präteritum*	*Supinum*	*Imperativ*
a) köra	kör	körde	kört	kör
b) sända	sänder	sände	sänt	sänd
c) gifta	gifter	gifte	gift	gift
d) lära	lär	lärde	lärt	lär
e) tåla	tål	tålde	tålt	tål
f) använda	använder	använde	använt	använd
g) känna	känner	kände	känt	känn
h) hyra	hyr	hyrde	hyrt	hyr
i) höra	hör	hörde	hört	hör
j) föra	för	förde	fört	för
k) tända	tänder	tände	tänt	tänd
l) röra	rör	rörde	rört	rör
m) anlända	anländer	anlände	anlänt	anländ
n) hända	händer	hände	hänt	händ
o) tända	tänder	tände	tänt	tänd
p) lyfta	lyfter	lyfte	lyft	lyft
q) förstöra	förstör	förstörde	förstört	förstör
r) beröra	berör	berörde	berört	berör

Abweichende Präsensformen nach langem Vokal und r/l: kör, lär, tål, hyr, hör, för, rör, förstör, berör.

Abweichende Präteritum- und Supinumformen durch Zusammenziehung von stammauslautendem -d/-t und Präteritum-/Supinumendungen: sände/sänt, gifte/gift, använde/använt, kände/känt, tände/tänt, anlände/anlänt, hände/hänt, tände/tänt, lyfte/lyft

Rechtschreibung: nur ein n vor d und t: kände, känt

Lektion 15

1. a) Först vill hon till posten. b) Hon har inte varit i Stockholm på länge. c) Hon frågar en ung man om vägen. d) Hon letar efter hotell Horn. e) De tänker bila dit. f) De ska semestra i en liten stuga, som de har hyrt. g) Bilen behöver en översyn. h) De lämnar in bilen på bilverkstaden. i) Massor. Ljuddämparen är inte bra, kopplingen är sliten och bromsarna är heller inte så bra. j) Man ska kolla kylarvattnet, oljan och lufttrycken i däcken och att bilen inte är sönder. k) Han tycker att den verkar lite sliten. l) Han vill att mekanikern ska kolla kylarvattnet, oljan , lufttrycket i däcken, ljuddämparen, kopplingen och bromsarna. m) Nej, det kan hon inte. n) Det beror på om det behövs några reservdelar till bilen.

2. a) Förlåt/Ursäkta, var ligger närmaste post? b) Jag hittar inte här. c) Strax runt hörnet ligger ett bageri. d) Jag letar efter systembolaget. e) Gå den här gatan rakt fram och till vänster vid nästa hörn. f) Finns det något hotell här i närheten? g) Ja, på Södergatan ligger hotell Horn. h) Hur kommer jag dit? i) Vid trafikljuset tar du till höger. Efter ett kvarter ser du hotellet. j) Jag tror att jag hellre tar bussen. k) Gå/Ta till höger vid den tredje tvärgatan. Där finns en hållplats. l) Kan du lämna in bilen för översyn? m) Jag tror att kopplingen är lite sliten. n) Han sa att du skulle kontrollera/kolla bromsarna också. o) Han undrade, om hon hade kollat/kontrollerat kylarvattnet. p) Man kunde höra att ljuddämparen inte var riktigt bra. q) Jag hoppas verkligen att det inte blir så dyrt. r) Det beror på om vi måste byta ut bromsarna.

3. a) Uno skriver att kursen är svår. b) Ida tycker att pojken är trevlig. c) Hon säger att hennes bil är bra. d) Vi säger att vi har trevliga kamrater. e) De tycker att vädret är fint. f) Eva säger att hon är trött. g) Åke skriver att han studerar franska. h) Uno tycker att flickan är vacker. i) De säger att de är trötta. j) Åke säger att hans bil är ny. k) Pojkarna säger att deras böcker är nya. l) Ni säger att era stolar är gröna. m) Eva skriver att hennes mamma är sjuk. n) De säger att deras hus är nytt. o) Hon säger att hon är sjuk. p) Flickan tycker att hennes nya bok inte är rolig. q) Flickorna tycker att det är kul att gå på bio. r) Maria anser att det är intressant att studera svenska. s) Pelle påstår att det inte är billigt i Tyskland. t) Markus utropar att han tycker att kriminalromaner är spännande. u) Pernilla anser att bilen inte är särskilt dyr. v) Peter säger att det inte finns något intressant på teve. x) Marianne säger att hon inte har några pengar kvar. y) Anders säger att han aldrig har några pengar. z) Evy säger att hon alltid läser romaner på kvällarna.

4. a) La/Lade du vykortet på bordet? b) Nej, jag har inte lagt det på bordet. c) Sålde du bilen? d) Ja, jag har just sålt den. e) Ville du inte se filmen? f) Nej, det har jag aldrig velat! g) Satte han sig på parkbänken? h) Nej, han har inte satt sig än/ännu. (Nej, han har ännu inte satt sig.) i) Visste du att han spelar tennis? j) Ja, det har jag alltid vetat. k) Vad gjorde du egentligen i går? l) Vad har du gjort i dag? m) Sa/Sade du att han hade ringt? n) Jag tror att jag har sagt det.

5. a) katten jamar, spinner eller skjuter rygg
   b) hunden skäller, morrar eller viftar på svansen
   c) hästen gnäggar, skrittar, travar och galopperar

d) kon råmar i ladugården, idisslar och ger mjölk
e) fågeln sjunger, kvittrar eller flyger
f) björnen brummar och går i ide på vintern
g) vargen springer ensam i skogen eller ylar mot månen
h) fisken simmar i vattnet och andas med gälar
i) tuppen gal: Kuckeliku! Klockan är sju!
j) hönan kacklar och lägger ägg
k) grisen grymtar och bökar i jorden med trynet
l) fåret bräker, ger ull och betar gräs på ängen

8. En vägbeskrivning:
Gå den här gatan rakt fram till övergångstället. Där tar du (första tvärgatan) till höger. Gå rakt fram till nästa övergångsställe vid trafikljuset. Där går du över gatan. Gå sedan rakt fram förbi en park på vänster sida. (Gå sedan genom parken.) Till höger ligger en bensinmack. Ta till höger efter parken, så kommer du till hotell Borg. Hotellet ligger på höger sida i det första kvarteret.

Lektion 16

1. a) Hon mådde dåligt. b) Hon hade vilat sig, druckit te med honung och ätit extra mycket C-vitaminer. c) Hon ringde till doktorn, eftersom inga huskurer hjälpte och hon bara mådde sämre och sämre. d) Hon hade halsfluss. e) Ibland tror man att man kommer att bli smittad av de andra i väntrummet. f) Hon hade feber, 38 grader, lite ont i öronen och väldigt ont i halsen. g) Han tittade i halsen och i öronen på henne, kände på hennes lymfkörtlar och lyssnade på hennes lungor. h) Han skrev ut ett recept på penicillin. i) Halsfluss kan ge en hel del följdsjukdomar, om man inte sköter sig ordentligt. j) Nej, det blev hon inte. Hon hade velat se Cullberg-baletten dagen därpå. k) Man betalar en patientavgift.

2. a) Jaha, hur var det här då? (Jaha, hur mår vi i dag då?) b) Jag mår ganska dåligt och har 39,7°C feber. c) Jag tror att jag inte kan gå till arbetet/jobbet i dag. d) Jag tror inte att jag kan gå till arbetet/jobbet i dag. e) Jag har väldigt ont i halsen. f) Jag stannade hemma (i) en vecka, när jag hade halsfluss. g) Krya på dig! h) Jag undrar varför hon inte kommer i dag. i) Hon kommer inte i dag, eftersom hon har huvudvärk/ont i huvudet. j) Vet du om han är hemma i kväll? k) Hon tog inte bilen, eftersom Per hade den. l) Vi kan inte åka, förrän han är färdig.

3. a) Gjorde det mycket ont? - Nej, det var inte så farligt. b) Hur mår du? - Jag mår inte särskilt bra. Jag har influensa. c) Vad är ditt problem? – Jag har huvudvärk. d) Vad har hänt med din hand? – Jag skar mig i handen med en kniv. e) Har du skadat dig i fingret? – Ja, jag har skurit mig i fingret. f) Hur har du det? – Tack, jag har det bara bra. g) Hur är det med Maria? – Det är inte så bra. Hon är mycket förkyld. h) Har du väldigt ont? – Ja, jag vill gärna ha några tabletter mot värken. i) Har du blivit frisk igen? – Nej, jag mår fortfarande ganska dåligt.

4. a) att b) om c) att d) om e) om f) att g) om h) att i) att, att j) om k) att

Lektion 16

5a. *Beispiele:*
a) Jag tycker att du ska ta en huvudvärkstablett och vila dig. b) Jag tycker att du ska äta mycket C-vitaminer. c) Jag tycker att du ska dricka te. d) Jag tycker att du ska ta en sömntablett eller tala med någon om dina problem. e) Jag tycker att du ska ta en huvudvärkstablett. f) Jag tycker att du ska ta på dig en varm tröja. g) Jag tycker att du ska ta en halstablett och sedan gå till doktorn. h) Jag tycker att du ska ta en taxi till sjukhuset.

5b. *Beispiele*:
a) Jag tror att du har influensa. b) Jag tror att du är förkyld. c) Jag tror att du har maginfluensa. d) Jag tror att du är deprimerad. e) Jag tror att du har huvudvärk. f) Jag tror att du har feber eller frossa. g) Jag tror att du har halsfluss eller öroninflammation. h) Jag tror att du har stukat eller brutit foten.

6a. a) När hon är sjuk, går hon till doktorn. b) Innan jag äter frukost, duschar jag. c) Medan hon dricker kaffe, läser hon tidningen. d) Tills lektionen börjar, leker de. e) Om du är hungrig, måste du äta upp din spenat. f) Eftersom jag är törstig, vill jag dricka mer. g) Fastän jag tyckte om honom, ringde hon till honom. h) Trots att de bor mitt i centrum, har de två bilar. i) Så att han ska lära sig allt, läser han flitigt. j) Att det var så lätt visste jag.

6b. a) Hon går sällan till doktorn, när hon inte är sjuk. b) Jag duschar alltid, innan jag äter frukost. c) Hon läser ofta tidningen, medan hon dricker kaffe. d) De leker ibland, tills lektionen börjar. e) Du måste inte äta upp din spenat, om du inte är hungrig. f) Jag vill inte dricka mer, eftersom jag inte är törstig. g) Hon ringde alltid till honom, fastän jag inte tyckte om honom. h) De har inte två bilar, trots att de inte bor mitt i centrum. i) Han läser aldrig flitigt, så att han inte ska lära sig allt. j) Jag visste inte att det inte var så lätt.

7.

Infinitiv	*Präsens*	*Präteritum*	*Supinum*
a) bli	blir	blev	blivit
b) be	ber	bad	bett
c) bege	beger	begav	begett/begivit
d) bo	bor	bodde	bott
e) dra	drar	drog	dragit
f) dö	dör	dog	dött
g) få	får	fick	fått
h) förstå	förstår	förstod	förstått
i) ge	ger	gav	gett/givit
j) gå	går	gick	gått
k) ha	har	hade	haft
l) le	ler	log	lett
m) må	mår	mådde	mått
n) nå	når	nådde	nått
o) ro	ror	rodde	rott
p) se	ser	såg	sett
q) slå	slår	slog	slagit

r) stå	står	stod	stått
s) sy	syr	sydde	sytt
t) ta	tar	tog	tagit
u) tro	tror	trodde	trott

8. a) När jag blev sjuk, slog jag numret till min läkare/doktor. b) Jag bad om en tid, eftersom jag inte alls mådde bra. c) Innan jag gav mig iväg, såg jag mig i spegeln. d) Jag tog bussen till honom, eftersom jag inte ville gå till fots. e) Resan tog lång tid, eftersom han bodde ganska långt borta. f) Läkaren trodde att jag hade influensa. g) Han log, medan han gav mig ett recepta. h) När jag hade tagit tabletterna (i) en vecka, blev jag frisk igen.

Lektion 17

1. a) Han reste med Anna och Jens till Lappland och vandrade Kungsleden. b) De började i Abisko, och de kom dit med tåg. c) Man ska ha så lite packning som möjligt, och man ska ta det lugnt. d) Man ska inte lämna något annat än fotspår, och man ska inte ta något annat än fotografier. e) Nej, man kan köpa proviant på flera ställen. f) Det finns t.ex. renar. g) Där växer fjällbjörk.

2. a) Vi kom resande med tåget. b) Vädret var strålande vackert och vi såg fem renar. c) Vi tänkte/ville övernatta i stugor. d) Man bör/borde ha med sig så lite packning som möjligt och köpa proviant/-en i stugorna. e) Det är bäst att ta det lugnt under vandringen. f) Nästa dagstur blir inte så ansträngande. g) Vi såg flygande fåglar, grönskande björkar och betande renar. h) Vi stannade i stugan (i) två nätter och gjorde dagsutflykter. i) Följande dag hade vi en tyngre/mer ansträngande/jobbigare vandring framför oss än (under) föregående dag. j) På en slingrande stig gick det uppför. k) Uppför är det inte så ansträngande/jobbigt som brant nerför. l) Hon har mitt fulla förtroende.

3. a) en fågel, som sjunger b) ett solsken, som strålar c) en människa, som ler d) ett torn, som lutar e) ett erbjudande, som lockar f) en björk, som grönskar g) ett berg, som blånar h) en huvudvärk, som dundrar i) ett barn, som leker j) en ren, som betar k) en stig, som slingrar (sig) l) en journalist, som undersöker (något) m) en kritik, som svider n) ett uttalande, som sårar o) ett skratt, som smittar (av sig)

4. a) en gående man b) ett brinnande ljus c) en levande kyckling d) en skrivande författare e) en tänkande människa f) en läsande publik g) ett flytande skepp h) en gungande båt i) en troende människa j) en sprutande fontän k) ett värkande huvud l) en rullande bil m) en talande tystnad n) en menande blick

5. a) glänsande b) gående c) beteende d) irriterande e) lugnande f) beroende g) förstående h) kokande i) resande j) roende k) förvånande l) beskyddande m) följande n) föregående

6. a) deutschsprechende Menschen b) haarsträubende Erzählungen c) ein Büffet d) ein alleinstehender Elternteil e) ein Erwachsenenstudent f) irreführende Propa-

ganda g) diensthabender Arzt h) gutsitzende Kleider i) eine zeitaufwendige Arbeit j) eine lächerliche Geschichte k) ein schmunzelnder Charmeur l) eine friedliebende Nation m) ein biertrinkender Tourist n) ein furchterregendes Aussehen o) ein ohrenbetäubender Lärm

7. a) att b) - c) - d) att e) - f) - g) att h) att i) -, att j) - k) - l) att m) att n) -, - o) - p) att q) att r) - s) - t) att u) att v) att x) att y) - z) - å) att ä) att ö) att

8. i bilen: en ratt, en koppling, en strålkastare, backspegel, säkerhetsbälten, hjul
i båten: ett segel, en sextant, en radar, en åra, en flytväst, en kompass
på apoteket: hostmedicin, huvudvärkstabletter, penicillin, febertermometer, tandkräm, plåster
i köket: bestick, diskmedel, en frys, ett kylskåp, en spis, en ugn
trädgården: en gräsklippare, en skottkärra, en räfsa, en blomsterrabatt, en vinbärsbuske, ett fruktträd

9. a) Han undrade, om hans mamma var hemma. b) Han sa att han gav sig iväg. c) Han sa att det blev femtio kronor jämnt. d) Han sa att han inte bad sin bror om hjälp. e) Han sa att de alltid drack te. f) Han sa att han låg i sin säng och drog sig. g) Han undrade, om jag (du) fick tag på dem. h) Han sa att han aldrig flög. i) Han sa att hans lillasyster naturligtvis frös. j) Han sa att han tog sin väska och gick. k) Han sa att hans lektion höll på i 45 minuter. l) Han sa att hans bror och han sällan hann göra sina läxor. m) Han sa att hans katt ofta kom hem sent. n) Han sa att han faktiskt lät sin bror låna bilen. o) Han sa att vi satt här och njöt/att vi satt och njöt här. p) Han sa att solen sken och (att) hans små barn lekte ute.

Lektion 18

1. a) De var misstänkta för narkotikabrott. b) Polisen beslagtog drogerna ecstasy och LSD. c) Orsaken till detta är strejken bland SAS danska kabinpersonal. d) Hon åtalades för att ha svindlat sin arbetsgivare på åtta miljoner kronor. e) Hon jobbade i kosmetikabranschen. f) Det är kanske bättre för barnen. g) De bytte skyltarna på bilarna. h) Det är den äldsta och en av de mest välbevarade boplatser som har hittats under havets yta. i) Nej, katten räddades. j) Den krossade fönsterrutan. k) Man knackade på i området och frågade efter hans mamma. l) Nej, brugden till exempel äter bara plankton. m) Fram på dagen blir det molnigt och mellan tio och sjutton grader i Svealand. n) Det kommer att regna i fjällen och allra längst i norr. o) Det blir mellan fjorton och sjutton grader i Lund och Göteborg, medan Haparanda får åtta till tolv grader.

2. a) Polisen har gripit sjutton ungdomar. b) På festen beslagtogs droger. c) I Danmark strejkar SAS flygpersonal, och därför har nio utrikesflyg ställts in. d) Arbetsgivaren svindlades på tre miljoner kronor. e) Bilarna hyrs, skyltarna byts (ut) och sedan anmäls bilarna som stulna. f) En hungrig rovfågel motades ut ur vardagsrummet. g) Äntligen/Till slut/Slutligen upptäcktes den tvåårige pojken på huvudgatan/huvudleden. h) Man hittade hans mamma på hennes arbetsplats. i) En brugd

har siktats på Sveriges västkust. j) Brugden är världens näststörsta fisk och äter plankton. k) Vädret i dag: Det blir mest molnigt men uppehåll. l) Södra Sverige får tretton till sexton grader.

3. a) Han kan inte andas. b) Jag avundas dig lite grann. c) Fattas (det) någon i dag? d) Det hopppas jag verkligen inte. e) Han har maginfluensa och måste kräkas gång på gång. f) Han låtsas vara sjuk. g) Jag lyckades få teaterbiljetterna. h) Kan du ännu minnas vår första semester? i) Skäms! j) Trivs du bra i den här staden? k) I den här värmen svettas jag. l) Jag törs inte gå hem. m) Då ska man vistas utomhus/ i det fria. n) Umgås du med de här människorna? o) Ja, vi vill åldras tillsammans.

4. a) Den ohövlige mannen knuffas i matkön. b) Storasystern kittlades. c) Bondfångaren lurades. d) Man ska väl inte slåss! e) Är det verkligen tillåtet att sparkas i judo? f) Du nöps, så att jag fick ett blåmärke. g) Pussades den där mannen på kinden? h) Ja, och till avsked kramades han.

5. a) Vi träffades/möttes i stan/staden i går. b) Vi ses på fredag. c) Vi hörs nästa vecka. d) De kysstes framför huset. e) Varför kramas ni alltid? f) Vi måste bestämma en plats, där vi kan träffas/mötas.

6. a) Ytterdörren ska alltid låsas. b) Fridlysta blommor får inte plockas. c) 50 kronor har stulits. d) Pengar kan växlas på posten och på banken. e) Ett nytt varuhus har byggts i centrum. f) Den sjuke mannen har förts till lasarettet. g) Den här handväskan har tappats på gatan. h) En ny president ska väljas i november. i) U-båtar kan ses i Stockholms skärgård. j) I huvudstaden dementeras emellertid dessa påståenden.

7. a) I morgon ställs flera utrikesavgångar in av flygbolaget. b) En intressant artikel publicerades av tidningen. c) Priset mottogs av nobelpristagaren i torsdags. d) Pengarna betalas ut av försäkringen. e) Den nya nationalparken invigdes av ministern i förrgår. f) Ett tal hölls av statsministern. g) Olympiaden hade setts av flera miljoner människor. h) Förra veckan sågs en 12 meter lång fisk av några fiskare på Västkusten.

8. a) Han frågar, om du kommer på besök i dag. b) Du svarar att du gärna kommer. c) Han vill veta, när han kan hämta dig. d) Du undrar, varför han vill hämta dig. e) Jag väntar, medan du lagar maten. f) Innan jag åker till min mamma, ringer jag. g) Vi måste vänta, tills tåget är här. h) Jag går inte, förrän du har berättat allt. i) Han spelar gärna piano, eftersom han älskar musik. j) Fastän han ofta tittar på idrott/sport, hatar han fotboll. k) För att bli klok läser han alla böcker. l) Vännerna, som är här i dag, kommer från Norge.

9. a) Man ska inte sälja skinnet, förrän björnen är skjuten. b) Man ska inte gråta över spilld mjölk. c) Man ska inte köpa grisen i säcken. d) Man ska inte kasta sten, när man sitter i glashus. e) Man ska inte väcka den björn som sover. f) Man ska aldrig säga aldrig. g) Man ska inte kasta pengarna i sjön. h) Man ska inte låta solen gå ner över sin vrede. i) Man ska inte gå över ån efter vatten. j) Man ska inte ropa ”hej”, förrän man är över bäcken.

Lektion 19

1. a) Det är den ljusaste natten på året. b) De har en blomsterkrans i håret. c) Man binder dem oftast själv. d) De har varken öron eller svansar. e) Den är prydd med björklöv och blommor. f) Där finns en stor midsommarstång, och omkring stången blir det ringdans. g) Man firar hemma med några grannar. h) Man har dukat långbord i trädgården, och längs ena husväggen står ett bord med midsommarmaten. i) De sjunger en snapsvisa. Ibland skålar man bara. j) Man äter ofta sill med nypotatis och gräddfil, och till efterrätt äter man ofta jordgubbar med vispgrädde. k) Man kan t.ex. lägga in, grava eller röka fisk. l) Limpor, rosenbröd och knäckebröd. m) Man kan få jordgubbar med vispgrädde. n) Man firar midsommar en gång om året.

2. a) Den 24 juni är det midsommar. b) Det är årets ljusaste natt, och man firar hela dagen till sent på natten. c) Flickorna plockar smörblommor, prästkragar och blåklint och binder kransar. d) Midsommarstången är smyckad med björklöv och blommor. e) Någon spelar dragspel, och alla sjunger och dansar runt omkring midsommarstången. f) I trädgården har man dukat långbord/ett långt bord. g) Det dukade bordet ser festligt ut. h) Det finns rökt ål och inlagd sill. i) Till det äter man nypotatis och grönsallad. j) Till efterrätt blir det nybryggt kaffe och nyplockade jordgubbar. k) De vuxna dricker öl och kryddat brännvin/kryddad snaps. l) Barnen får stanna/vara uppe hur länge de vill/så länge som de vill.

3. a) Väskan är packad. b) Presenterna är köpta. c) Fönstret är putsat. d) Dörren är stängd. e) Barnen är filmade. f) Kakan är delad. g) Gräset är klippt. h) Manuskriptet är bearbetat. i) Maten är lagad. j) Disken är diskad. k) Lägenheten är städad. l) Hallonen är plockade. m) Kläderna är tvättade. n) Kjolen är sydd. o) Fisken är stekt.

4. a) ett bord, som någon har dukat b) ål, som någon har rökt c) lax, som någon har gravat d) ägghalvor, som någon har fyllt e) ost, som någon har lagrat f) gräslök, som någon har klippt g) grönsallad, som någon har blandat h) blommor, som någon har plockat i) kransar, som någon har bundit j) potatis, som någon har skurit k) lök, som någon har skalat l) en form, som någon har smort m) grädde, som någon har vispat n) brännvin, som någon har kryddat o) glas, som någon har fyllt p) en dörr, som någon har stängt q) ett brev, som någon har skrivit r) en gäst, som någon (inte) har bjudit

5. a) en nyöversatt roman b) en nyklippt person c) ett avklarat arbete d) en påklädd person e) hemgjord ost f) en omkörd bil g) nyplockade jordgubbar h) ett hemgjort vin i) nybryggt kaffe j) ett välkänt ansikte k) en omtyckt person l) ett uppskrivet telefonnummer m) en felparkerad bil n) en blomsterklädd midsommarstång o) inlagd sill p) dillkokt potatis q) ett uppskrivet recept

6. a) stulen b) begagnade c) förbjudet d) tillåtet e) förbjuden f) anklagade g) putsade h) försvunnen i) stekta j) avbruten k) antagen l) stekt m) översatta n) hembakat o) stulet p) sålt q) bjudna r) gjord

Lektion 19/20

7. a) Artikeln blir publicerad i flera morgontidningar. b) Sjutton ungdomar blir gripna av polisen. c) Flyget blir inställt på grund av strejken. d) Utställningen blir öppnad av kungen. e) Uppgifterna blir gjorda varje dag. f) Riksdagsvalen blir hållna vart fjärde år. g) Dikterna blir skrivna av en känd författare.

8. a) *preteritum:* publicerades/blev publicerad; *perfekt:* har publicerats/har blivit publicerad; *futurum:* kommer att publiceras/kommer att bli publicerad b) *preteritum:* greps/blev gripna; *perfekt:* har gripits/har blivit gripna; *futurum:* kommer att gripas/kommer att bli gripna c) *preteritum:* inställdes/blev inställt; *perfekt:* har inställts/har blivit inställt; *futurum:* kommer att inställas/kommer att bli inställt d) *preteritum:* öppnades/blev öppnad; *perfekt:* har öppnats/har blivit öppnad; *futurum:* kommer att öppnas/kommer att bli öppnad e) *preteritum:* gjordes/blev gjorda; *perfekt:* har gjorts/har blivit gjorda; *futurum:* kommer att göras/kommer att bli gjorda f) *preteritum:* hölls/blev hållna; *perfekt:* har hållits/har blivit hållna; *futurum:* kommer att hållas/kommer att bli hållna g) *preteritum:* skrevs/blev skrivna; *perfekt:* har skrivits/har blivit skrivna; *futurum:* kommer att skrivas/kommer att bli skrivna

Lektion 20

1. a) Han gjorde uppehåll i Stockholm, på Gotland och i Kalmar. b) Ja, han tittade på Kalmar slott. c) Han läste en broschyr om slottet. d) Under 1100-talet härjade sjörövare i Östersjön. e) Befolkningen byggde försvarstorn på strategiska och utsatta platser längs den svenska kusten. f) Borgholms slottsruin var ursprungligen ett rundtorn, alltså ett försvarstorn. g) Det är beläget på en udde i Kalmar sund mellan fastlandet och Öland. h) Kalmar sund omtalas för första gången på en runsten från 1000-talet vid Ärja i Södermanland. i) Småland kristnades på 1120-talet, enligt Snorri Sturlusons Kungasagor. j) Det var Magnus Ladulås. k) Hon hette drottning Margareta. l) Hon var hans moster. m) Småland var Sveriges sydligaste landskap, och Kalmar var därför en viktig gränsstad. n) Sverige fick några nya landskap, bland annat Skåne och Blekinge. o) Kalmar var inte längre av någon strategisk betydelse. p) Han föreslog att man skulle riva slottets murar och torn och använda stenen till någonting bättre. q) Restaureringen började i mitten av 1850-talet och pågick till 1939.

2. a) Ska vi stanna till på den här udden mellan fastlandet och Öland? b) Ja, och sedan kan vi göra ett längre uppehåll på västkusten. c) Är det här en plats, som har en lång historia? d) I början av 1300-talet var Kalmar en viktig handels- och hamnstad. e) Under drottning Margareta blev Sverige, Norge och Danmark ett rike i slutet av 1300-talet. f) Vilket landskap var Sveriges sydligaste i slutet av medeltiden? g) Vad var det som biskopen i Kalmar föreslog år 1810? h) Han ville att Kalmar slott skulle rivas ner, så att man kunde använda stenen bättre. i) Lyckligtvis restaurerades slottet i stället.

3. a) Vem var det som skrev …? b) Vem är det som har vunnit …? c) Vem var det som gifte sig …? d) Vem är det som har skrivit …? e) Vilken akademi är det som delar ut …? f) Vilken flicka är det som kommer …? g) Vem är det som har regis-

serat ...? h) Vilken svensk statsminister var det som blev ...? i) Vilket möbelvaruhus var det som grundades ...?

4. a) Det var August Strindberg som skrev .... b) Det är Björn Borg som har vunnit .... c) Det var Silvia Sommerlath (drottning Silvia) som gifte sig .... d) Det är Astrid Lindgren som har skrivit .... e) Det är Svenska akademien som delar ut .... f) Det är Lucia som kommer .... g) Det är Ingmar Bergman som har regisserat .... h) Det var Olof Palme som blev .... i) Det var IKEA som grundades ....

5. a) Var det August Strindberg som skrev ...? b) Är det Björn Borg som har vunnit ...? c) Var det Silvia Sommerlath (drottning Silvia) som gifte sig ...? d) Är det Astrid Lindgren som har skrivit ...? e) Är det Svenska akademien som delar ut ...? f) Är det Lucia som kommer ...? g) Är det Ingmar Bergman som har regisserat ...? h) Var det Olof Palme som blev ...? i) Var det IKEA som grundades ...?

6a. a) Varifrån kom sjörövarna? b) Vad byggde svenskarna längs kusten? c) Vad var Borgholms slottsruin från början? d) Vad omtalas på en runsten från 1000-talet? e) Vad/Vilken blev Sveriges starkaste fästning under medeltiden? f) Vad blev Magnus Ladulås' borg under medeltiden? g) Vilka ingick i Kalmarunionen? h) Vem styrde över tre länder? i) Vad kröntes Erik av Pommern till på Kalmar slott? j) Vad tillhörde Skåne och Blekinge på 1500-talet? k) Vad/Vilket var Sveriges sydligaste landskap? l) Vad kallades Kalmar? m) Vad började man göra i mitten av 1800-talet?

6b. a) Varifrån var det (som) sjörövarna kom? b) Vad var det (som) svenskarna byggde längs kusten? c) Vad var det (som) Borgholms slottsruin var från början? d) Vad är det som omtalas på en runsten från 1000-talet? e) Vad/Vilken var det som blev Sveriges starkaste fästning under medeltiden? f) Vad var det (som) Magnus Ladulås' borg blev under medeltiden? g) Vilka var det som ingick i Kalmarunionen? h) Vem var det som styrde över tre länder? i) Vad var det (som) Erik av Pommern kröntes till på Kalmar slott? j) Vad var det (som) Skåne och Blekinge tillhörde på 1500-talet? k) Vad/Vilket var det som var Sveriges sydligaste landskap? l) Vad var det (som) Kalmar kallades? m) Vad var det (som) man började göra i mitten av 1800-talet?

7. a) klä b) arbeta c) blommar d) sover e) slutar f) kunna g) byggt h) dansa i) dömer

8. a) – Äpplet faller inte långt från trädet.
b) – Ingen rök utan eld.
c) – Lika barn leka bäst.
d) – Tala är silver, tiga är guld.
e) – Inga nyheter är goda nyheter.
f) – Bättre brödlös än rådlös.
g) – Borta bra, hemma bäst.
h) – Kär gäst är alltid välkommen.
i) – Gammal kärlek rostar aldrig.
j) – Rom byggdes inte på en dag.

k) – Tiden läker alla sår.
l) – Den enes död, den andres bröd.

Lektion 21

1. a) Man ville inte utmana ödet. b) Hon var en vacker, naken skogsflicka med ihålig rygg. Hon lockade män att gå vilse. c) Han satt vid ån eller forsen, och han lockade kvinnor till sig i vattendjupet. d) Älvorna dansade på ängen i dimman. e) Trollen rövade bort nyfödda människobarn. f) De ville tysta den förhatliga klockklangen. g) Hett vatten kunde skada alverna. h) Nej, han var mild och vänlig, om man själv var god. Var man själv däremot lat och dum, var hustomten också mest till besvär. i) På midsommaraftonen skulle de plocka sju sorters blommor och hoppa över sju gärdesgårdar. Sedan skulle de lägga blommorna under huvudkudden. I drömmen skulle de sedan se den, som de skulle komma att gifta sig med. j) Det får en kanske att avstå från farliga platser och skadliga handlingar, samtidigt som det får en att känna respekt för naturens makter.

2. a) Förr (i världen) fanns det mycket skrock. b) Man trodde att världen var befolkad med många små och stora övernaturliga väsen. c) Man trodde till exempel på jättar, troll, tomtar och alver. d) För en del väsen måste man ta sig i akt. e) Jättar kastade stenar på kyrkor, och troll rövade bort barn. f) Näcken var en vacker naken man. g) Han bodde/levde vid vattnet, spelade fiol och drog ner kvinnor i djupet. h) En vacker ung flicka lockade männen att följa (efter) henne in i skogen. i) Hon var naken och bara höljd i sitt långa hår, och männen följde henne gärna/följde gärna efter henne. j) Sedan gick de vilse i skogen och hittade aldrig mer hem igen. k) Den här flickan var ingen människa utan Skogsrået. l) En del väsen var också till nytta/ nyttiga. m) Om man höll sig väl med tomten, hjälpte han till på gården. n) Man fick inte glömma att ge honom julgröt på julaftonen. o) Om man hällde ut hett vatten på marken, kunde man skada alverna.

3. a) Arga katter får rivet skinn. b) Den som gräver en grop åt andra faller ofta själv däri. c) Många bäckar små blir en stor å. d) Som man bäddar får man ligga. e) Ingen rök utan eld. f) Tomma tunnor bullrar mest. g) Liten tuva stjälper ofta stort lass. h) Det är svårt att lära gamla hundar sitta. i) Bättre en fågel i handen än tio i skogen. j) En svala gör ingen sommar.

4. a) Om du är sjuk, ska du stanna hemma. b) Om du lagar mat i dag, diskar jag efteråt. c) Han har ingen lust att följa med, om vi inte går på teater. d) Vi åker till stan i morgon, om det inte regnar. e) Om han spelar fiol så gudomligt, lyssnar hon som förtrollad på honom. f) Tomten kommer att hjälpa dig, om du är snäll mot honom.

6. Många bäckar små blir en stor å.

Lektion 22

2. a) Urs arbetar på ett stort kemiföretag. b) Han är ofta på affärsresor utomlands/i utlandet. c) Han sköter förhandlingarna med svenska kunder. d) Företagsledningen har vidsträckta affärsförbindelser. e) När man flyger till Stockholm, landar man på Arlanda och tar bussen därifrån till Stockholm. f) På vägen tillbaka tar han svävaren från Malmö till Kastrup. g) Sedan tar han flyget/flygplanet från Köpenhamn till Basel. h) I går kväll var det en stor affärsmiddag för alla anställda. i) Utländska storföretag behärskar snart hela marknaden. j) Ibland måste man satsa på en aggressivare marknadsföring.

3. a) anser b) ankom/anlände c) använda d) avbryta e) avslöja f) avråda g) bestämma h) berätta i) besöka j) betyder k) förlåta l) förkyler m) förstår n) förlorade o) inleda p) inreda q) intog r) upplevt s) uppge t) utsatt u) utbyta v) återkomma x) återse y) överdriv z) överta

4. a) på b) med c) över d) över e) på f) för g) för h) i i) på j) för/över k) för/över l) över m) över n) för

5. a) i b) på c) på, till, i d) över e) på f) för g) till h) I, hos/med, på i) med j) till k) till m) till n) från, till o) om p) om q) från, i r) i, med s) till t) på u) i, för, på v) med, i x) för y) med, i z) till, i å) vid ä) över/för! ö) om

Langenscheidts Praktisches Lehrbuch Schwedisch
von Kerstin Jaktén und Dirk Huth

Bestandteile des Lehrwerks:

Lehrbuch (Best.-Nr. 26301)
2 Begleit-CDs (Best.-Nr. 80263)
Schlüssel (Best.-Nr. 26306)

ISBN 978-3-468-26306-4

8. 9. 10. 11. 12. * 11 10 09 08 07